Die Verfassungsbestrebungen der Tanzimât-Periode

Rechtshistorische Reihe

Band 462

Zur Qualitätssicherung und Peer Review der vorliegenden Publikation

Die Qualität der in dieser Reihe erscheinenden Arbeiten wird vor der Publikation durch den einen Herausgeber der Reihe geprüft.

Notes on the quality assurance and peer review of this publication

Prior to publication, the quality of the work published in this series is reviewed by one of the editors of the series.

Tunay Sürek

Die Verfassungsbestrebungen der Tanzimât-Periode

Das *Kanun-i Esasî* – Die osmanische Verfassung von 1876

PL ACADEMIC RESEARCH

Bibliografische Information der Deutschen Nationalbibliothek
Die Deutsche Nationalbibliothek verzeichnet diese Publikation in der Deutschen Nationalbibliografie; detaillierte bibliografische Daten sind im Internet über http://dnb.d-nb.de abrufbar.

Zugl.: Frankfurt, Univ., Diss., 2015

Die vorliegende Arbeit wurde von
Prof. Dr. Albrecht Cordes
zur Aufnahme in die Reihe empfohlen.

Umschlagabbildung:
Justitia. Allegorie der Gerechtigkeit.
Druck aus dem 17. Jahrhundert.

D 30
ISSN 0344-290X
ISBN 978-3-631-66899-3 (Print)
E-ISBN 978-3-653-06358-5 (E-Book)
DOI 10.3726/978-3-653-06358-5

PL Academic Research ist ein Imprint der Peter Lang GmbH.

Peter Lang – Frankfurt am Main · Bern · Bruxelles · New York · Oxford · Warszawa · Wien

Diese Publikation wurde begutachtet.

www.peterlang.com

Vorwort und Danksagung

Die vorliegende Arbeit wurde im Sommersemester 2015 als Dissertation durch den Fachbereich Rechtswissenschaft der Johann Wolfgang Goethe-Universität Frankfurt am Main angenommen.

Mein Betreuer, Prof. em. Dr. Dr. h. c. mult. Stolleis, hat mich stets vielfältig unterstützt, mir viele Anregungen mit auf den Weg gegeben und stand immer wieder für Diskussionen zur Verfügung. Daher möchte ich allen voran ihm danken. Mein herzlicher Dank gilt Prof. Dr. von Mayenburg für die Erstellung des Zweitgutachtens wie auch Prof. Dr. Cordes für die Übernahme des Vorsitzes im Prüfungsausschuss.

Dem geschäftsführenden Direktor des Max-Planck-Instituts für europäische Rechtsgeschichte Prof. Dr. Thomas Duve danke ich für die stets wohlwollende Unterstützung meines Forschungsvorhabens. Mein Dank gilt auch der gesamten Verwaltung des Max-Planck-Institutes, insbesondere Frau Schurzmann und Frau Penczynski.

Die Präsentationen und anschließenden Diskussionen im Rahmen des Oberseminars von Prof. Stolleis, wie auch der weitere intellektuelle Austausch im Rahmen der International Max-Planck Research School for Comparative Legal History (IMPRS) haben diese Arbeit weiter an Tiefe und Schärfe gewinnen lassen. Dafür danke ich allen Mitgliedern der IMPRS, insbesondere neben meinem Betreuer auch Prof. Dr. Albrecht Cordes, Prof. Dr. Gerhard Dilcher, Prof. Dr. Bernhard Diestelkamp, PD Dr. Thomas Henne und Prof. Dr. David von Mayenburg, wie auch den teilnehmenden Doktorandinnen und Doktoranden.

Die Arbeit in verschiedenen Phasen gelesen und kommentiert haben Frau Rechtsanwältin Helena Decker, Frau Anke Hübenthal, Frau Staatsanwältin Monika Hucke-Labus, Herr Dr. Labus, Frau Clara Labus, Herr Rechtsanwalt Michael Simon Kern und Frau Rechtsanwältin Ebru Şimşek. Danken möchte ich ebenfalls Herrn Rechtsanwalt Denis Milenković und Herrn Dr. Heinz Mohnhaupt für Ihren regen Gedankenaustausch zu meinem Thema.

In ganz vielen Formen anderweitig unterstützt haben mich meine Eltern, Havva Hacer („Yıldız") und Ekrem Sacit Sürek. Ihnen widme ich diese Arbeit und sage: Herşey için teşekkürler! Güzel insanlarsınız ve sizleri seviyorum!

Ihnen allen möchte ich an dieser Stelle ganz herzlich danken.

Frankfurt am Main, den 28.09.2015 Tunay Sürek

Inhaltsverzeichnis

Abkürzungsverzeichnis

a.A.	andere(r) Ansicht
a.a.O.	am angegebenen Ort
Abs.	Absatz
a.E.	am Ende
a.F.	alte Fassung
Anm. d. Verf.	Anmerkung des Verfassers
BGB	Bürgerliches Gesetzbuch
BGBl.	Bundesgesetzblatt
BVerfGE	Entscheidung(en) des Bundesverfassungsgerichtes
bzw.	beziehungsweise
EU	Europäische Union
Fn.	Fußnote
FS	Festschrift
GG	Grundgesetz für die Bundesrepublik Deutschland in der im BGBl. Teil III, Gliederungsnummer 100-1, veröffentlichten bereinigten Fassung, das zuletzt durch Artikel 1 des Gesetzes vom 11. Juli 2012 (BGBl. I S. 1478) geändert worden ist
h.M.	herrschende Meinung
HRG	Handwörterbuch zur Deutschen Rechtsgeschichte
Hrsg.	Herausgeber
HS	Halbsatz
i.d.R.	in der Regel
i.S.d.	im Sinne des/der
i.V.m.	in Verbindung mit
Jh./JH.	Jahrhundert(s)
Md.	Madde [Artikel]
m.w.N.	mit weiteren Nachweisen
Nr.	Nummer
Orig.	Original
Rn.	Randnummer
S.	Seite
s.o.	siehe oben
URL	Uniform Resource Locator (Adressierung einer Website)
u.U.	unter Umständen

v.	vom
vgl.	vergleiche
z. B.	zum Beispiel
Zit.:	zitiert

Literaturverzeichnis

I. Gesetze, Rechtstexte[1]

Gülhane Hatt-ı Şerif-î, 03. November 1839 (26 Şa'ban 1255)	Gülhane Hatt-ı Hümâyûnu Düstur [Gesetzsammlung]: Gülhane Kıraat olunan Hattı Hümayun Birinci Tertip [Erste Zusammenstellung], Cilt [Band]: 1, Sahife [Seite]: 4 folgende
Hatt-ı Hümâyûn, 10. Februar 1856 (11 Cemâzi-yel-âhir 1272)	Islâhat Hatt-ı Hümâyûnu Düstur [Gesetzsammlung]: Islahat Ferman Alisi Birinci Tertip [Erste Zusammenstellung], Cilt [Band]: 1, Sahife [Seite]: 7 folgende Islahat Umumiye Ferman Alisi Birinci Tertip [Erste Zusammenstellung], Cilt [Band]: 3, Sahife [Seite]: 1 folgende
Kanun-i Esasî vom 23. Dezember 1876 (7 Zilhicce 1293)	Kanun-i Esasî 7 Zilhicce 1293 (23. Dezember 1876) Düstur [Gesetzsammlung]: Kanun-i esasi Birinci Tertip [Erste Zusammenstellung], Cilt [Band]: 4, Sahife [Seite]: 4–20
Verfassungs-Urkunde für den Preußischen Staat. Vom 31. Januar 1850.	Gesetz-Sammlung für die königlichen Preußischen Staaten Nr. 3, (Nr. 3212), Verfassungs-Urkunde für den Preußischen Staat. Vom 31. Januar 1850. S. 17–35. Zit.: Gesetz-Sammlung für die königlichen Preußischen Staaten: Verfassungs-Urkunde für den Preußischen Staat. Vom 31. Januar 1850. S.
Preußisches Gesetz betreffend die Einrichtung und die Befugnisse der Oberrechnungskammer.	Gesetz-Sammlung für die königlichen Preußischen Staaten Nr. 18, (Nr. 7889), vom 27. März 1872, S. 278–284. Zit.: Gesetz-Sammlung Preußen, 1872, Oberrechnungskammer, §, S.

1 Angaben zu den Verfassungstexten des Königreichs Belgien und des Deutschen Reiches bei *Maury* und *Gosewinkel/Masing* im Literaturverzeichnis.

II. Archivangabe

Türkiye Cumhuriyeti Başbakanlık Osmanlı Arşivi [Osmanisches Archiv des Premierministeriums der Türkischen Republik], Devlet Arşivleri Genel Müdürlüğü [Hauptverwaltung der Staatsarchive], Osmanlı Arşivi [Osmanisches Archiv] Dosya No / Gömlek No / Tarih	Zit.: [Name des Dokuments], in: Osmanisches Archiv (Osmanlı Arşivi), Dossier Nr.:, Mantel:, Datum:.

III. Literatur

Abadan, Yavuz: Die Entstehung der Türkei und ihre verfassungsrechtliche Entwicklung bis 1960, Jahrbuch des öffentlichen Rechts der Gegenwart Band 9 (Hrsg.: *Leibholz*, Gerhard) 1960, S. 353–422. (Zit.: *Abadan*, S.)

Abu-Manneh, Butrus: The Islamic Roots of the Gülhane Rescript in: Die Welt des Islams 34 (1994), Leiden, S. 173–203. (Zit.: *Abu-Manneh*, S.)

Adanır, Fikret: Der Zerfall des Osmanischen Reiches, in: *Demandt*, Alexander (Hrsg.), Das Ende der Weltreiche Von den Persern bis zur Sowjetunion, S. 108–128. München, 1997. (Zit.: *Adanır*, S.)

Aksan, Virginia: Who was an Ottoman? Reflections on „Wearing Hats“ and „Turning Turk“, in: *Schmidt-Haberkamp*, Barbara (Hrsg.), Europa und die Türkei im 18. Jahrhundert / Europe and Turkey in the 18th Century, S. 305–324. Bonn, 2011. (Zit.: *Aksan*, S.)

Akyüz, Kenan: Nâmık Kemâl et les Questions Économiques et Financières, in: Colloques Internationaux du Centre National de la Recherche Scientifique N° 601, Économie et Sociétés dans l'Empire Ottoman (Fin du XVIIIe – Début du XXe siècle), Acte du colloque de Strasbourg (1er – 5 juillet 1980) *Hrsg.*: *Bacqué-Gramont*, Jean-Louis; *Dumont*, Paul, S. 55–60. (Zit.: *Akyüz*, S.)

Aldikaçtı, Orhan: Anayasa Hukukumuzun Gelişmesi ve 1961 Anayasası [Die Entwicklung unserer Grundgesetzgebung und das Grundgesetz von 1961]. 3. Auflage, İstanbul, 1978. (Zit.: *Aldikaçtı*, S.)

Akşin, Sina: Birinci Meşrutiyet Meclis-i Mebusanı (I) [Das Abgeordnetenhaus im Ersten Konstitutionalismus (I)], in: Ankara Üniversitesi Siyasal Bilgiler Fakültesi Dergisi Band 25, Nr. 1, 1970, S. 19–39. (Zit.: *Akşin*, Birinci Meşrutiyet (I), S.)

Akşin, Sina: Birinci Meşrutiyet Meclis-i Mebusanın Ele Adlığı[2] Başlıca Sorunlar (II) [Die vom Abgeordnetenhaus im Ersten Konstitutionalismus behandelten hauptsächlichen Problemfragen], in: Ankara Üniversitesi Siyasal Bilgiler Fakültesi Dergisi Band 25, Nr. 2, 1970, S. 101–122. (Zit.: *Akşin*, Birinci Meşrutiyet (II), S.)

Akşin, Sina: Sened-i Ittifak ile Magna Charta'nın Karşılaştırılması [Der Vergleich zwischen dem Bündnisvertrag und der Magna Charta], in: Ankara Üniversitesi Dil ve Tarih-Coğrafya Fakültesi Tarih Bölümü Tarih Araştırma Dergisi, Cilt 16, Sayı 27, 1992, S. 115–123. (Zit.: *Akşin*, Sened-i Ittifak, S.)

Ando, Junko: Die Entstehung der Meiji-Verfassung, Zur Rolle des deutschen Konstitutionalismus im modernen japanischen Staatswesen, München, 2000. (Zit.: *Ando*, S.)

Armağan, Servet: Memleketimizde Ilk Parlamento Seçimleri [Die ersten Parlamentswahlen in unserer Heimat], in: Armağan (Hrsg.), Kanun-u Esasî'nin 100. Yılı [100 Jahre osmanische Verfassung], S. 147–168, Ankara, 1978. (Zit.: *Armağan*, S.)

Arndt, Adolf: Die Verfassungs-Urkunde für den Preußischen Staat. 7. Auflage, Berlin, 1911. (Zit.: *Arndt*, Artikel, S.)

Arsel, Ilhan: Teokratik Devlet Anlayışından Demokratik Devlet Anlayışına [Von einem theokratischen Staatsverständnis zu einem demokratischen Staatsverständnis], (Şeriat Devletinden Laik Cumhuriyete) [Von einem religiösen Staat zu einer laizistischen Republik]. 3. Auflage, Istanbul, 1994. (Zit.: *Arsel*, S.)

Artinian, Vartan: The Armenian Constitutional System in the Ottoman Empire 1839–1863, A Study of its Historical Development. Istanbul, 1988[3]. (Zit.: *Artinian*, S.)

Baberowski, Jörg: Autokratie und Justiz Zum Verhältnis von Rechtsstaatlichkeit und Rückständigkeit im ausgehenden Zarenreich 1864–1914, Ius Commune, Veröffentlichungen des Max-Planck-Instituts für Europäische Rechtsgeschichte Frankfurt am Main, Sonderhefte Studien zur Europäischen Rechtsgeschichte 78, Frankfurt am Main, 1996. (Zit.: *Baberowski*, Autokratie und Justiz, S.)

Baberowski, Jörg: Europa in Russland: Justizreformen im ausgehenden Zarenreich am Beispiel der Geschworenengerichte 1864–1914, in: *Beyrau*, Dietrich; *Čičurov*, Igor'; *Stolleis*, Michael (Hrsg.), Reformen in Russland des 19. und 20. Jahrhunderts, Westliche Modelle und russische Erfahrungen, Ius Commune,

2 „Aldığı" sollte wohl gemeint sein.

3 Keine Jahresangabe im Werk selbst. Die Jahresangabe stammt aus dem HeBis-Verbundkatalog (Hessisches BibliotheksInformationsSystem): http://www.portal.hebis.de/servlet/Top/frames/hitsframe.

Veröffentlichungen des Max-Planck-Instituts für Europäische Rechtsgeschichte Frankfurt am Main, Sonderhefte Studien zur Europäischen Rechtsgeschichte 86, Frankfurt am Main, 1996. (Zit.: *Baberowski*, Europa in Russland, S.)

Bağış, Ali Ihsan: Osmanlı'dan Cumhuriyet'e Türk-Müslüman Burjuvazisi oluşturma çabaları [Vom Osmanischen Reich zur Republik. Türkisch-Muslimische Bourgeoisiebestrebungen], in: Osmanlı 3 Iktisat [Wirtschaft], S. 543–564, Ankara, 1999 (Hrsg. *Eren*, Güler). (Zit.: *Bağış*, S.)

Barkey, Karen: Aspects of Legal Pluralism in the Ottoman Empire, in: *Benton*, Lauren; *Ross*, Richard J. (Hrsg.), Legal Pluralism and Empires 1500–1850, S. 83–108. New York, 2013. (Zit.: *Barkey*, S.)

Bayır, Derya: Minorities and Nationalism in Turkish Law, London, 2013. (Zit.: *Bayır*, S.)

Berkes, Niyazi: The Development of Secularism in Turkey, London, 1998 (Erstauflage 1964). (Zit.: *Berkes*, S.)

Bernath, Mathias: Das Osmanische Reich und Südosteuropa 1789–1878, Von den Reformversuchen Selims III. bis zum Berliner Kongreß, in: *Schieder*, Theodor; *Bussmann*, Walter (Hrsg.), Handbuch der Europäischen Geschichte, Band 5, Europa von der Französischen Revolution zu den Nationalstaatlichen Bewegungen des 19. Jahrhunderts, S. 987–1022. Stuttgart, 1981. (Zit.: *Bernath*, S.)

Bilgegil, Mehmet Kaya: Ziyâ Paşa üzerinde bir araştırma [Eine Untersuchung über Ziyâ Paşa]. Erzurum, 1970. (Zit.: *Bilgegil*, Ziyâ Paşa, S.)

Bilgegil, Mehmet Kaya: Yakın Cağ Türk Kültür ve Edebiyatı Üzerinde Araştırmalar I [Untersuchung türkischer Kultur und Literatur der frühen Neuzeit], Yeni Osmanlılar [Die Neu-Osmanen]. Ankara, 1976. (Zit.: *Bilgegil*, Yeni Osmanlılar, S.)

Binder-Iijima, Edda: Ausländischer Monarch und Konstitution. Die Etablierung monarchischer Herrschaft in Griechenland, Rumänien und Bulgarien im 19. Jahrhundert, in: *Stassinopoulou*, Maria A.; *Zelepos*, Ioannis (Hrsg.), Griechische Kultur in Südosteuropa in der Neuzeit, S. 45–63, Beiträge zum Symposium in memoriam Gunnar Hering (Wien, 16.-18. Dezember 2004). Wien, 2008. (Zit.: *Binder-Iijima*, S.)

Bisoukides, Perikles C.: Die ottomanische Verfassung, in: *Berolzheimer*, Fritz (Hrsg.) Rechtswissenschaftliche Beiträge, Juristische Festgabe des Auslandes zu Josef Kohlers 60. Geburtstag 9. März 1909. Stuttgart, 1909. (Zit.: *Bisoukides*, S.)

Bozkurt, Gülnihâl: Review of the Ottoman Legal System, in: Ankara Üniversitesi Osmanlı Tarihi Araştırma ve Uygulama Merkezi Dergisi: Nr. 3, 1992, S. 115–128. (Zit.: Bozkurt, Ottoman Legal Systen, S., in: Osmanlı Tarihi.)

Bozkurt, Gülnihâl: Batı Hukukunun Türkiye'de Benimsenmesi, Osmanlı Devleti'nden Türkiye Cumhuriyeti'ne Resepsiyon Süreci (1839–1939) [Die Aneignung des westlichen Rechts in der Türkei, Die Rezeptionsphase vom Osmanischen Reich bis zur Republik Türkei], Ankara, 1996. (Zit.: *Bozkurt*, Batı Hukukunun Türkiye'de Benimsenmesi, S.)

Böckenförde, Ernst-Wolfgang: Der deutsche Typ der konstitutionellen Monarchie im 19. Jahrhundert, in: *Conze*, Werner (Hrsg.), Beiträge zur deutschen und belgischen Verfassungsgeschichte im 19. Jahrhundert. Stuttgart, 1967, S. 70–92. (Zit.: *Böckenförde*, S.)

Brandt, Peter: Grundlinien der sozialökonomischen, sozialkulturellen und gesellschaftspolitischen Entwicklung in Europa 1815–1847, in: *Daum*, Werner unter Mitwirkung von *Brandt*, Peter; *Kirsch*, Martin und *Schlegelmilch*, Arthur (Hrsg.), Handbuch der europäischen Verfassungsgeschichte im 19. Jahrhundert. Institutionen und Rechtspraxis im gesellschaftlichen Wandel. Band 2: 1815–1847, S. 31–52. Bonn, 2012. (Zit.: *Brandt*, S.)

Burbank, Jane; *Cooper*, Frederick: Empires in World History. Power and The Politics of Difference. Princeton, 2010. (Zit.: *Burbank*; *Cooper*, Empires in World History, S.)

Burbank, Jane; *Cooper*, Frederick: Rules of Law, Politics of Empire, in: *Benton*, Lauren; *Ross*, Richard J. (Hrsg.), Legal Pluralism and Empires 1500–1850, S. 279–293. New York, 2013. (Zit.: *Burbank*; *Cooper*, Rules of Law, Politics of Empire, in: Legal Pluralism and Empires, S.)

Buzpınar, Ş. Tufan: The Question of Caliphate under the Last Ottoman Sultans, in: *Weismann*, Itzchak; *Zachs*, Fruma (Hrsg.), Ottoman Reform and Muslim Regeneration. Studies in Honour of Butrus Abu-Manneh, Library of Ottoman Studies 8. New York, 2005. (Zit.: *Buzpınar*, S.)

Canatar, Mehmet; *Baş*, Yaşar: Şurâ-yı Devlet Teşkilat Ve Tarihi Gelişimi [Der Aufbau und die geschichtliche Entwicklung des Staatsrats], in: Ankara Üniversitesi Osmanlı Tarihi Araştırma ve Uygulama Merkezi Dergisi (OTAM), Sayı (Nr.): 9, 1998, S. 111–148. (Zit.: *Canatar*; *Baş*, S.)

Clogg, Richard: The Greek Millet in the Ottoman Empire, in: Christians and Jews in the Ottoman Empire. The functioning of a Plural Society, Volume I, S. 185–207. The Central Lands. *Braude*, Benjamin; *Lewis*, Bernard (Hrsg.). London, 1982. (Zit.: *Clogg*, S.)

Coing, Helmut: Die Rezeption des Römischen Rechts. Entwicklung eines Forschungsprogramms, in: Recueil de Mémoires et Travaux publié par La Société d'Histoire du Droit et des Institutions des Anciens Pays de Droit Écrit, Université de Montpellier I, Faculté de Droit et des Sciences Économiques de Montpellier, 1974, S. 169–179. (Zit.: *Coing*, S.)

Conring, Patricia: Staatsrat, in: HRG IV, Berlin, 1990, Sp. 1831–1835. (Zit.: *Conring*, HRG IV, Sp.)

Daum, Werner: Verfassungsstruktur der zentralen staatlichen Ebene (Europäische Verfassungsgeschichte 1815–1847 – Eine vergleichende Synthese, teilweise unter Mitwirkung von *Fassbender*, Bardo, S. 53–164), in: *Daum*, Werner unter Mitwirkung von *Brandt*, Peter; *Kirsch*, Martin und *Schlegelmilch*, Arthur (Hrsg.), Handbuch der europäischen Verfassungsgeschichte im 19. Jahrhundert. Institutionen und Rechtspraxis im gesellschaftlichen Wandel. Band 2: 1815–1847, S. 66–94. Bonn, 2012. (Zit.: *Daum*, Verfassungsstruktur, S.)

Daum, Werner: Verfassungskultur (in dem Teil: Europäische Verfassungsgeschichte 1815–1847 – Eine vergleichende Synthese, teilweise unter Mitwirkung von *Fassbender*, Bardo, S. 53–164), in: *Daum*, Werner unter Mitwirkung von *Brandt*, Peter; *Kirsch*, Martin und *Schlegelmilch*, Arthur (Hrsg.). Handbuch der europäischen Verfassungsgeschichte im 19. Jahrhundert. Institutionen und Rechtspraxis im gesellschaftlichen Wandel. Band 2: 1815–1847, S. 134–141. Bonn, 2012. (Zit.: *Daum*, Verfassungskultur, S.)

Davison, Roderic Hollett: Turkish Attitudes Concerning Christian-Muslim Equality in the Nineteenth Century, in: The American Historical Review, Vol. LIX, No. 3, April, 1954, S. 844–864 (Neudruck in: Essays in Ottoman and Turkish History, 1774–1923; The Impact of the West, S. 112–132. 1. Auflage, Austin/ Texas, 1990). (Zit.: *Davison*, Christian-Muslim Equality in the Nineteenth Century, S.)

Davison, Roderic Hollett: Reform in the Ottoman Empire: 1856–1876. 2. Auflage [Second Printing]. New York, 1973. (Zit.: *Davison*, Ottoman Empire, S.)

Davison, Roderic Hollett: The Millets as Agents of Change in the Nineteenth-Century Ottoman Empire, in: Christians and Jews in the Ottoman Empire. The functioning of a Plural Society, Volume I, S. 319–337. The Central Lands, *Braude*, Benjamin; *Lewis*, Bernard (Hrsg.). London, 1982. (Zit.: *Davison*, The Millets as Agents of Change in the Nineteenth-Century Ottoman Empire, S.)

Davison, Roderic Hollett: Essays in Ottoman and Turkish History 1774–1923. The Impact of the West, Austin, Texas, 1990. (Zit.: *Davison*, The Impact of the West, S.)

Dayanç, Muharrem: Ahmet Midhat Efendi ve Üss-İ İnkılâp Üzerine [Über Ahmet Midhat Efendi und die eigentliche (wahre) Revolution], in: Turkish Studies, International Periodical for the Languages, Literature and History of Turkish or Turkic, Volume 7/1, Winter 2012, S. 837–847, Turkey. (Zit.: *Dayanç*, S.)

Denny, Frederick Mathewson: Islam and the Muslim Community. New York, 1987. (Zit.: *Denny*, Islam, S.)

Devereux, Robert: The First Ottoman Constitutional Period. A Study of the Midhat Constitution and Parliament. Baltimore, 1963. (Zit.: *Devereux*, S.)

Doğanalp-Votzi, Heidemarie; *Römer*, Claudia: Herrschaft und Staat: Politische Terminologie des Osmanischen Reiches der Tanzimâtzeit. Wien, 2008. (Zit.: *Doğanalp-Votzi*; *Römer*, S.)

Duchhardt, Heinz: Stein. Eine Biographie. Münster, 2007. (Zit.: *Duchhardt*, Stein. Eine Biographie.)

Duve, Thomas: Von der Europäischen Rechtsgeschichte zu einer Rechtsgeschichte Europas in globalhistorischer Perspektive, in: Rechtsgeschichte 20, 2012, S. 18–71, Zeitschrift des Max-Planck-Instituts für europäische Rechtsgeschichte. (Zit.: *Duve*, S.)

Edip Adıvar, Halide: Turkey Faces West. A Turkish View of Recent Changes and Their Origin. New Haven, (Wiederauflage) 1973 (1. Auflage, 1930). (Zit.: *Edip Adıvar*, Turkey Faces West, S.)

Engelhardt, Edouard: La Turquie et le Tanzimat ou Histoire des Réformes dans l'Empire Ottoman (depuis 1826 jusqu'à nos jours), 2 Bände (En deux Tomes). Paris, Band 1: 1882, Band 2: 1884. 3 Teile in zwei Bänden: Band 1: Première Partie (1826–1853). Seconde Partie (1854–1867), Band 2: Troisième Partie (1868–1882). (Zit.: *Engelhardt*, La Turquie et le Tanzimat, Première Partie (1826–1853), S. *oder* Seconde Partie (1854–1867), S. *respektive* Troisième Partie (1868–1882), S.)

Erler, Adalbert: Oberrechnungskammer, in: HRG III, Berlin, 1984, Sp. 1160–1162. (Zit.: *Erler*, in: HRG III, Sp.)

Evans, Richard John: Rituals of Retribution. Capital Punishment in Germany 1600–1987. Oxford, 1996. (Zit.: *Evans*, S. zur [Titel].)

Evered, Emine Ö.: Empire and Education under the Ottomans: Politics, Reform and Resistance from the Tanzimat to the Young Turks. London, New York, 2012. (Zit.: *Evered*, S.)

Faridzadeh, Ghazaleh: Vom Mensch-Sein zum Peron-Sein. Grundlagen einer Person- bzw. Subjekttheorie im islamischen Recht. Berlin, 2013 (bisher unveröffentlichte juristische Dissertation). (Zit.: *Faridzadeh*, Vom Mensch-Sein zum Person-Sein (unveröffentlicht), im Manuskript: S.)

Fazıl, Mustafa: Lettre Adressée A S.M. Le Sultan Par S.A. Le Prince Mustapha Fazıl-Pacha. Paris, 1867 (Druck: Istanbul, 1890). (Zit.: *Fazıl*, Lettre, S.)

Fendoğlu, Hasan Tahsin: 1876 Anayasası veya Monarşik Modernleşme Dönemi (1876–1908) [Das Grundgesetz von 1876 oder die monarchische Modernisierungszeit (1876–1908)]. Ankara, 2002, URL: http://hasantahsinfendoglu/akademik/makaleler/1876 ANAYASASI VEYA MONARŞİK MODERNLEŞME DÖNEMİ.pdf, zuletzt aufgerufen am: 04.07.2014 /Die veröffentlichte Version war nicht zu erhalten/. (Zit.: *Fendoğlu*, S.)

Findley, Carter Vaughn: The Tanzimât, in: The Cambridge History of Turkey, Volume 4 Turkey in the Modern World (Edited by Reşat *Kasaba*). Cambridge, 2008. (Zit.: *Findley*, S.)

Fortna, Benjamin C.: The reign of Abdülhamid II, in: The Cambridge History of Turkey, Volume 4 Turkey in the Modern World (Edited by Reşat *Kasaba*). Cambridge, 2008. (Zit.: *Fortna*, S.)

Fögen, Marie Theres / *Teubner*, Gunther: Rechtstransfer, in: Rechtsgeschichte 7, 2005, S. 38–45, Zeitschrift des Max-Planck-Instituts für europäische Rechtsgeschichte. (Zit.: *Fögen*; *Teubner*, S.)

Gilisen, John: Die Belgische Verfassung von 1831 – ihr Ursprung und ihr Einfluß, S. 38–69, in: *Conze*, Werner (Hrsg.), Beiträge zur deutschen und belgischen Verfassungsgeschichte im 19. Jahrhundert. 1. Auflage, Stuttgart, 1967. (Zit.: *Gilisen*, S.)

Gosewinkel, Dieter; *Masing*, Johannes: Die Verfassungen in Europa 1789–1949. Wissenschaftliche Textedition unter Einschluß sämtlicher Änderungen und Ergänzungen sowie mit Dokumenten aus der englischen und amerikanischen Verfassungsgeschichte. München, 2006. (Zit.: [Übersetzung aus] *Gosewinkel; Masing*, Verfassungen, Artikel der Verfassung vom […], S.)

Göçek, Fatma Müge: Rise of the Bourgeoisie, Demise of Empire Ottoman Westernization and Social Change. New York, Oxford, 1996. (Zit.: *Göçek*, S.)

Gözler, Kemal: 1876 Kanunu Esasî [Der Verfassungstext der 1876er Verfassung], Türk Anayasa Hukuk Sitesi (anayasa.gen.tr) URL: http://www.anayasa.gen.tr/1876ke.htm, zuletzt aufgerufen am: 04.07.2014 aus: *Gözler*, Kemal, *Türk Anayasaları*, Bursa, 1999, (S.30–63). (Zit.: *Gözler*, 1876 Kanunu Esasî, http://www.anayasa.gen.tr/1876ke.htm.)

Gözler, Kemal: Kanun-u Esasî (1876) aus: Türk Anayasa Hukuku [Das Grundgesetz/die Verfassung (1876), aus: Das türkische Verfassungsrecht], (Ausführungen zur osmanischen Verfassung aus dem gleichnamigen Druck von Gözler, S. 19–23–43). Bursa, 2000. URL: www.anayasa.gen.tr/kanunuesasi.htm, zuletzt aufgerufen am: 04.07.2014. (Zit.: *Gözler*, Kanun-u Esasî, Türk Anayasa Hukuku Sitesi, www.anayasa.gen.tr/kanunuesasi.htm, S.)

Gözler, Kemal: Tanzimat Fermanı: Gülhane hattı Hümayunu (1839) [Der Tanzimat Erlass: das Handschreiben von Gülhane, (1839)], (S. 3–12). Bursa, 2000. URL: http://www.anayasa.gen.tr/tanzimatfermani.htm, zuletzt aufgerufen am: 04.07.2014. (Zit.: *Gözler*, Tanzimat Fermanı: Gülhane hattı Hümayunu (1839), Türk Anayasa Hukuku Sitesi, URL: http://www.anayasa.gen.tr/tanzimatfermani.htm, S., lit.)

Gözler, Kemal: Türk Anayasa Hukuku Dersleri (Bölüm 2, Osmanlı Anayasal Gelişmeleri), [Unterricht im türkischen Verfassungsrecht, (Teil 2, Entwicklung des Osmanischen Verfassungsrechts)], 4. Auflage (Dördüncü Baskı). Bursa, 2007, (S. 13–27). (Zit.: *Gözler*, Türk Anayasa Hukuku Dersleri (2007), S.)

Gözübüyük, A. Şeref; *Kili*, Suna: Türk Anayasa Metinleri 1839–1980 [Türkische Verfassungstexte 1839–1980]. 2. Auflage, Ankara, 1982. (Zit.: *Gözübüyük*; *Kili*, Md., S.)

Grewe, Wilhelm Georg (Hrsg.): Fontes Historiae Iuris Gentium. Quellen zur Geschichte des Völkerrechts. Sources Relating to the History of the Law of Nations, Band 3/1 (Volume 3/1). 1815–1945. Berlin, 1992. (Zit.: [Vertragstitel], in: *Grewe*, S.)

Gümüş, Musa: Anayasal Meşrûtî Yönetime Medhal: 1856 Islahat Fermanı'nın Tam Metin İncelemesi [Beginn des verfassungsrechtlichen Konstitutionalismus: die vollständige Untersuchung des Handschreibens von 1856], in: *bilig* Türk Dünyası Sosyal Bilimler Dergisi Sayı: 47, Güz: 2008, Ahmet Yesevi Üniversitesi Mütevelli Heyet Başkanı. (Zit.: *Gümüş*, S.)

Gürsel, Seyfettin: Osmanlı Dış Borçları, in: *Eren*, Güler (Hrsg.), Osmanlı 3 Iktisat [Wirtschaft], S. 389–399. Ankara, 1999. (Zit.: *Gürsel*, S.)

Hacısalihoğlu, Mehmet: Istanbul in Geschichte und Vorstellungswelt der orthodoxen Völker in Ost- und Südosteuropa, in: *Köse*, Yavuz (Hrsg.). Istanbul: vom imperialen Herrschersitz zur Megapolis. Historiographische Betrachtungen zu Gesellschaft, Institutionen und Räumen, S. 39–68 München, 2006, (Zit.: *Hacısalihoğlu*, Orthodoxe Völker, in: Istanbul, S.)

Hamlin, Cyrus: Among the Turks. New York, 1877. (Zit.: *Hamlin*, S.)

Heimbeck, Lea: Die Abwicklung von Staatsbankrotten im Völkerrecht. Verrechtlichung und Rechtsvermeidung zwischen 1824 und 1907. 1. Auflage, Baden-Baden, 2013. (Zit.: *Heimbeck*, S.)

Heinzelmann, Tobias: Das Osmanische Reich, in: *Daum*, Werner unter Mitwirkung von *Brandt*, Peter; *Kirsch*, Martin und *Schlegelmilch*, Arthur (Hrsg.) Handbuch der europäischen Verfassungsgeschichte im 19. Jahrhundert. Institutionen und Rechtspraxis im gesellschaftlichen Wandel. Band 2: 1815–1847, S. 1297–1335. Bonn, 2012. (Zit.: *Heinzelmann*, S.)

Hendrich, Béatrice: Milla – millet – Nation: Von der Religionsgemeinschaft zur Nation? Über die Veränderung eines Wortes und die Wandlung eines Staates. Europäische Hochschulschriften Reihe XXXI Band/Vol. 465, Frankfurt am Main, 2003. (Zit.: *Hendrich*, S.)

Heun, Werner: Die Struktur des Deutschen Konstitutionalismus des 19. JH. Im verfassungsgeschichtlichen Vergleich, in: Der Staat 45 (2006), S. 365–382. (Zit.: *Heun*, S.)

Hirsch, Ernst Eduard: Die Verfassung der Türkischen Republik. Staatsverfassungen der Welt, Band 7, Frankfurt, 1965, S. 195–206. (Zit.: *Hirsch*, Die Verfassung der Türkischen Republik, S.)

Hirsch, Ernst Eduard: Rezeption als sozialer Prozeß, Erläutert am Beispiel der Türkei, Schriftenreihe zur Rechtssoziologie und Rechtstatsachenforschung Band 50, Berlin, 1981. (Zit.: *Hirsch*, Rezeption als sozialer Prozeß, S.)

Hobsbawm, Eric J.: Das imperiale Zeitalter. 1875–1914 (Aus dem Englischen von Udo *Rennert*). Frankfurt am Main/New York, 2008. (Zit.: *Hobsbawm*, S.)

Hubatsch, Walther: Die Stein-Hardenbergschen Reformen, Darmstadt, 1977. (Zit.: *Hubatsch*, S.)

Huber, Ernst Rudolf: Grundrechte im Bismarckschen Reichssystem, in: Festschrift für Ulrich Scheuner zum 70. Geburtstag, Berlin, 1973, S. 163–181. (Zit.: *Huber*, Grundrechte, S.)

Huber, Ernst Rudolf: Dokumente zur Deutschen Verfassungsgeschichte, *Huber*, Ernst Rudolf (Hrsg.). Band 1 Deutsche Verfassungsdokumente 1803–1850, 3. Auflage, Stuttgart, 1978. (Zit.: *Huber*, Dokumente zur Deutschen Verfassungsgeschichte, Band 1, S.)

Huber, Ernst Rudolf: Deutsche Verfassungsgeschichte Seit 1789, Band I, Reform und Restauration 1789 bis 1830, 2. Auflage, Stuttgart, 1990. (Zit.: *Huber*, Deutsche Verfassungsgeschichte (I), S.)

Inal, Mahmud Kemal: Osmanlı Devrinde Son Sadrıazamlar [Die letzten Großwesire im osmanischen Zeitalter], 3 Bände, Istanbul 1940, 1941, 1942. (Zit.: *Inal*, Son Sadrıazamlar (Teil I oder II), S.)

Inalcık, Halil: Sened-I Ittifak ve Gülhane Hatti Hûmâyûnu [Der Bündnisvertrag und das Gülhane-Handschreiben], in: Osmanlı Imparatorluğu [Das Osmanische Reich], Toplum ve Ekonomi [Gesellschaft und Wirtschaft], S. 343–359, Istanbul, 1993. (Zit.: *Inalcık*, S.)

Issawi, Charles: An Economic History of the Middle East and North Africa New York, 1982. (Zit.: *Issawi*, An Economic History of the Middle East and North Africa, S.)

Issawi, Charles: The Economic History of Turkey 1800–1914, Chicago, 1980. (Zit.: *Issawi*, The Economic History of Turkey, S.)

Jäschke, Gotthard: Die Entwicklung des osmanischen Verfassungsstaates von den Anfängen bis zur Gegenwart, Berlin, 1917. (Zit.: *Jäschke*, Die Entwicklung des osmanischen Verfassungsstaates, S.)

Jäschke, Gotthard: Die Entwicklung des osmanischen Verfassungsstaates von den Anfängen bis zur Gegenwart, in: *Kampfmeyer*, Georg (Hrsg.), Die Welt des Islams, S. 5–56. Zeitschrift der Deutschen Gesellschaft für Islamkunde Band V. Berlin, 1918. (Zit.: *Jäschke*, Die Entwicklung des osmanischen Verfassungsstaates, in: Die Welt des Islams Band V (1917), S.)

Jellinek, Georg: Gesetz und Verordnung. Staatsrechtliche Untersuchungen auf rechtsgeschichtlicher und rechtsvergleichender Grundlage, Aalen, 1964 (Neudruck der Ausgabe Freiburg 1887). (Zit.: *Jellinek*, S.)

Kaiser, Friedhelm Berthold: Die Russische Justizreform von 1864, Zur Geschichte der Russischen Justiz von Katharina II. bis 1917, Leiden, 1972. (Zit.: *Kaiser*, [Vorwort], S.)

Karakoç, Irem: 1876 Tarihli Kanun-I Esasi'de Yürütme Organı [Das Gesetzgebungsorgan in der Verfassung von 1876], in: Dokuz Eylül Üniversitesi Hukuk Fakültesi Dergisi Cilt [Band]: 8, Sayı [Nummer]: 2, 2006, S. 115–149. (Zit.: *Karakoç*, S.)

Karal, Enver Ziya: Osmanlı Tarihi, Birinci Meşrutiyet ve Istibdat Devirleri 1876–1907 [Osmanische Geschichte, Erste konstitutionelle Monarchie und Despotismus 1876–1907], Ankara, 1962. (Zit.: *Karal*, Osmanlı Tarihi, S.)

Karal, Enver Ziya: Non-Muslim Representatives in the First Constitutional Assembly, 1876–1877, in: Christians and Jews in the Ottoman Empire, The functioning of a Plural Society, Volume I, The Central Lands, S. 387–400, *Braude*, Benjamin; *Lewis*, Bernard (Hrsg.), London, 1982. (Zit.: *Karal*, Non-Muslim Representatives, in: Christians and Jews in the Ottoman Empire, Vol. I, S.)

Karal, Enver Ziya: Osmanlı Tarihi [Osmanische Geschichte], VII. Cilt [7. Band], Islahat Fermanı Devri (1861–1876) [Die Reformära 1861–1876]. 4. Auflage, Ankara, 1988. (Zit.: *Karal*, Osmanlı Tarihi, Islahat Fermanı Devri, S.)

Karpat, Kemal Haşim: *Millets* and Nationality: The Roots of the Incongruity of Nation and State in the Post-Ottoman Era, in: Christians and Jews in the Ottoman Empire, The functioning of a Plural Society, Volume I, The Central Lands, S. 141–169. *Braude*, Benjamin; *Lewis*, Bernard (Hrsg.). London, 1982. (Zit.: *Karpat*, S.)

Kermeli, Eugenia: The Right to Choice: Ottoman Justice vis-à-vis Ecclesiastical and Communal Justice in the Balkans, Seventeenth-Nineteenth Centuries, in: *Christmann*, Andreas und *Gleave*, Robert (Hrsg.). Studies in Islamic Law: a Festschrift for Colin Imber, S. 165–210. Oxford, 2007. (Zit.: *Kermeli*, S.)

Kaynar, Reşat: Mustafa Reşit Paşa ve Tanzimat [Mustafa Reşit Paşa und die Tanzimât], 4. Baskı [4. Auflage], Ankara, 2010. (Zit.: *Kaynar*, S.)

Kılıç, Selda Kaya: 1876 Anayasası'nın Bilinmeyen Iki Tasarısı [Die nicht bekannten zwei Entwürfe der Verfassung von 1876], in: Ankara Üniversitesi Osmanlı Tarihi Dergisi Araştırma ve Uygulama Merkezi Dergisi Nr. 4, 1993, S. 557–633. (Zit.: *Kılıç*, 1876, S.)

Kili, Suna: 1876 Anayasası ve Çağdaşlaşma Sorunu [Die Verfassung von 1876 und das Problem der Modernisierung], in: Armağan, Kanun-u Esasî'nin 100. Yılı [100 Jahre osmanische Verfassung], S. 191–211, Ankara, 1978. (Zit.: *Kili*, S.)

Koçak, Mustafa: Islam and national law in Turkey, in: *Otto*, Jan Michiel (Hrsg.), Sharia Incorporated, A Comparative Overview of the Legal Systems of Twelve Muslim Countries in Past and Present, S. 231–272, Leiden, 2010. (Zit.: *Koçak*, S.)

Kokubun, Noriko: Die Bedeutung der deutschen für die japanische Staatslehre unter der Meiji-Verfassung, Frankfurt am Main, 1993. (Zit.: *Kokubun*, S.)

Koll, Johannes: Belgien, in: *Daum*, Werner unter Mitwirkung von *Brandt*, Peter; *Kirsch*, Martin und *Schlegelmilch*, Arthur (Hrsg.), Handbuch der europäischen Verfassungsgeschichte im 19. Jahrhundert. Institutionen und Rechtspraxis im gesellschaftlichen Wandel. Band 2: 1815–1847, S. 485–542, Bonn, 2012. (Zit.: *Koll*, S.)

Kotulla, Michael: Die Tragweite der Grundrechte der revidierten preußischen Verfassung vom 31.01.1850, in: Rechtshistorische Reihe Band 98, Frankfurt am Main, 1992. (Zit.: *Kotulla*, S.)

Kreiser, Klaus: Der Osmanische Staat 1300–1922, Oldenbourg Grundriss der Geschichte, Band 30, *Bleicken*, Jochen; *Gall*, Lothar; *Jakobs*, Hermann (Hrsg.), München, 2001. (Zit.: *Kreiser*, S.)

Krüger, Hilmar: 70 Jahre westliches Schuld- und Handelsrecht in der Türkei, S. 125–143, in: *Scholler*, Heinrich, *Tellenbach*, Silvia (Hrsg.), Westliches Recht in der Republik Türkei 70 Jahre nach deren Gründung, 1. Auflage, Baden-Baden, 1996. (Zit.: *Krüger*, S.)

Kürşat,[4] Elcin: Der Verwestlichungsprozeß des Osmanischen Reiches im 18. und 19. Jahrhundert, Zur Kontemplarität von Staatenbildungs- und Intellektualisierungsprozessen, Band 7.2, Frankfurt am Main, London, 2003. (Zit.: *Kürşat*, S.)

Laband, Paul: Das Staatsrecht des Deutschen Reiches, 1. Band, 5. Auflage, Tübingen, 1911. (Zit.: *Laband*, S.)

Landes, David S.: Reformpolitik und Industrialisierung in Japan und Preußen. Ein Vergleich, in: *Vogel*, Barbara (Hrsg.), Preußische Reformen 1807–1820, Königstein im Taunus, 1980. (Zit.: *Landes*, S.)

Lapidus, Ira M.: A History of Islamic Societies, 2. Auflage, Cambridge, 2002. (Zit.: *Lapidus*, S.)

Lewis, Bernard: The Emergence of Modern Turkey, 3. Auflage, Oxford, 2002. (Zit.: *Lewis*, S.)

Majoros, Ferenc; *Rill*, Bernd: Das Osmanische Reich (1300–1922). Die Geschichte einer Großmacht. Köln, 1994. (Zit.: *Majoros*; *Rill*, S.)

4 Mittlerweile *Kürşat-Ahlers*.

Marcinkowski, Marcin: Die Entwicklung des Osmanischen Reiches zwischen 1839 und 1908, Reformbestrebungen und Modernisierungsversuche im Spiegel der deutschsprachigen Literatur. 1. Auflage, Berlin, 2007. (Zit.: *Marcinkowski*, S.)

Mardin, Şerif: The Genesis of Young Ottoman Thought A study in the modernization of Turkish political ideas. Princeton, 2000 (Ersterscheinung in 1962). (Zit.: *Mardin*, S.)

Matuz, Josef: Das Osmanische Reich. Grundlinien seiner Geschichte. 5. Auflage, Darmstadt, 2008. (Zit.: *Matuz*, S.)

Maurer, Hartmut: Allgemeines Verwaltungsrecht. 18. Auflage, München, 2011. (Zit.: *Maurer*, §, Rn.)

Maury, Jean Pierre: Digitheque, Belgique, Constitution de 7 Février 1831 (Verfassungstext auf Französisch), URL: http://mjp.univ-perp.fr/constit/be1831.htm, zuletzt aufgerufen am: 04.07.2014. (Zit.: *Maury*, Digitheque, http://mjp.univ-perp.fr/constit/be1831.htm.)

Mayer, Otto: Deutsches Verwaltungsrecht. Band I, 3. Auflage, München 1924. (Zit.: *Mayer*, Deutsches Verwaltungsrecht (I), Vorwort zur 3. Auflage (1924).)

Miras, Talat: Le Tanzimat et son système administrative, in: Annales de la Faculté de Droit d'Istanbul. Cilt [Band] 17, Sayı [Nr.] 26–28 (1967), S. 1–40. (Zit.: *Miras*, S.)

Mumcu, Ahmet: Siebzig Jahre westliches Recht in der Türkischen Republik, Eine rechtshistorische und aktuelle Bilanz, S. 17–50, in: *Scholler*, Heinrich, *Tellenbach*, Silvia (Hrsg.). Westliches Recht in der Republik Türkei 70 Jahre nach deren Gründung, Baden-Baden, 1. Auflage, 1996. (Zit.: *Mumcu*, S.)

Neugebauer, Manfred: Die Türkenkriege, Aufstieg und Fall des Osmanischen Reiches, Wolfenbüttel, 2011. (Zit.: *Neugebauer*, S.)

Nipperdey, Thomas: Deutsche Geschichte 1866–1918, Zweiter Band. Machtstaat vor der Demokratie, München, 1995. (Zit.: *Nipperdey*, S.)

Okandan, Recai Galip: Âmme Hukukumuzun Anahatları, Türkiye'nin Siyasi Gelişmesi [Die Schlüssel zu unserem Öffentlichen Recht, Die politische Entwicklung der Türkei], Birinci Kitap [Erstes Buch], Osmanlı Devletinin Kuruluşundan Yıkılışına Kadar [Von der Gründung des Osmanischen Reiches bis zu seinem Untergang]. Istanbul, 1971. (Zit.: *Okandan*, S.)

Okumuş, Ejder: Türkiye'nin Laikleşme Serüveninde Tanzimat [Die Tanzimat im Laizismus-Abenteuer der Türkei]. 2. Auflage, Istanbul, 2012. (Zit.: *Okumuş*, S.)

Ortaylı, Ilber: Ilk Osmanlı Parlamentosu ve Osmanlı Milletlerinin Temsili [Das erste osmanische Parlament und die Vertretung der osmanischen Völker], in: Armağan, Kanun-u Esasî'nin 100. Yılı [100 Jahre osmanische Verfassung], S. 169–182. Ankara, 1978. (Zit.: *Ortaylı*, S., in: Armağan, Kanun-u Esasî.)

Ortaylı, Ilber: Das Osmanische Reich neu entdecken [Osmanlıyı Yeniden Keşfetmek], Frankfurt, 2012. (Zit.: *Ortaylı*, Das Osmanische Reich neu entdecken, S.)

Osterhammel, Jürgen; *Jansen*, Jan C.: Kolonialismus. Geschichte, Formen, Folgen, 7. Auflage, München, 2012. (Zit.: *Osterhammel*; *Jansen*, S.)

Özbudun, Ergun: The Constitutional System of Turkey. 1876 To The Present, New York, 2011. (Zit.: *Özbudun*, S.)

Öztuna, Yılmaz: Bir Darbenin Anatomisi [Die Anatomie eines Coup d'État], 14. Baskı [14. Auflage], Istanbul, 2012. (Zit.: *Öztuna*, S.)

Palmer, Alan: Verfall und Untergang des Osmanischen Reiches, München 1994 (aus dem Englischen von *Rosken*, Maria; *Strasmann*, Ilse, Originalausgabe: The Decline and Fall of the Ottoman Empire, London, 1992). (Zit.: *Palmer*, S.)

Pauka, Marc: Kultur, Fortschritt und Reziprozität. Die Begriffsgeschichte des zivilisierten Staates im Völkerrecht. Baden-Baden, 1. Auflage, 2012. (Zit.: *Pauka*, S.)

Pause, Jérôme: Der französische Conseil d'État als höchstes Verwaltungsgericht und oberste Verwaltungsbehörde, Seine Entwicklung und heutige Stellung, Augsburger Studien zum Internationalen Recht, Frankfurt am Main, 2008. (Zit.: *Pause*, S.)

Pejko, Daniel: Gegen Minister und Parlament. Der Conseil d'État im Gesetzgebungsverfahren des Zweiten Französischen Kaiserreichs (1852–1870), Frankfurt am Main, 2012. (Zit.: *Pejko*, S.)

Peters, Martin: The Ottoman Empire in the historical sciences of the 18th and 19th centuries, in: Institut für Europäische Geschichte (Hrsg.), Publikationsportal Europäische Friedensverträge. Mainz, 18.11.2008, Abschnitt 1–7. URL: http://www.ieg-friedensvertraege.de/publikationsportal/peters12200802/index.html, zuletzt aufgerufen am: 04.07.2014. (Zit.: *Peters*, Abschnitt.)

Petrosyan, Irina Evgenievna: On the Motive Forces of the Reformist and Constitutionalist Movement in the Ottoman Empire (Some social transformation processes), in: Colloques Internationaux du Centre National de la Recherche Scientifique N° 601. Économie et Sociétés dans l'Empire Ottoman (Fin du XVIIIe – Début du XXe siècle). Acte du colloque de Strasbourg (1er – 5 juillet 1980). *Bacqué-Gramont*, Jean-Louis; *Dumont*, Paul (Hrsg.), S. 13–24, Paris, 1983. (Zit.: *Petrosyan*, S.)

Plagemann, Gottfried: Von Allahs Gesetz zur Modernisierung per Gesetz. Gesetz und Gesetzgebung im Osmanischen Reich und der Republik Türkei, Berlin, 2009. Deutsch-Türkisches Forum für Staatsrechtslehre Band 5 (Hrsg. *Depenheuer*, Otto). (Zit.: *Plagemann*, S.)

Reid, James J.: Crisis of the Ottoman Empire. Prelude to Collapse 1839–1876. Stuttgart, 2000. (Zit.: *Reid*, S.)

Reinhard, Wolfgang: Geschichte der Staatsgewalt. Eine vergleichende Verfassungsgeschichte Europas von den Anfängen bis zur Gegenwart München, 1999. (Zit.: *Reinhard*, S.)

Riedler, Florian: Opposition and Legitimacy in the Ottoman Empire. Conspiracies and political cultures, Abingdon; New York, 2011. (Zit.: *Riedler*, S.)

Rosen, Georg: Geschichte der Türkei. Von dem Siege der Reform im Jahre 1826 bis zum Pariser Tractat vom Jahre 1856. Zweiter Theil[5] Von der Thronbesteigung Abdulmedjids bis zum Pariser Tractat von 1856. Leipzig, 1867. (Zit.: *Rosen*, S.)

Rumpf, Christian: Rezeption und Verfassungsordnung, Beispiel Türkei, Stuttgart/Ankara, 2001/2002, URL: http://www.tuerkei-recht.de/downloads/rezeption.pdf, zuletzt aufgerufen am: 04.07.2014. (Zit.: *Rumpf*, Rezeption und Verfassungsordnung, Beispiel Türkei, S.)

Rumpf, Christian: Das Rechtsstaatsprinzip in der türkischen Rechtsordnung. Ein Beitrag zum türkischen Verfassungsrecht und zur europäischen Rezeptionsgeschichte, Bonn, 1992. (Zit.: *Rumpf*, Rechtsstaatsprinzip, S.)

Rüthers, Bernd; *Fischer*, Christian; *Birk*, Axel: Rechtstheorie mit Juristischer Methodenlehre 6. Auflage, München 2011. (Zit.: *Rüthers*; *Fischer*; *Birk*, Rn.)

Safrastyan, Ruben: Die armenischen Liberalen und die konstitutionelle Bewegung im Osmanischen Reich 1867–1876, in: Osmanismus, Nationalismus und der Kaukasus. Muslime und Christen, Türken und Armenier im 19. und 20. Jahrhundert, S. 153–164. *Adanır*, Firket; *Bonwetsch*, Bernd (Hrsg.), Wiesbaden, 2005. (Zit.: *Safrastyan*, S.)

Said, Edward Wadie/William: Orientalismus (Originaltitel: „Orientalism"). Latenter und manifester Orientalismus, S. 231–258. Frankfurt am Main, 3. Auflage, 2012 (aus der amerikanischen Originalausgabe erstmals New York, 1978). (Zit.: *Said*, S.)

Saydam, Abdullah: Reformlar ve Engeller [Reformen und Hindernisse]: Tanzimat Döneminde Aşiretlerin Yol Açtıkları Asayiş Problemleri [Die von den Volksstämmen ausgehenden Probleme der öffentlichen Ordnung/Sicherheit in der Tanzimât-Zeit], in: *Eren*, Güler (Hrsg.), Osmanlı 4 Toplum [Gesellschaft], S. 180–189, Ankara, 1999. (Zit.: *Saydam*, S.)

Sayın, Ayşe: „Türkçe mi böler, Kürtçe mi tartışması" [Die Debatte: teilt Türkisch oder Kurdisch (das Land)], Anayasa Uzlaşma Komisyonu da uzlaşamadı [Die Verfassungskommission konnte sich auch nicht einigen], in: Cumhuriyet, Nr. 32119 vom 14.09.2013, S. 4. (Zit.: *Sayın*, S.)

5 Zeitgenössische Schreibweise.

Scheben, Thomas: Verwaltungsreformen der frühen Tanzimâtzeit: Gesetze, Maßnahmen, Auswirkungen. Von der Verkündigung des Ediktes von Gülhane 1839 bis zum Ausbruch des Krimkrieges 1853, Frankfurt/M, 1991. (Zit.: *Scheben*, S.)

Scholler, Heinrich: Vorwort, S. 7–16, in: *Scholler*, Heinrich, *Tellenbach*, Silvia (Hrsg.), Westliches Recht in der Republik Türkei 70 Jahre nach deren Gründung, 1. Auflage, Baden-Baden 1996. (Zit.: *Scholler*, Vorwort, S.)

Schmidt, Rolf: Staatsorganisationsrecht sowie Grundzüge des Verfassungsprozessrechts und des EU-Rechts, 12. Auflage, Grasberg bei Bremen, 2012. (Zit.: *Schmidt*, Rn.)

Schmoeckel, Mathias: Humanität und Staatsräson. Die Abschaffung der Folter in Europa und die Entwicklung des gemeinen Strafprozeß- und Beweisrechts seit dem hohen Mittelalter. Köln, Weimar, Wien, 2000. (Zit.: *Schmoeckel*, Humanität und Staatsräson.)

Schmoeckel, Mathias: Bürgerlicher Tod, in: HRG I, 2. Auflage, Berlin, 2008, Sp. 751–752. (Zit.: *Schmoeckel*, HRG I, Sp.)

Schölch, Alexander: Wirtschaftliche Durchdringung und politische Kontrolle durch die europäischen Mächte im Osmanischen Reich (Konstantinopel, Kairo, Tunis), in: Geschichte und Gesellschaft, 1. Jahrgang, H 4, Imperialismus im Nahen und Mittleren Osten, Göttingen, 1975, S. 404–446. (Zit.: *Schölch*, S.)

Serbestoğlu, Ibrahim: Zorunlu Bir Modernleşme Örneği Olarak Osmanlı Tabiiyet Kanunu [Als ein Beispiel für auferlegte Modernisierung: das osmanische Staatsbürgerschaftsgesetz]. Ottoman Nationality Law as an Example of a Forced Modernization, in: Ankara Üniversitesi Osmanlı Tarihi Araştırma ve Uygulama Merkezi Dergisi (OTAM), Sayı (Nr.): 29, 2011, S. 193–214. (Zit.: *Serbestoğlu*, S.)

Sezer, Abdullah: Osmanlı-Türkiye Anayasa metinleri [Osmanisch-Türkische Verfassungstexte]. Günümüz Türkçe'siyle [Im heutigen Türkisch] Kanûni esâsî [osmanische Verfassung/osmanisches Grundgesetz] aus: Ulusal-üstü Belgeler ve Önceki Anayasalarla Karşılaştırmalı & Gerekçeli & Açıklamalı 1982 Türkiye Cumhuriyeti Anayasası ve İlgili Mevzuat, 1. Auflage, Istanbul, 2004, URL: http://anayasametinleri.blogspot.de/2010/09/gunumuz-turkcesiyle-kanun-i-esasi.html, zuletzt aufgerufen am: 04.07.2014. (Zit.: *Sezer*, Artikel)

Seydel, Max: Commentar[6] zur Verfassungs-Urkunde für das Deutsche Reich Freiburg i.B. (Würzburg) 1873. (Zit.: *Seydel*, [Einleitung,] S.)

Shaw, Stanford Jay; *Shaw*, Ezel Kural: History of the Ottoman Empire and Modern Turkey. Volume II: Reform, Revolution, and Republic: The Rise of Modern Turkey, 1808–1975, Cambridge, 1977. (Zit.: *Shaw*; *Shaw*, S.)

Simon, Dieter: Die Unabhängigkeit des Richters, Darmstadt, 1975. (Zit.: *Simon*, S.)

6 Zeitgenössische Schreibweise.

Smend, Rudolf: Die Preussische Verfassungsurkunde im Vergleich mit der Belgischen, Göttingen, 1904. (Zit.: *Smend*, S.)

Stolleis, Michael: Notverordnungsrecht, in: HRG III, Berlin, 1984, Sp. 1091–1095. (Zit.: *Stolleis*, HRG III, Sp. 1091–1095)

Stolleis, Michael: Zweikammersystem, in: HRG V, Berlin, 1998, Sp. 1833–1835. (Zit.: *Stolleis*, Zweikammersystem, Sp.)

Stolleis, Michael: Geschichte des öffentlichen Rechts in Deutschland Erster Band Reichspublizistik und Policeywissenschaft 1600–1800, München 1988. (Zit.: *Stolleis*, Geschichte des öffentlichen Rechts in Deutschland, 1. Band, S.)

Stolleis, Michael: Geschichte des öffentlichen Rechts in Deutschland Zweiter Band Staatsrechtslehre und Verwaltungswissenschaft 1800–1914, München, 1992. (Zit.: *Stolleis*, Geschichte des öffentlichen Rechts, 2. Band, S.)

Stolleis, Michael (Hrsg.): Juristen, Ein biographisches Lexikon. Von der Antike bis zum 20. Jahrhundert, 1. Auflage, München, 2001. (Zit.: *Bearbeiter*, in: Juristen (Hrsg. *Stolleis*), S.)

Stolleis, Michael: Transfer normativer Ordnungen – Baumaterial für junge Nationalstaaten, Forschungsbericht über ein Südosteuropa-Projekt, in: Rechtsgeschichte 20, 2012, S. 72–84, Zeitschrift des Max-Planck-Instituts für europäische Rechtsgeschichte. (Zit.: *Stolleis*, Transfer, in: Rechtsgeschichte 20, 2012, S.)

Stolleis, Michael: Kirchenregiment, landesherrliches, in: HRG II, 2. Auflage, Berlin, 2012, Sp. 1826–1828. (Zit.: *Stolleis*, Kirchenregiment, Sp.)

Stolleis, Michael: Über Rezeptionen, Übernahmen oder Migrationen von Recht, S. 167–179, in: *Rode-Breymann*, Susanne; *Mittag*, Achim (Hrsg.), Anvertraute Worte, Festschrift Helwig Schmidt-Glintzer zum 65. Geburtstag, Hannover, 2013. (Zit.: *Stolleis*, Über Rezeptionen, Übernahmen oder Migrationen von Recht, S.)

Stolleis, Michael: Öffentliches Recht in Deutschland. Eine Einführung in seine Geschichte (16. bis 21. Jahrhundert). München, 2014. (Zit.: *Stolleis*, Öffentliches Recht in Deutschland, S.)

Sundhaussen, Holm; *Stefanov*, Nenad: Serbien, in: *Daum*, Werner unter Mitwirkung von *Brandt*, Peter; *Kirsch*, Martin und *Schlegelmilch*, Arthur (Hrsg.), Handbuch der europäischen Verfassungsgeschichte im 19. Jahrhundert. Institutionen und Rechtspraxis im gesellschaftlichen Wandel. Band 2: 1815–1847, S. 1367–1398, Bonn, 2012. (Zit.: *Sundhaussen*; *Stefanov*, S.)

Tamdoğan, Işık: Sulh and the 18th Century of Ottoman Courts of Üsküdar and Adana, in: Islamic Law and Society 15 (2008), S. 55–83. (Zit.: *Tamdoğan*, S.)

Tanör, Bülent: Osmanlı-Türk Anayasal Gelişmeler (1789–1980) [Osmanisch-Türkische Verfassungsrechtliche Entwicklungen], 23. Auflage, Istanbul, 2013. (Zit.: *Tanör*, S.)

Tilly, Charles: States, State Transformation and War, in: *Bentley*, Jerry H. (Hrsg.), The Oxford Handbook of World History, S. 176–194, Oxford, 2011. (Zit.: *Tilly*, S.)

Tunaya, Tarık Zafer: Türkiye'de Siyasal Gelişmeler [Die politische Entwicklung in der Türkei] (1876–1938), Mütareke, Cumhuriyet ve Atatürk [Waffenstillstand, Republik und Atatürk], Istanbul, 1. Auflage 2002. (Zit.: *Tunaya*, S.)

Urban, Nikolaus: Die Diätenfrage, Zum Abgeordnetenbild in Staatsrechtslehre und Politik 1900–1933, Tübingen, 2003. (Zit.: *Urban*, Einleitung, S.)

Uzun, Hakan: Türk Demokrasi Tarihinde I. Meşrutiyet Dönemi [Der Erste Konstitutionalismus in der demokratischen Geschichte der Türkei], Gazi Üniversitesi Kırsehir Egitim Fakültesi, Cilt [Band] 6, Sayı [Nummer] 2, 2005, S. 145–162. (Zit.: *Uzun*, S.)

Ünal Özkorkut, Nevin: 1876 Anayasanın Hukuk Devleti Unsurları Acısından Osmanlı Devlet Anlayaşina Getirdiği Yenilikler [Die hervorgebrachten Neuerungen der Verfassung von 1876 für das Osmanische Staatsverständnis unter dem Gesichtspunkt des Rechtstaates], S. 173–184.; in: Ankara Üniversitesi Hukuk Fakültesi Dergisi, Cilt [Band]: 53 Sayı [Nummer]: 1. Yayın Tarihi [Erscheinungsdatum]: 2004. (Zit.: *Ünal Özkorkut*, S.)

Üçok, Coskun; *Mumcu*, Ahmet; *Bozkurt*, Gülnihal: Türk Hukuk Tarihi [Türkische Rechtsgeschichte], 12. Auflage, Ankara, 2007. (Zit.: *Üçok; Mumcu; Bozkurt*, S.)

Vámbéry, Hermann (Ármin): Ueber[7] die Reformfähigkeit der Türkei. Separat-Abdruck aus dem „Pester-Lloyd", Budapest, 1877. (Zit.: *Vámbéry*, Ueber die Reformfähigkeit der Türkei, S.)

Vámbéry, Hermann (Ármin): Die orientalische Frage als Culturfrage[8] (als Einleitung) in: Die Türken in Europa (*Baker*, James), S. XV–XXXVII (Originalausgabe aus dem Jahre 1878), Melle, 2004. (Zit.: *Vámbéry*, Die orientalische Frage als Culturfrage, in: Die Türken in Europa, Einleitung, S.)

Vatikiotis, Panayiotis Jerasimof: Islam And The State, New York, 1987. (Zit.: *Vatikiotis*, S.)

von Hellwald, Friedrich: Die Umgestaltung des Orients als Culturfrage, Augsburg, 1878. (Zit.: *von Hellwald*, S.)

von Kraelitz-Greifenhorst, Friedrich: Die Verfassungsgesetze des Osmanischen Reiches, Leipzig, 1909. (Zit.: *von Kraelitz-Greifenhorst*, S. [, Abschnitt(e)])

von Moltke, Helmuth: Unter dem Halbmond. Erlebnisse in der alten Türkei 1835–1839 (Hrsg. *Arndt*, Helmut), Wiesbaden, 2008. (Zit.: *von Moltke*, S.)

---

7 Zeitgenössische Schreibweise.

8 Zeitgenössische Schreibweise.

von Sax, Carl Ritter: Geschichte des Machtverfalls der Türkei bis Ende des 19. Jahrhunderts und die Phasen der „orientalischen Frage“ bis auf die Gegenwart, 2. Auflage (Zweite, bis zum Konstantinopeler Frieden (29. September 193), ergänzte Auflage], Wien, 1913. (Zit.: *von Sax*, S.)

von Wedel, Joachim: Zur Entwicklung des deutschen parlamentarischen Zweikammersystems, Berlin, 2011. (Zit.: *von Wedel*, Zweikammersystem.)

Willoweit, Dietmar: Deutsche Verfassungsgeschichte. Vom Frankenreich bis zur Wiedervereinigung Deutschlands. Ein Studienbuch, 7. Auflage, München, 2013. (Zit.: *Willoweit*, S. (Rn.).)

Willoweit, Dietmar; *Seif*, Ulrike: Europäische Verfassungsgeschichte, München, 2003. (Zit.: *Willoweit*; *Seif*, S.)

Young, George: Corps De Droit Ottoman. Recueil des Codes, Lois, Règlements, Ordonnances et Actes les plus importants du Droit Intérieur, et d’Études sur le Droit Coutumier de l’Empire Ottoman, Vol. II, 2. Auflage, Oxford, 1905. (Zit.: *Young*, S.)

Zaffi, Davide: Das millet-System im Osmanischen Reich, in: *Pan*, Christoph und *Pfeil*, Beate Sibylle (Hrsg.). Zur Entstehung des modernen Minderheitenschutzes in Europa. Handbuch der europäischen Volksgruppen Band 3, S. 132–155. Wien, 2006. (Zit.: *Zaffi*, S.)

Erstes Kapitel: Einführung

I. Einleitung und Fragestellung

Gesellschaften kann man verstehen, wenn man ihre Geschichte kennt und versteht, was ihre rechtliche Grundordnung ausmacht, da die rechtliche Grundordnung im Idealfall die gesellschaftlichen Kräfte- und Rechtsverhältnisse widerspiegelt. Hier setzt meine Untersuchung an: Inwieweit hat die Tanzimât-Periode (1839–1876)[9] mit ihren gesetzlichen Anordnungen eine Säkularisierung und Konstitutionalisierung des Rechts im Osmanischen Reich vorangetrieben und beeinflusst? In diesem Kontext bedeutet Säkularisierung die Loslösung des Rechts von den Bindungen an die Religion und meint damit die Verweltlichung bzw. Verstaatlichung des Rechts.[10] Der Fokus dieser Untersuchung gilt deshalb den säkularen Charakteristika des ersten osmanischen Grundgesetzes bzw. der ersten osmanischen Verfassung[11] und der Frage, inwieweit eine Demokratisierung des Rechts im Osmanischen Reich durch diese Verfassung vorangetrieben und beeinflusst wurde. Dazu gehört die Untersuchung, ob die Anordnungen der Tanzimât das osmanische Verfassungsrecht und somit den Staat, die öffentliche Ordnung – das Staatsgebilde im Ganzen – in der späten Tanzimât-Periode säkular beeinflusst haben. Insbesondere ist zu erläutern, was an Recht rezipiert wurde und wie das Recht rezipiert bzw. transformiert[12] worden ist. Untersucht werden soll die Rezeption, das heißt die Annahme und Übernahme fremden Rechts in die eigene Rechtsordnung[13] bzw. der Transfer „fremden" Rechts, die sich in den Artikeln des ersten osmanischen Grundgesetzes bzw. der Verfassung aus dem Jahre 1876 findet. Letztendlich ist somit die Frage ausschlaggebend, welche Verfassung sich das Osmanische Reich gab. Dabei wird

9 Die Tanzimât-Periode bedeutet übersetzt „Heilsame Neuordnung" oder „Wohltätige Verordnungen" und meint die Neuordnung des osmanischen Rechts und der Gesellschaft: *Kreiser*, S. 38; *Matuz*, S. 225; zur zeitgeschichtlichen Bestimmung der Tanzimât-Periode von 1839–1876: *Üçok*; *Mumcu*; *Bozkurt*, S. 330.

10 *Duden*, http://www.duden.de/rechtschreibung/Saekularisierung, zuletzt aufgerufen am: 04.07.2014; weitergehende Auseinandersetzung mit dem Thema: *Dreier*, Horst, Säkularisierung und Sakralität, Tübingen 2013.

11 Die Begrifflichkeiten „Grundgesetz" und „Verfassung" unterscheiden sich im Kontext dieser Arbeit nicht und werden daher gleichwertig verwendet.

12 *Stolleis*, Transfer, in: Rechtsgeschichte 20, 2012, S. 72; zur Frage der Begrifflichkeit der „Rezeption" und des „Transfers" siehe ebenda.

13 *Rumpf*, Rezeption und Verfassungsordnung, Beispiel Türkei, S. 2.

nicht untersucht, ob eine umfassende Modernisierung der osmanischen Gesellschaft insgesamt erfolgt ist.

Die Untersuchung steht damit im Zusammenhang mit Bestrebungen der (Rechts)Geschichte, neue Modelle und Terminologien zu entwickeln, um den Transfer von Gesetzbüchern, Rechtsprinzipien und Institutionen von Rechtsanwendern zu erfassen.[14] Anhand der Entwicklung der Verfassungsbestrebungen soll dargelegt werden, welche Mittel eingesetzt wurden, um eine neue Grundordnung zu schaffen.

Da sich diese neue Ordnung in die traditionell islamisch geprägten Rechtsordnungen integriert hat, ist es von Bedeutung, hier die Gegensätzlichkeit zwischen rezipiertem bzw. transformiertem Recht und dem ursprünglichen osmanischen bzw. religiösen Recht im osmanischen Grundgesetz zu untersuchen. Eine ausführliche Darstellung des „islamischen Denkgebäudes" ist allerdings nicht beabsichtigt.[15]

Ob aus den dargelegten Fragestellungen und Untersuchungen für die heutige Entwicklung einer demokratischen Verfassung in islamisch geprägten Rechtsordnungen und Ländern mögliche Schlüsse gezogen und Verbesserungen erzielt werden können, kann am Ende beurteilt werden.

Die Auseinandersetzung mit dem osmanischen Grundgesetz von 1876 im Lichte der Säkularisierung und Konstitutionalisierung und im Vergleich mit den Verfassungen Belgiens (1831), Preußens (1850) und des Deutschen Reiches (1871) soll helfen, die Identität der heutigen Türkei und ihrer Einwohner besser zu verstehen. Dieses Verständnis mag für zukünftig zu treffende Entscheidungen, die die Beziehung Europas, der Europäischen Union (EU) und der EU-Mitgliedstaaten zur Türkei berühren, möglicherweise dienlich sein. Das gilt auch für die heutigen EU-Mitgliedstaaten wie Bulgarien, Griechenland und Rumänien, die vor ihrer Eigenstaatlichkeit Teile des Osmanischen Reiches waren. Das osmanische Grundgesetz bot Christen, Juden und Muslimen einen weiten Entfaltungsraum. Aufgrund der langen Präsenz der Osmanen in diesen Ländern mag die vorliegende Untersuchung möglicherweise ebenfalls einen Beitrag zum besseren Verständnis des (Verfassungs)Rechts einiger dieser EU-Mitgliedstaaten leisten.

II. Begrifflichkeiten: „Grundgesetz" und „Verfassung"

Das osmanische Grundgesetz („Kānūn-ı Esāsī" bzw. „Qānūn-ı Esāsī") vom 23. Dezember 1876 stellt die erste schriftliche Verfassung in der Geschichte des

---

14 *Stolleis*, Transfer, in: Rechtsgeschichte 20, 2012, Zusammenfassung (vor S. 72).

15 Insoweit wird auf *Kürşat* Bezug genommen: *Kürşat*, S. 25 folgende.

Osmanischen Reiches dar.[16] Die Charakterisierung des Dokumentes als „Verfassung“ ist sowohl in den darin enthaltenen Regelungen zur Staatsorganisation als auch in den darin enthaltenen Regelungen über die Rechtsbeziehung zwischen Untertan und Staat begründet.[17] Es enthielt auch Bestimmungen zur Territorialität und zu den Grundrechten der Osmanen. Dies unterstreicht nochmals die Bewertung als Rechtstext mit Verfassungscharakter. Die Annahme *Okandans*, das „Kānūn-ı Esāsī“ sei keine Verfassung, da kein demokratischer Legitimationsprozess zugrunde liege,[18] ist in Anbetracht der tatsächlichen und rechtlichen Umstände der damaligen Zeit nicht nachvollziehbar. Eine solch hohe demokratische Anforderung verkennt die Geschichte des Osmanischen Reiches.[19] Auch im Deutschland des 19. Jahrhunderts waren – anders als in Nordamerika und in Frankreich – Verfassungen nicht als „die Frucht einer Revolution“, sondern grundsätzlich als Oktroi des Monarchen zu werten.[20] Die Verfassung war „nicht mehr herrschaftsbegründend, sondern herrschaftsbegrenzend“.[21]

Welcher Typus von Verfassung hier geschaffen wurde, ist umstritten.

Okandan führt die Benennung „Birinci Meşrutiyet“ (= erste konstitutionelle Monarchie) an.[22] Nach *Tanör* handelte es sich bei der Einführung des „Kānūn-ı Esāsī“ nicht um den Übergang in eine konstitutionelle Monarchie, sondern um den Abschied vom osmanischen Absolutismus hin zu einer sogenannten „halb-konstitutionellen Monarchie“ („yarı meşrutî“).[23] Dennoch wertet er das „Kānūn-ı Esāsī“ wegen der Beschränkung der vollen Souveränität des Monarchen als Verfassungsdokument.[24] Unabhängig von den Wertungen, die die unterschiedlichen Begrifflichkeiten widerspiegeln, steht im Grunde fest, dass durch die Einführung der ersten Verfassung eine einschneidende Änderung in der Geschichte des Osmanischen Reiches eingetreten ist. Die Verfassung machte aus dem Sultanat und aus anderen Monarchien gerade eine konstitutionelle Monarchie, also eine verfassungsrechtlich

16 *Karakoç*, S. 127; *Üçok*; *Mumcu*; *Bozkurt*, S. 338. Die Begriffsbezeichnungen „Kanun-I“, „Kanun-i“ „Kanuni“ und „Kanun-u“ werden synonym gebraucht.

17 *Rumpf*, Rechtsstaatsprinzip, S. 46; *Üçok*; *Mumcu*; *Bozkurt*, S. 333, 337, 338 folgende.

18 *Okandan*, S. 146, 147.

19 *Plagemann*, S. 117, 118, 119 äußert sich hierzu umfassender m.w.N.

20 *Stolleis*, Geschichte des öffentlichen Rechts, 2. Band, S. 99, 100: „*die Verfassung war ausnahmsweise in Württemberg Gegenstand einer Vereinbarung*“ im Sinne einer volonté générale nach *Stolleis*.

21 *Gosewinkel*; *Masing*, Verfassungen, S. 26 (Einführung).

22 Siehe Betitelung in *Okandan*, S. 116 folgende.

23 *Tanör*, S. 149.

24 *Tanör*, S. 149.

gebundene Monarchie. Allein dies ist für die Bewertung, ob eine Verfassung vorliegt, entscheidend.

Die Bezeichnungen „Grundgesetz“ oder „Staatsgrundgesetz“[25] entsprechen der Übersetzung „Kānūn-ı Esāsī“ bzw. „Qānūn-ı Esāsī“ am ehesten, und auch die neueren türkischen Bezeichnungen dieser Begriffe mit „Anayasa“ oder „Temel Yasa“ kommen der Bedeutung „Grundgesetz“ am nächsten.[26] Es handelt sich hierbei lediglich um sprachliche, nicht um juristische Unterschiede, die einen möglichen temporären Charakter (Grundgesetz) oder eine Übereinstimmung mit dem Volkswillen (Verfassung) kundtun wollen. Daher werden die Begriffe „Verfassung“, „Verfassungstext“, „Verfassungswerk“, „Staatsgrundgesetz“ oder „Konstitution“ in entsprechender Bedeutung in dieser Untersuchung verwandt, um die grundlegende Bedeutung und den verfassungsrechtlichen Charakter des Dokumentes zu verdeutlichen.[27]

III. Forschungsstand

Die Ära der Tanzimât stellt eine vielschichtige Reformbewegung im Osmanischen Reich dar, die den Schwerpunkt auf die Reformen im Justizwesen gelegt hat.[28] Die juristische Bedeutung ist trotz dieses Schwerpunktes noch nicht hinreichend analysiert worden.[29] Nach Kenntnis des Verfassers existiert derzeit keine Arbeit, die sich ausführlich mit der juristischen Analyse und Aufbereitung der Bestimmungen des osmanischen Grundgesetzes und den möglichen Einflüssen der Verfassungen des Königreich Belgiens von 1831, des Preußischen Staates von 1850 und des Deutschen Reiches von 1871 auf diese erste osmanische Verfassung beschäftigt hat.[30] Hierbei sind insbesondere die Themenkomplexe Säkularisierung, Konstitutionalisierung und Demokratisierung hervorzuheben. In diesem Zusammenhang ist der Einwand von *Heinzelmann*, der in der Geschichtsschreibung bei dem Begriff der „Verwestlichung“, welcher eine Einwirkung auf das osmanische Recht

---

25 *Jäschke* wählte den Begriff „Staatsgrundgesetz“, siehe *Jäschke*, Die Entwicklung des osmanischen Verfassungsstaates, S. 13.

26 So auch *Berkes*, der den Begriff „Kānūn-ı Esāsī“ (synonym mit „Kanûn-u esasî“) mit „fundamental law“ übersetzte, siehe *Berkes*, S. 232.

27 *Abadan*, S. 357: „*Die erste osmanische Verfassung, die ausdrücklich als Grundgesetz (Constitution) bezeichnet wurde […].*“; *von Kraelitz-Greifenhorst*, S. 31–53, *von Kraelitz-Greifenhorst* charakterisiert das Kānūn-ı Esāsī als „Konstitution“, *von Kraelitz-Greifenhorst*, S. 31.

28 *Mumcu*, S. 38.

29 *Mumcu*, S. 38.

30 Bei *Üçok*; *Mumcu*; *Bozkurt* finden sich hierzu auch nur einige Sätze, siehe a.a.O., S. 338.

durch europäische Staaten suggeriere, „eine genaue Analyse des [Ideen]Transfers" vermisst,[31] möglicherweise hilfreich, um ein differenzierteres Geschichtsbild zu erhalten.

Zwar wird in der Literatur dargelegt, dass die belgische Verfassung von 1831 und die preußische Verfassung von 1850 als Vorbilder für die osmanische Verfassung von 1876 herangezogen worden seien oder als Inspirationen gedient haben sollen, jedoch ohne nähere Erläuterungen, wie weit und wie tief diese Vorbildfunktion ging.[32] Dennoch kann auf umfangreichen Grundlagen aufgebaut werden. Insbesondere im türkischen Sprachraum, aber nicht nur dort, gibt es zahlreiche ausführliche geschichtliche, rechtliche, soziologische und politische Fachliteratur (unter anderem *Karal* 1962/1988, *Akşin* 1970/1992, *Okandan* 1971, *Kili* 1978, *Kılıç* 1993, *Okumuş* 1999/2012, *Adanır* 1997, *Karakoç* 2006, *Üçok; Mumcu; Bozkurt* 2007, *Kaynar* 2010, *Bayır* 2013 oder *Tanör* 2013 in der Neuauflage), in denen jedoch eine intensivere rechtliche Auseinandersetzung mit dem kompletten Verfassungswerk, insbesondere auch im Hinblick auf die Frage der Säkularisierung des Verfassungsrechts im Osmanischen Reich, fehlt. Die Erörterungen beschränken sich überwiegend auf politische und soziologische Fragestellungen, die zwar wiederum andere Perspektiven eröffnen, aber nur teilweise auf rechtliche Fragen in konkretem Zusammenhang mit der Verfassung eingehen. Die juristische Aufarbeitung des Verfassungstextes im Hinblick auf die Fragestellungen der Säkularisierung, Konstitutionalisierung und Demokratisierung bedarf daher einer ausführlicheren und vergleichenden Analyse.

Zudem unterscheidet sich die juristische, aber auch generelle Betrachtungsweise dieser Arbeit von einem Teil der anderen – insbesondere, aber nicht ausschließlich, türkischsprachigen – Arbeiten.

Der Stand der deutsch-, englisch- und französischsprachigen Fachliteratur ist zum Teil älteren Datums. Im späten 19. und frühen 20. Jahrhundert, aber auch Mitte des 20. Jahrhunderts sind mehrere einschlägige Abhandlungen, insbesondere über die Tanzimât-Zeit des Osmanischen Reiches, erschienen (unter anderem *Engelhardt* 1882, *Bisoukides* 1909, *von Kraelitz-Greifenhorst* 1909, *Jäschke* 1917, *Devereux* 1963 etc.). Neueren Datums sind unter anderem die Arbeiten

31 *Heinzelmann*, S. 1298.

32 *Bisoukides*, S. 16; *Mumcu*, S. 36; *Bozkurt*, Ottoman Legal System, S. 120, in: Osmanlı Tarihi; *Tanör*, S. 133 und S. 143, wo er davon schreibt, dass die belgische Verfassung als Inspiration gedient haben soll; *Davison*, Ottoman Empire, S. 371 (in Fn. 55 am Schluss).; *Karal*, Non-Muslim Representatives, in: Christians and Jews in the Ottoman Empire, Vol. I, S. 391.

eines Südosteuropa-Projekts („Transfer normativer Ordnungen") des Max-Planck-Instituts für europäische Rechtsgeschichte, das aber nicht das Osmanische Reich im Fokus hatte, sondern die neuen Nationalstaaten auf dem damaligen Gebiet des Osmanischen Reiches.[33] Weiterhin sind verschiedene neuere Abhandlungen bzw. Neuauflagen erschienen, die in Teilen die osmanische Verfassung betreffen (unter anderem *Shaw*; *Shaw* 1977, *Reid* 2000, *Lewis* 2002, *Üçok; Mumcu; Bozkurt* 2007, *Burbank*; *Cooper* 2010, *Heinzelmann* 2012, *Benton*; *Ross*; *Barkey* 2013). Zumeist wird die erste osmanische Verfassung entsprechend ihrem Aufbau nacherzählt, wobei auch Arbeiten zu finden sind, die den Prozess der Verfassungsgebung im Osmanischen Reich kritisch betrachten.[34] Die ältere Literatur über das Osmanische Reich im 19. Jahrhundert identifizierte dieses Reich häufig mit dem „Orient". Dabei wurde, wie *Said* es treffend ausdrückte, „die Andersartigkeit des Orients mit seiner Schwäche gleichgesetzt".[35] Insbesondere in der Literatur des 19. Jahrhunderts war damit die Unvereinbarkeit von „West" zu „Ost" sowie die Überlegenheit Europas zu lesen und zu spüren.[36] So war *von Hellwald* der Ansicht, dass „im günstigsten Fall sie [die Türkei, eigentlich das Osmanische Reich] modernisiert, nicht aber europäisiert werden kann".[37] Diese Meinung mag auch heute im Rahmen der Beitrittsgespräche zur EU noch immer eine Rolle spielen, obwohl bereits 1856 gemäß Artikel 7 des Friedensvertrages von Paris über die Beendigung des Krimkrieges dem Osmanischen Reich („der hohen Pforte") „die Zulassung zur Theilnahme an den Vortheilen der europäischen Staatengemeinschaft und des europäischen Völkerrechtes" durch die Staatsoberhäupter von Österreich, Frankreich, Großbritannien und Irland, Preußen, Russland und Sardinien erklärt wurde.[38] Einige Inhalte der Arbeit sind somit nicht nur rechtsgeschichtlich, sondern auch aktuell von Relevanz.

---

33 *Stolleis*, Transfer, in: Rechtsgeschichte 20, 2012, Zusammenfassung (vor S. 72).

34 Siehe hierzu *Heinzelmann*, S. 1297–1299.

35 *Said*, S. 234; weitere Ausführungen zum Begriff des „Orientalismus" im gesamten Aufsatz, sowie auf den Seiten 234 folgende des Aufsatzes.

36 Deutlich: *von Hellwald*, S. 34: *von Hellwald* hebt „die geistige Superiorität" des Westens bzw. Europas hervor.

37 *von Hellwald*, S. 87 mit Verweis auf *Vámbéry* und sein Werk: Ueber die Reformfähigkeit der Türkei; *Vámbéry*, Ueber die Reformfähigkeit der Türkei, S. 7, der sich mit diesem Zitat allerdings auf ein anderes Werk bezieht und von seiner Grundeinstellung her protürkisch ist und *„die Türkei und das moslimische Asien [als] culturfähig"* einstuft, siehe a.a.O., S. 60 im Gegensatz zu *von Hellwald*.

38 Friedensvertrag über die Beendigung des Krimkrieges/Paris vom 30. März 1856, in: *Grewe*, S. 22, (23); zur Frage des „zivilisierten Staates" wie auch der Europäisierung, siehe *Pauka*, S. 106–107.

IV. Quellenlage und Zeitraum

Die vorliegende Arbeit stützt sich auf das osmanische Grundgesetz von 1876 und die sultanischen Erlasse von 1839 und 1856, die – neben den wichtigen Akteuren der Tanzimât – als Katalysatoren der Tanzimât-Bewegung einzuordnen sind. Daneben werden auch Schriftstücke (Briefe der Vertreter aus dem Auswärtigen Dienst des Osmanischen Reiches, [Presse]Berichte), die aus dem Osmanischen Archiv[39] stammen, sowie Berichte (aus der Sekundärliteratur) zu den Arbeiten der osmanischen Verfassungskommission und zu den Gegebenheiten im osmanischen Parlament herangezogen. Der Einwand von *Heinzelmann*, dass die Sprachenvielfalt im Osmanischen Reich eine Gesamtdarstellung erschwerte,[40] mag nur zum Teil begründet sein, da das Französische als allgemeine Verständigungssprache diente. Die Korrespondenz im Auswärtigen Dienst, aus der einige der oben genannten Schriftstücke stammen, war französisch. Für die Vergleichsanalyse und die Beantwortung der Fragen der Konstitutionalisierung und Säkularisierung stützt sich die Arbeit in vergleichender Hinsicht auf die genannten Verfassungstexte von Belgien, Preußen und dem Deutschen Reich.

Die Arbeit umfasst grundsätzlich den Zeitraum von 1839 bis 1876, da die Tanzimât-Reformen mit ihrem rechtlichen Schwerpunkt in diese Periode fallen.[41] Dazu gehört allerdings auch die Vorgeschichte der Tanzimât-Periode.

V. Untersuchungsbegriffe: Aufnahme anderer Rechtsordnungen und Rechtsideen im osmanischen Verfassungsrecht

1. Wahl der Untersuchungsmethodik

„Bei den europäischen Rechtsordnungen handelt es sich meistens um Rechtsordnungen, die zusammen mit der wirtschaftlichen, sozialen und politischen Ordnung des“ jeweiligen „Staates gewachsen sind“.[42] Das Deutsche Reich erfuhr

39 Genauer: Türkiye Cumhuriyeti Başbakanlık [Premierministerium der Türkischen Republik], Devlet Arşivleri Genel Müdürlüğü [Hauptverwaltung der Staatsarchive], Osmanlı Arşivi [Osmanisches Archiv].

40 *Heinzelmann*, S. 1299; auch auf S. 1299 a.a.O.: *Heinzelmann* stellt darauf ab, dass die Archive der Patriarchate in Istanbul nicht erforscht seien. Dies berührt die Diskussion um die osmanische Verfassung nicht direkt, daher wurde dem nicht nachgegangen.

41 *Üçok*; *Mumcu*; *Bozkurt*, S. 330.

42 *Rumpf*, Rezeption und Verfassungsordnung, Beispiel Türkei, S. 5.

„vom 13. bis zum 16. Jahrhundert“ eine „Romanisierung des Rechtslebens“.[43] Das Osmanische Reich hatte keine vergleichbare Entwicklung über mehrere Jahrhunderte genommen. In der vergleichsweise kurzen Tanzimât-Zeit des Osmanischen Reiches von 1839–1876 wurde das Recht vielmehr importiert und zugleich in einen neuen Kontext gegossen. Der zeitliche Faktor und die Auseinandersetzung mit dem neuen Recht, damit auch die Intensität und Verinnerlichung, sind daher unterschiedlich zu bewerten, aber auch der Gegensatz von weltlichem zu religiösem Recht. Daher sind zunächst für die Wahl der Untersuchungsmethode die Begriffe der Rezeption, des Transfers normativer Rechtsordnungen und der “Cultural Translation”, soweit sie zum Verständnis der Untersuchung dienlich sind, zu erörtern und dabei einer Untersuchungsmethodik der Vorzug zu geben.

Rezeption bedeutet Aufnahme, Übernahme oder Annahme.[44] „Die Rezeption von Recht ist ein Prozess mit den Phasen des Erkennens, des Beurteilens, der Annahme und der Verinnerlichung fremden Rechts in die eigene Rechtsordnung“[45] und seine Integration in die Rechtswirklichkeit der rezipierenden Gesellschaft.[46] Der Rezeption lag die Idee zugrunde, dass weder fremdes Recht noch fremde Gesetzbücher importiert wurden, sondern fremdes Kulturgut.[47] Die Rezeption fremden Rechts stellt eine Übertragung und Einpflanzung von rechtlichem Gedankengut und nicht von Rechtsnormen dar.[48] Sie war ursprünglich am Vorgang der Aufnahme des römischen Rechts orientiert.[49] In den kontinentaleuropäischen Ländern wurde dabei die Entwicklung des Rechts in Zusammenhang mit der wissenschaftlichen Interpretation der römischen Rechtsquellen gesehen.[50] Die Rezeptionsforschung beschränkte sich auf die europäischen Länder.[51]

„Die Rezeption war ein Prozess der Verwissenschaftlichung und die europäische Rechtsintegration ein Werk der Rechtswissenschaft.“[52] Aber der Begriff der Rezeption wurde als „passiv“ bewertet, da er nur eine Annahme darstelle, ohne

---

43 *Stolleis*, Geschichte des öffentlichen Rechts in Deutschland, 1. Band, S. 58.

44 *Duden*, http://www.duden.de/rechtschreibung/Rezeption#Bedeutung1, zuletzt aufgerufen am: 04.07.2014; *Rumpf*, Rezeption und Verfassungsordnung, Beispiel Türkei, S. 2 m.w.N.

45 *Rumpf*, Rezeption und Verfassungsordnung, Beispiel Türkei, S. 2.

46 *Plagemann*, S. 37.

47 *Hirsch*, Rezeption als sozialer Prozeß, S. 12.

48 *Hirsch*, Rezeption als sozialer Prozeß, S. 12, 16.

49 *Coing*, S. 169 folgende; *Scholler*, Vorwort, S. 14; *Stolleis*, Transfer, in: Rechtsgeschichte 20, 2012, S. 72, 73.

50 *Coing*, S. 169.

51 *Coing*, S. 179.

52 *Duve*, S. 46.

ein eigenes Zutun.[53] Doch gehe es gerade auch um eigene schöpferische Leistungen, aus denen neue Werke und Ordnungen entstehen.[54] Denn der übernehmende Teil ist in der Regel nicht machtlos.[55] „Er setzt das Recht meist lautlos anders um, passt es an und erfüllt es mit eigener Tradition oder unterschlägt es wohl auch."[56]

Für den Zweck dieser Arbeit ist unter Transfer die Übertragung von Recht von einer „Ausgangs- in eine Zielkultur", also die Übertragung von Recht in ein anderes Umfeld, zu verstehen.[57] Dabei wirke der „Transfer" als verspätet, nämlich „als ein nachholender, den Errungenschaften anderer Systeme mehr oder minder sklavisch folgender Prozess".[58] Doch ist aufgrund der unterschiedlichen Entwicklungswege der verschiedenen Rechtskulturen eine „glatte Übernahme von Rechtsbegriffen" unmöglich oder zu kompliziert.[59] Eine weitere Sichtweise sieht den Transfer von Rechtssystemen als ein partnerschaftliches, interaktives Verhältnis an und grenzt diesen vom „Octroi", der Auferlegung des fremden Rechtssystems durch eine Kolonialmacht („Octroi 1. Grades") oder der Auferlegung des fremden Rechtssystems durch eine eigene sogenannte „Entwicklungsdiktatur" („Octroi 2. Grades"), ab.[60]

Die sogenannte "Cultural Translation" ermöglicht wiederum einen sprach- und kulturwissenschaftlich informierten Zugang, der die Aneignungsprozesse im Bereich der Normativität beschreiben kann.[61] Diese Ansicht ist vorzugswürdig, da sie mehr als nur der normativen Komplexität im Osmanischen Reich Rechnung trägt und die kulturelle wie auch die sprachliche Dimension erfasst.

Die türkische und deutsche Fachliteratur haben sich bisher meistens auf den Begriff der Rezeption bezogen.[62] Dadurch haben möglicherweise nicht alle Aspekte und Dimensionen der Rechtsschöpfung aus einem anderen Wertesystem hinreichende Berücksichtigung gefunden, auch wenn „Verfassungsgeschichte" immer

---

53 *Duve*, S. 53.

54 *Duve*, S. 53; *Scholler*, Vorwort, S. 14.

55 *Stolleis*, Transfer, in: Rechtsgeschichte 20, 2012, S. 75.

56 *Stolleis*, Transfer, in: Rechtsgeschichte 20, 2012, S. 75.

57 *Duve*, S. 53, 54 m.w.N.; *Scholler*, Vorwort, S. 14.

58 *Fögen*; *Teubner*, S. 40.

59 *Duve*, S. 54 m.w.N.; *Fögen*; *Teubner*, S. 42.

60 *Scholler*, Vorwort, S. 15, versteht unter „Entwicklungsdiktatur die Modernisierung des Rechts durch Übernahme ausländischer Rechtsordnungen", a.a.O.

61 *Duve*, S. 54, 55.

62 *Üçok*; *Mumcu*; *Bozkurt*, S. 320, 321, 322.

„Rezeptionsgeschichte“ darstellt.[63] Der Begriff und der Inhalt der Rezeption scheinen überholt und veraltet zu sein.[64] Bei der Rezeption ist die Vorstellung leitend, dass mit dem Recht „etwas“ übertragen wird.[65] Die Rezeption bezieht sich zudem auf den europäischen Raum und auf die Rezeption des römischen Rechts.[66] Für ein umfassendes Verständnis der verfassungsrechtlichen Rechtsentwicklung im Osmanischen Reich empfiehlt es sich, das bisherige Vokabular mit seinen tradierten Konnotationen zu verlassen. Die führenden Köpfe der Tanzimât-Zeit haben zwar Rechtstexte und Rechtsgebilde Europas rezipiert, aber das Instrument der Rezeption dürfte nicht ausreichen, um die interkulturelle Dimension, die im Hinblick auf die neue Rechtssetzung des Osmanischen Reiches stattfand, zu erläutern. Die interkulturelle Dimension leistet nämlich eine kulturelle und sprachliche Übersetzung und damit ein Mehr.[67] Es ist allerdings ebenfalls wichtig, „dass die Wahl der Benennung keinesfalls die richtige Sicht und die historische Wahrheit vermittelt“.[68]

2. Die Untersuchungsmethodik für die osmanische Verfassung: neue Perspektive?

Die Orientierung an europäischen Gesellschaftskonzepten und Rechtssystemen, der Bezug auf die verschiedenen nationalen europäischen Rechtsordnungen und die Form der „Rezeption des Rechts“ sind Teil einer höchst widersprüchlichen Beziehung des Osmanischen Reiches zu „Europa“ und der „Moderne“.[69] Die osmanische Verfassung wird daher verständlicher, wenn das osmanische Gesellschaftskonzept in seinen jeweils einschlägigen kulturellen und sozialen Facetten in die rechtliche und rechtshistorische Betrachtung miteinbezogen wird. Die Arbeit folgt dem “Cultural-Translation”-Ansatz,[70] da auf diese Weise auch andere Facetten berücksichtigt werden können. Das erste Grundgesetz des Osmanischen Reiches war nicht nur ein Produkt aus der Summe mehrerer europäischer Verfassungen, europäischer Ideen oder anderer Identitäten. Den Besonderheiten

---

63 *Gosewinkel*; *Masing*, Verfassungen, S. 9 (Einführung).

64 *Duve*, S. 52; *Stolleis*, Über Rezeptionen, Übernahmen oder Migrationen von Recht, S. 177.

65 *Duve*, S. 53.

66 *Coing*, S. 169 folgende: insbesondere S. 178, 179.

67 *Duve*, S. 55.

68 *Stolleis*, Transfer, in: Rechtsgeschichte 20, 2012, S. 75; *Stolleis*, Über Rezeptionen, Übernahmen oder Migrationen von Recht, S. 177.

69 *Plagemann*, S. 36.

70 Zur Erläuterung siehe *Duve*, S. 54.

des islamischen Osmanischen Reiches – wie auch immer diese bewertet werden – wurde Rechnung getragen, indem unter anderem der Sultan seine Kalifatsstellung verfassungsrechtlich innehatte und die Staatsreligion verfassungsrechtlich verankert wurde. Wie eingangs angeführt, kann man Gesellschaften verstehen, wenn man ihre Geschichte kennt und versteht, was ihre rechtliche Grundordnung ausmacht. Daher ist die Entwicklung von Verfassungsrecht stets auch eine Frage von Identität. Die Ansätze der "Cultural Translation" sind vielversprechender, da diese durch den sprach- und kulturwissenschaftlichen Zugang nicht nur dem transkulturellen Kontext Rechnung tragen,[71] sondern auch die staatsrechtliche Identität hervorbringen. Insofern dient diese Methodik der Perspektivenöffnung. Aus diesem Grund spielt in dieser Untersuchung der sprachliche und kulturelle Hintergrund ebenfalls eine wichtige Rolle, die sich zum Beispiel in der Verwendung einzelner Begriffe, wie etwa „Millet", niederschlägt.

Die Untersuchung der ersten osmanischen Verfassung einschließlich der Reformerlasse von 1839–1856 setzt sich mit den in der Einleitung aufgeworfenen Fragestellungen auseinander und bezieht anhand der interkulturellen Dimension im Rahmen der "Cultural Translation" die kulturelle, soziale und sprachliche Ebene und ebenso die wichtigen (muslimischen wie nichtmuslimischen) Akteure der Tanzimât mit ein.

71 *Duve*, S. 54–55.

Zweites Kapitel: Vortanzimâtliches Rechtsverständnis

I. Bisher geltendes (religiöses und weltliches) Recht

Das geltende Recht im Osmanischen Reich des 19. Jahrhunderts bestand aus dem islamischen Recht und dem Sultansrecht („Örf Hukuku" = Gewohnheitsrecht), jedoch existierten auch „eigene Rechtsordnungen der nichtmuslimischen Religionsgemeinschaften der Buchreligionen" („Millets"), die deren religiöse Angelegenheiten und Fragen des Personenstatus betrafen.[72] Das öffentliche osmanische Leben war geprägt durch Rechtspluralität.

Das Sultansrecht verlieh dem Souverän das Recht, die das Osmanische Reich betreffenden Gewohnheiten und Gebräuche – daher auch „Örf Hukuku" (= Gewohnheitsrecht) genannt – seinem eigenen Willen entsprechend als verbindliche Regelungen festzulegen.[73] Dieses sogenannte Gewohnheitsrecht umfasste insbesondere die Staatsorganisation, das Verwaltungsrecht, die militärische Truppengewalt, die Steuererhebung sowie die Auflagen für Handel und Landwirtschaft.[74] Der Sultan bildete das Zentrum der Macht, dabei bediente er sich eines Apparates von Helfern, bestehend aus dem jeweiligen Großwesir sowie anderen Wesiren und weiteren Exekutivorganen.[75]

Um die Säkularisierung und Konstitutionalisierung des 19. Jahrhunderts begreiflich zu machen, ist es von Bedeutung, die Identitätsproblematik des Staates und seiner Einwohner zu verstehen. Die Bezeichnung „Millet" für die nichtmuslimischen Religionsgemeinschaften wurde aus dem Arabischen („milla") übernommen und bedeutet „Glaubensgemeinschaft, Religion, Konfession, Sekte".[76] Obwohl grundsätzlich dieser Begriff verwendet wurde,[77] gab es auch eine muslimische

72 *Plagemann*, S. 62, 84; *Bayır*, S. 23 folgende; *Doğanalp-Votzi*; *Römer*, S. 210; *Barkey*, S. 84, 85 folgende, 91 folgende; sehr differenziert zum Themenkomplex Millet und Nation: *Karpat*, S. 141–169, insbesondere ab S. 145, S. 149.

73 *Plagemann*, S. 62.

74 *Plagemann*, S. 67.

75 *Okandan*, S. 22, 23 folgende, 30, 31, 36, 37.

76 Zur „politischen Terminologie" generell: *Doğanalp-Votzi*; *Römer*, S. 209, 210 m.w.N. und Erläuterungen.

77 *Doğanalp-Votzi*; *Römer*, S. 210.

Millet.[78] Die größeren Milletgruppen stellten die griechische Millet, die armenische Millet und die jüdische Millet dar.[79] Die Millets waren autonom. Der Sultan schloss mit dem jeweiligen kirchlichen Führer – in dessen Funktion als eine Art Staatsbeamter – einen Vertrag.[80] Die Millets waren berechtigt, ihre inneren Angelegenheiten selbst zu regeln, soweit nicht die Interessen des Osmanischen Reiches berührt waren.[81] Die Millets erließen Verfügungen, die das soziale und zivilrechtliche Leben der jeweiligen Mitglieder unter anderem in den Bereichen Bildung, Fürsorge, Gesundheitswesen, Schule und Zivilstand regelten.[82] Die Rechtsprechung in zivilrechtlichen Streitigkeiten unterlag der Zuständigkeit der jeweiligen Millets.[83] Die Justiz in Strafsachen oblag staatlichen Gerichten und orientierte sich am islamischen Recht, wobei Straftaten gegenüber Nichtmuslimen der Rechtsprechung des jeweiligen Millets überlassen wurden.[84]

Das Rechtsverhältnis zwischen Sultanat und dem jeweiligen Millet entsprach dem Personalitäts- und nicht dem Territorialitätsprinzip.[85] Der Status der Untertanen wurde aufgrund ihrer jeweiligen Glaubenszugehörigkeit unabhängig von ihrem Wohnort festgelegt.[86] Das Territorialitätsprinzip sollte jedoch durch die Tanzimât-Reformen Geltung erlangen, um aufgrund der Territorialität eine Bindung aller Rechtssubjekte zur Nation aufzubauen.[87] Ein wichtiger Schritt der Umgestaltung in der Tanzimât-Periode war, dass die griechisch-orthodoxe Millet 1862, die armenische Millet 1863 und die jüdische Millet 1865 jeweils neue Verfassungen erhielten.[88] Der „Millet"-Begriff wandelte sich im Laufe der Tanzimât, wie später zu sehen sein wird, und damit auch das Verständnis von Gemeinschaft, Individuum, Religion und Nation.

---

78 *Zaffi*, S. 134, 135.
79 *Zaffi*, S. 135.
80 *Plagemann*, S. 84.
81 *Bayır*, S. 23, 24; *Plagemann*, S. 84.
82 *Zaffi*, S. 137.
83 *Zaffi*, S. 137.
84 *Zaffi*, S. 137.
85 *Kürşat*, S. 172 m.w.N.
86 *Kürşat*, S. 172, 173.
87 *Karpat*, S. 162, 163; *Kürşat*, S. 172, 173.
88 *Kürşat*, S. 172, 206; *Karpat*, S. 164.

II. Verfassungsgebung vor der Tanzimât?

1. Der Weg hin zur Tanzimât

Der geschichtliche Entwicklung zur Tanzimât-Periode führte über andere Reformbewegungen im Osmanischen Reich („Devlet-i Aliyye-i Osmâniyye"). Ausschlaggebend für die eingeführten Reformen waren die militärischen Niederlagen der osmanischen Armee, die Sultan *Selim III.* (1789–1807) veranlassten, das osmanische Heerwesen von Grund auf zu reorganisieren.[89] Gerade die außenpolitische Schwächung des Osmanischen Reiches führte zur Einleitung grundlegender Reformen des Staatswesens und der Rechtsordnung, angefangen bei der Militärreform,[90] die den Beginn der Reformbewegung markierte. Sultan *Selim III.* erließ im Jahr 1793 eine sogenannte großherrliche Verfügung („Nizâm-ı Cedîd" = „Neuregelung"), die es französischen Militärinstrukteuren erlaubte, eine neue Armee nach europäischem Muster, mit europäischen Organisationsprinzipien sowie europäischer Ausbildung, Disziplin und Uniform aufzubauen.[91] Das sogenannte Nizâm-ı Cedîd umfasste zunächst mehr als nur militärische Reformen im Osmanischen Reich und enthielt ursprünglich die Auflösung der Janitscharentruppe, die Reduzierung der Anzahl an Geistlichen bzw. Religionsgelehrten („Ulema"), die Öffnung des Osmanischen Reiches gegenüber den Neuerungen des Westens in den Bereichen der Wissenschaft, der Landwirtschaft, des Handels und der Kultur.[92] Die Fundamente des Osmanischen Reiches wurden durch die Reformen von Sultan *Selim III.* allerdings nicht erschüttert.[93] Der Islam blieb Staatsreligion. Die französische laïcité, die Trennung von Religion und Staat, wurde als Bedrohung für das Osmanische Reich aufgefasst.[94]

Sultan *Selim III.* ebnete auch den Weg hin zu einem Gesetzgebungsorgan, indem er eine Beratungskammer („Meclis-i Meşveret") berief, die eigenständig neben ihm die aktuellen Probleme beriet und Reformvorschläge entwarf[95] Er wurde 1807 abgesetzt, da er eine Reorganisation des Osmanischen Reiches i.S.d. Nizâm-ı

89 *Tanör*, S. 34; *Matuz*, S. 210.

90 *Rumpf*, Rezeption und Verfassungsordnung, Beispiel Türkei, S. 4; *Koçak*, S. 234, 235.

91 *Koçak*, S. 235; *Matuz*, S. 210. Preußische Militärberater bzw. „Instrukteure" empfing das Osmanische Reich ab 1835, siehe *von Moltke*, S. 35 folgende, S. 46 folgend (Einleitung des Herausgebers).

92 *Tanör*, S. 35.

93 *Tanör*, S. 35.

94 *Tanör*, S. 36.

95 *Plagemann*, S. 87 m.w.N.

Cedîd anstrebte.[96] Sein Nachfolger *Mustafa IV.* (1807–1808) verlor den Thron wiederum an den reformfreudigen Sultan *Mahmut II.* (1808–1839).[97] Innere Unruhen im 19. Jahrhundert erlaubten keinen direkten Herrschaftszugriff des Sultans auf seine Untertanen.[98] Das Regieren des Osmanischen Reiches ohne die Einbeziehung der regionalen Herrscher war nicht mehr möglich.[99] Bereits zu Zeiten *Selims III.* und *Mahmuts II.* wurden deshalb innerhalb intellektueller Zirkel, militärische und religiöse Kreise eingeschlossen, Überlegungen zur Notwendigkeit und Natur von Reformen angestellt.[100]

1836 schuf *Mahmut II.* die ersten Ministerien, da er eine straffe Zentralisierung anstrebte,[101] und gründete 1838 den Hohen Rat für Gesetzgebungs- und Justizangelegenheiten („Meclis-i Vâlâ-yı Ahkâm-ı Adliye").[102] Die Mitglieder dieses Rates – im sogenannten sultanischen Handschreiben von Gülhane („Hatt-ı Şerif-î") von 1839 auch als Justizrat benannt – durften in freiem Gedanken- und Meinungsaustausch beraten, um „die notwendigen Gesetze betreffend die Sicherheit des Lebens und Vermögens und die Verteilung der Steuern [zu] beschließen".[103] Dem Gesetz im Osmanischen Reich wurde unter *Mahmut II.* „eine gewisse Achtung verschafft" und „die Pforte begann, sich dem Bild eines modernen Staates anzugleichen, sie trat nach außen in das Europäische Konzert ein".[104] Dies mag auch ein Wort dieses Sultans gegen Ende seines Lebens verdeutlichen: „Bundan böyle tebaamdan müslümanları ancak camide, hristiyanlari kilisede, mûsevîleri havrada fark ederim, aralarında başka gûnâ bir fark yoktur. […] mahabet ve adaletim kavîdir ve hepsi

---

96 *Matuz*, S. 214.

97 *Matuz*, S. 214; *Mumcu*, S. 34.

98 *Matuz*, S. 209–212.

99 *Matuz*, S. 215.

100 *Aksan*, S. 318: "*…, that there was a sizable debate underway among Ottoman intellectuals, military men and religious officials alike, about the need for and nature of reform*".

101 *Kreiser*, S. 38.

102 *Plagemann*, S. 87.

103 Ferman von Gülhane, 26 Saban 1255 (03.11.1839) in: *Scheben*, S. 257.

104 *von Moltke*, S. 12 (Einleitung des Herausgebers): der Begriff „Europäisches Konzert" stammte aus Artikel 7 des Traité de Paris (als Friedensvertrag im Anschluss an den Krimkrieg) vom 30.03.1856, worin es unter anderem heißt: « *Sa Majesté le Roi de Sardaigne, Sa Majesté l'Empereur d'Autriche, Sa Majesté l'Empereur des Francais, Sa Majesté la Reine du Royaume-Uni de la Grande Bretagne et d'Irlande, Sa Majesté le Roi du Prusse et Sa Majesté l'Empereur des toutes les Russies déclarent la Sublime Porte admise à participer aux avantages du droit public et du concert euopéens.* »

hakîkî evlâdımdır."[105], also etwa: „Von nun an werde ich Muslime nur in der Moschee, Christen nur in der Kirche und Juden nur in der Synagoge unterscheiden, ansonsten bestehen keine Unterschiede zwischen ihnen. Meine Erhabenheit und Gerechtigkeit sind stark und alle sind meine wahrhaftigen Kinder."

Die Verlesung des sultanischen Handschreibens von Gülhane leitete die Epoche der sogenannte „Wohltätigen Verordnungen" ein.[106] Es war *Mustafa Reşit Paşa*[107] (1800/02–1858),[108] der „Vater der Tanzimât", der 1838 den Auftrag vom Sultan erhielt, das Reformwerk der Neuordnung auszuarbeiten.[109] Damit fand letztlich der Westen Eingang in das osmanische Staatswesen, seine öffentliche Ordnung und in das osmanische Leben.

2. Das Sened-i ittifâk: Verfassungsbestrebung und -gebung vor der Tanzimât?

Der Bündnisvertrag („Sened-i ittifâk" = Dokument der Einhelligkeit) vom 07. Oktober 1808 zwischen Sultan *Mahmut II.*, dem Großwesir, der die Führung der praktischen Politik innehatte, dem Scheich-ül-Islam („Şeyh-ül islam" = oberster Mufti) und den regionalen Herrschern („âyan", „derebey" = Landesherren) regelte die Verteilung der Macht und die Stellung des Sultans als Folge des Machtverlusts der osmanischen Dynastie an die Landesherren.[110] Ob der Bündnisvertrag als Ausgangspunkt der osmanischen Verfassungsgebung verstanden werden kann, ist umstritten.[111] Der Bündnisvertrag bestand aus sieben „Bedingungen" („Şart") und einem Anhang („Zeyl"), der die Unterzeichnung des Vertrages durch den

---

105 *Kaynar*, S. 100. *Kaynar* verweist a.a.O. auch auf eine Überlieferung durch *Engelhardt* (dort „*Engelhard*" geschrieben) ohne Seitenangabe. Siehe auch *Karal*, Non-Muslim Representatives, in: Christians and Jews in the Ottoman Empire, Vol. I, S. 388 mit einer englischen Übersetzung.

106 *Kreiser*, S. 38.

107 *von Moltke*, S. 98 (Fußnote 2): „Paşa bedeutet übersetzt: „Fuß des Schah" und ist ein Titel für [osmanische] Militärs und Beamte."

108 *Okandan*, S. 67: bei *Okandan* lautet die Angabe 1802–1858.

109 *Matuz*, S. 224; *Findley*, S. 13.

110 *Kreiser*, S. 36; *Plagemann*, S. 84; *Matuz*, S. 215; *Rumpf*, Rezeption und Verfassungsordnung, Beispiel Türkei, S. 8; *Doğanalp-Votzi*; *Römer*, S. 136.

111 *Plagemann*, S. 84, der in dem Bündnisvertrag einen ersten Schritt zur osmanischen Verfassung sieht, wohingegen *Kreiser* das Dokument als einen Interessenausgleich charakterisiert, in: *Kreiser*, S. 36; für *Gözler* handelt es sich hierbei um eine sehr wichtiges Verfassungsdokument, das der Magna Charta aus dem Jahre 1215 ähnele, siehe *Gözler*, Türk Anayasa Hukuku Dersleri (2007), S. 15, vgl. *Akşin*, Sened-i Ittifak S. 121, 122.

Großwesir und den Scheich-ül-Islam nach deren jeweiligem Amtsantritt verlangte, um die wortwörtliche Umsetzung des Bündnisvertrages zu erreichen und um künftigen Änderungen des Vertrages vorzubeugen.[112] Das Ziel des Sultanats war es, den Unabhängigkeitsbestrebungen der Landesherren entgegenzuwirken.[113] Daher legten der Sultan und die Landesherren in dem Bündnisvertrag nieder, dass der Großwesir nicht willkürlich herrschen dürfe, die Landesherren [durch das Sultanat und durch den Großwesir als ausführende Autorität] nicht ungerecht behandelt werden sollten.[114] Ferner wurden die Anerkennung der Rechtsnachfolge der Landesherren von Vater zu Sohn, die Anerkennung der Kompetenz der jeweiligen Landesherren über ihre Zuständigkeit und über kleinere Ländereien von anderen Landesherren durch das Sultanat festgelegt.[115] Im Gegenzug erkannten die Landesherren die zentrale Autorität des Sultans und die Integrität des Osmanischen Reiches an.[116] Die Landesherren gelobten dem Sultan ihre Treue; sie versicherten, ihrer Steuerpflicht nachzukommen, ihre Armee hatte dem Sultan Folge zu leisten und sie hatten es zu unterlassen, außerhalb ihrer Zuständigkeit einzuschreiten.[117] Der Bündnisvertrag stellte einen Interessenausgleich der herrschenden Parteien dar[118] und entsprang einer politischen Notwendigkeit, aber keinem eigentlichen Reformbedürfnis im Sinne einer Rezeption.[119] Der Sultan war auf Allianzen angewiesen, um innenpolitisch seine Macht zu festigen.[120] Das Dokument der Einhelligkeit wird rechtlich als ein Interessenausgleich oder zweiseitiger Vertrag charakterisiert.[121] Ein verfassungsrechtlicher Charakter ist dem Übereinkommen nicht zuzuschreiben, da es sich bei dem Übereinkommen um kein umfassendes Staatsgrundgesetz handelte, das – unabhängig von der Gewaltenteilung – unter anderem Gewalten bestimmte, Staatsorgane schuf, Grundrechte und -freiheiten garantierte. Die Einschätzung von *Inalcık*, dass der Bündnisvertrag in

112 *Tanör*, S. 44, 45, 46.
113 *Gözler*, Türk Anayasa Hukuku Dersleri (2007), S. 14.
114 *Tanör*, S. 46, 47; *Gözler*, Türk Anayasa Hukuku Dersleri (2007), S. 14.
115 *Tanör*, S. 46, 47; *Gözler*, Türk Anayasa Hukuku Dersleri (2007), S. 14.
116 *Gözler*, Türk Anayasa Hukuku Dersleri (2007), S. 14; *Tanör*, S. 46.
117 *Gözler*, Türk Anayasa Hukuku Dersleri (2007), S. 14.
118 *Kreiser*, S. 36.
119 *Rumpf*, Rezeption und Verfassungsordnung, Beispiel Türkei, S. 6.
120 *Heinzelmann*, S. 1302.
121 *Tanör*, S. 55; *Gözler*, Türk Anayasa Hukuku Dersleri (2007), S. 15; *Rumpf*, Rezeption und Verfassungsordnung, Beispiel Türkei, S. 6.

der modernen Staatsentwicklung der Türkei als erstes Regelwerk öffentlichen Rechts angesehen werden kann,[122] erscheint daher nicht überzeugend.

Die Rechtswirkung des Dokumentes konnte sich nach der Tötung des am Vertrag mitwirkenden Großwesirs bei einem Aufstand der Janitscharentruppe am 15. November 1808 nicht entfalten, da der Bündnisvertrag bei einem Großwesirwechsel dessen neue Bestätigung durch seine Unterschrift vorsah und die folgenden Großwesire die Vereinbarung nicht unterschrieben haben und sie damit nicht bestätigten.[123] Somit wurde sie nicht rechtskräftig. Der Bündnisvertrag versank im rechtlichen Nichts. Er diente nicht als Vorbild für die Verfassungsgesetzgebung der folgenden Tanzimât-Ära, da ein Rückgriff der Reformer auf den Geist dieses Textes nicht erkennbar ist.

---

122 *Inalcık*, S. 343: „[…] *Türk devletinin gelişme tarihinde ilk âmme hukuku kaidesi sayıbileceği ileri sürülmüştür.*"

123 *Gözler*, Türk Anayasa Hukuku Dersleri (2007), S. 15, *Matuz*, S. 215, 216.

Drittes Kapitel: Verfassungswerdung und Motivlage

I. Historischer Zugang zur Reformbewegung

1. Was beförderte den Prozess der „Heilsamen Neuordnung"? Welche in- und ausländischen Interessen bestanden?

Die Reformmaßnahmen der Tanzimât-Periode wurden vom jeweils herrschenden Sultan[124] oktroyiert.[125] Die Motivation zur Einführung und die Umsetzung der Maßnahmen waren nicht intrinsischer Natur, sondern wurden von den rivalisierenden europäischen und stärkeren Großmächten gefordert und hatten damit keine demokratische Legitimation.[126] Letztere wäre auch kaum zu erlangen gewesen; denn Unruhen im gesamten Reichsgebiet, von Bosnien und der Herzegovina über Montenegro, Serbien, die Moldau und Walachei, im Libanon und auf Kreta, gefährdeten die Sultansmacht.[127] Der imperiale Erlass von Gülhane, das Hatt-ı Şerif-î von 1839, kam nach der Niederlage der Osmanen gegen Ägypten zustande.[128] Das Hatt-ı Hümâyûn, das Handschreiben von 1856, war eine Antwort der Osmanen auf den Druck Englands, Frankreichs und Österreichs, die bereits begonnenen Reformen im Anschluss an den Krimkrieg zu vertiefen.[129] Dieser sogenannte Wandlungs- bzw. Modernisierungsprozess wurde als Reform von oben betrieben.[130] Die Tanzimât-Periode hatte demnach zwei grundsätzliche Ziele: zum einen die Verstärkung der Zentralinstanz zur Vermeidung von internen und externen Bedrohungen, und zum anderen die Suche nach Sicherheit gegenüber der wachsenden Gefahr aus Russland durch eine Einbindung in das europäische Machtbalancesystem.[131] Grundsätzlich sollten den Europäern im Ganzen die Vorwände zur Intervention genommen und gleichzeitig separatistische Tendenzen innerhalb

---

124 *Üçok*; *Mumcu*; *Bozkurt*, S. 332: *Mahmut II.* starb zu Beginn der Tanzimât-Bewegung; S. 338 unter anderem zu den Sultanen während der Tanzimât-Ära: *Abdülmecid I.* (1839–1861), *Abdülaziz* (1861–1876) und *Abdül-Hamid II.* (1876–1909).

125 *Matuz*, S. 224 folgende; *Rumpf*, Rezeption und Verfassungsordnung, Beispiel Türkei, S. 7; *Majoros*; *Rill*, S. 332; *Kılıç*, 1876, S. 557.

126 *Rumpf*, Rezeption und Verfassungsordnung, Beispiel Türkei, S. 7.

127 *Mardin*, S. 17; *Matuz*, S. 232, 233, 234.

128 *Matuz*, S. 227, 235, 236.

129 *Matuz*, S. 235, 236; *Tanör*, S. 96.

130 *Plagemann*, S. 11.

131 *Kürşat*, S. 34.

der Millets überwunden werden.[132] Das Osmanische Reich suchte die Annäherung an Europa, um zukünftig dem Schicksal einer (potentiellen) Kolonialisierung zu entgehen, wie *Zaffi* dargelegt hat.[133] Demnach lag ein wesentlicher Grund nicht im Schutz des Lebens der Bürger, des Vermögens und der Ehre, sondern in der Erhaltung des Überlebens des Osmanischen Reiches, wie *Namık Kemal* schreibt: „Vâkıa zâhirde bakılsa herkesin hayatına, malına, ırzına kâfil olmak için yapılmış zannolunur fakat hakikat-ı halde devletin hayatını te'min makadiyle i'lân olunmuş idi."[134], was etwa bedeutet: „Es scheint offensichtlich, dass die Reformen verwirklicht wurden, um jedermanns Leben, Vermögen und Ehre zu schützen, aber die Wahrheit ist, dass die Verkündung der *Reformen zur Erhaltung des Reiches* erfolgt ist."

Die Rettung des Osmanischen Reiches wurde in der Einführung „allgemeine[r] Reformen" gesehen, wobei Uneinigkeit darüber bestanden haben soll, wieweit der Grad der Reformen gehen solle, „ohne die islamische Identität zu gefährden".[135]

Die Sorge um den Untergang des Osmanischen Reiches teilten anscheinend auch die Europäer, vornehmlich die Deutschen. 1836 schrieb *Helmuth von Moltke*: „Es ist lange die Aufgabe abendländischer Heere gewesen, der osmanischen Macht Schranken zu setzen; heute scheint es die Sorge der europäischen Politik zu sein, diesem Staat das Dasein zu fristen."[136]

Ein weiterer Beweggrund für die Tanzimât-Reformen war der Druck der hinter den europäischen Großmächten und ihren Regierungen stehenden Wirtschaftsmächte, die „rechtliche Hemmnisse bei der Anwendung osmanisch-islamischen Rechts auf ihre Geschäftsbeziehungen mit osmanischen Partnern gesehen haben".[137] Auch die ökonomischen Interessen waren damit von Bedeutung im Reformprozess des Osmanischen Reiches. Diese Bewertung verleiht der Beantwortung der Fragen der Konstitutionalisierung und der Säkularisierung des osmanischen Verfassungsrechts eine weitere Perspektive. Die osmanische Staatsverschuldung begann in den 1850er Jahren (1854), insbesondere für die Ausgaben zum Krimkrieg

---

132 *Adanır*, S. 121.

133 *Zaffi*, S. 143.

134 *Kaynar*, S. 195; *Kaynar* zitiert aus einem Artikel von *Namık Kemal* in der Zeitung „Ibret", 4. Ramazan 1289 (06.11.1872).

135 *Reinhard*, S. 496.

136 *von Moltke*, S. 103.

137 *Krüger*, S. 126.

(1853–1856), und 1876 hatte das Osmanische Reich eine Staatsschuld von ungefähr 200 Millionen Pfund.[138] Die finanzielle Kontrolle der europäischen Mächte erzeugte bereits 1856 Druck.[139] Das Osmanische Reich war demnach finanziell bereits länger stark angeschlagen, wobei der offizielle Staatsbankrott 1876 verkündet wurde.[140] Der De-facto-Staatsbankrott bestand bereits ein Jahr zuvor, 1875.[141] Die finanzielle Souveränität des Osmanischen Reiches ging 1881 durch Aufnahme der Tätigkeit der internationalen Staatsschuldenverwaltung verloren.[142] Diese finanzielle Last stellte neben der politischen Dependenz, die sich durch die Reformbewegung der Tanzimât ausdrückte, auch eine wirtschaftliche Abhängigkeit von den europäischen Mächten dar.[143] Die Reformgeschwindigkeit war dadurch eine andere, eine schnellere und effektivere. Das erleichterte die Tanzimât-Reformen. *Von Moltke* kennzeichnete die Lage genau: „Was aber die Ruhe Europas bedroht, scheint weniger die Eroberung der Türkei[144] durch eine fremde Macht zu sein, als vielmehr die äußerste Schwäche dieses Reiches und der Zusammensturz in seinem eigenen Innern."[145]

Und noch deutlicher:

> „Aber auch in den Ländern, welche der Pforte verbleiben, ist die oberherrliche Gewalt des Sultans vielfach beschränkt. […]
>
> So ist die osmanische Monarchie heute in der Tat ein Aggregat von Königreichen, Fürstentümern und Republiken geworden, die nichts zusammenhält als lange Gewohnheit und die Gemeinschaft des Koran, und wenn man unter einem Despoten einen Herrscher versteht, dessen Wille alleiniges Gesetz [ist], so ist der Sultan von Konstantinopel weit davon entfernt, ein Despot zu sein."[146]

Diese wichtigen Einschätzungen eines Deutschen und Europäers, der von 1835 bis 1839[147] als Gast im Osmanischen Reich weilte, verdeutlichen die prekäre Lage, in der sich das Osmanische Reich bereits kurz vor Beginn bzw. zu Beginn

---

138 *Schölch*, S. 412; *Heimbeck*, S. 146, 148; *Gürsel*, S. 389; *Issawi*, An Economic History of the Middle East and North Africa, S. 64, 65.

139 *Heimbeck*, S. 147.

140 *Schölch*, S. 409; *Heimbeck*, S. 143, 149; *Shaw*; *Shaw*, S. 155, 156.

141 *Heimbeck*, S. 223.

142 *Reinhard*, S. 497.

143 Ausführlicher hierzu *Matuz*, S. 231, 232.

144 Gemeint gewesen war das Osmanische Reich, da die Republik Türkei (offizielle Bezeichnung *Türkiye Cumhuriyeti*) erst am 29.10.1923 gegründet wurde.

145 *von Moltke*, S. 111.

146 *von Moltke*, S. 105.

147 Zu den genaueren Daten siehe: *von Moltke*, S. 406 (Zeittafel).

der Tanzimât-Ära befand. Daraus wird klarer, warum die Reformbestrebungen und Reformen im Sinne einer Säkularisierung, vielleicht sogar einer Westeuropäisierung, überhaupt Möglichkeiten gefunden haben, in die grundlegende Gesetzgebung eines islamischen Staates Eingang zu finden, da Säkularisierung und Demokratisierung sich grundsätzlich nicht mit den religiösen Gesetzen des Osmanischen Reiches deckten. Im Geiste trafen zwei vollständig verschiedene Weltansichten und daraus entstehende Rechtswelten aufeinander.

Die Vorbehalte einiger Osmanen zur Änderung der alten osmanisch-islamischen Ordnung mag wohl das Zitat von *Mütercim Rüştü Paşa*[148] (1811–1882) in seiner Zeit als Großwesir wiedergeben: „Biz halka bazı müsaadeler gösterelim ki onlar devletten hakkımızı aldık zan etsinler. Lâkin esas itibariyle bir şey vermiş olmıyalım."[149], also etwa:

> „Geben wir dem Volk einige Freiheiten, so dass es denkt: ‚Wir haben unser Recht vom Staat erhalten.' Aber in Wahrheit haben wir ihm nichts gegeben."

Die Reformen dienten also der Erhaltung des Osmanischen Reiches,[150] aber auch der Erhaltung der Dynastie Osman. Gründe und Ziele für die Einführung der Reformen im Osmanischen Reich waren damit, die Hilfestellung Europas zu erhalten, die Anbindung der nichtmuslimischen Bürger an den eigenen Staat, das heißt eine Loyalisierung durch das Recht, zu gewährleisten und auch einer Einmischung in die inneren Angelegenheiten vorzubeugen, da die Gefahr bestand, dass die europäischen Mächte im Namen ihrer eigenen Glaubensgenossen sich in die inneren Angelegenheiten der Osmanen einmischten.[151] Der Sultan[152] fürchtete aber auch eine militärische Offensive der europäischen Gläubigerstaaten wegen der Nichtbedienung der Darlehen gegenüber privaten Gläubigern.[153]

---

148 *Karal*, Osmanlı Tarihi, S. 214.

149 *Karal*, Osmanlı Tarihi, S. 213 m.w.N.; in dem angegebenen Zitat bei *Karal* steht *„anlar"* [verstehe], richtigerweise sollte es *„onlar"* [sie] heißen, daher wurde dies hier angepasst. *Edip Adıvar* kommentierte die Akzeptanz der Tanzimâtreformen durch die Türken mit ihrer Eigenschaft nach vorne zu schauen, siehe *Edip Adıvar*, S. 70.

150 *Kaynar*, S. 195; kritisch *Reid*, S. 181 (frei übersetzt aus dem Englischen): der anmahnt, dass *„die Historiker, die Diversität, Komplexität und sozialpolitische Unordnung in Form von Rebellionen oder Impulsen in Richtung halbautonomer Existenz ignoriert oder gar vergessen haben."*

151 *Plagemann*, S. 86.

152 Welcher Sultan gemeint war, wird nicht genannt, siehe *Heimbeck*, S. 147. Aufgrund des Jahres 1856 ist von Sultan *Abdümecid I.* auszugehen.

153 *Heimbeck*, S. 147.

Insgesamt bleibt festzustellen, dass der Impetus und der Druck zu Reformen letztlich von außen kamen[154] und von oben nach unten gesickert sind. Die Einsicht in die Notwendigkeit von Veränderungen und der Wille zu Reformen verbanden sich auf diese Weise. Daneben gab es Hoffnungen, innere Spannungen abzubauen; etwa bei *Mehmed Emin Ali*: „Elhasıl bilcümle tebaanın din ve mezhebden başka mevadda yekdiğerine mezc ve tahliti ve beyinlerinde olan muhasede ve rekabetin külliyen ilgasi, meydanda olan mehaliki imhaye ilâcı münferid olduğu."[155], was etwa bedeutet:

> „Kurz und gut: Wenn alle Osmanen neben ihrer Religion und ihrem Bekenntnis auch in weiteren Belangen gegeneinander sind und der gegenseitige Neid in ihren Köpfen und die Konkurrenzgedanken vollständig zu entfernen sind, stellt das Entfernen dieser Gefahr [durch die in den Überlegungen genannten Tanzimâtreformen] die einzige Medizin dar."

Die Aussage bezieht sich auf Überlegungen, die unter anderem die rechtliche Gleichstellung im Unterrichts- und Rechtswesen zum Thema hatten, wie auch den Gleichstellungsgedanken im Allgemeinen.

Aus deutscher Sicht soll sich im Oktober 1876 Reichskanzler *Bismarck* „unumwunden für [die] Integrität des türkischen Reiches in dem Falle ausgesprochen haben, dass die Pforte ehrlich und nachdrücklich den Weg der Reformen beschreite [,...]".[156] Auch *Mustafa Fazıl Paşa* (1829–1875) als Teil der ägyptisch-osmanischen Herrscherdynastie, als [oppositioneller] Reformer („Jungosmane") und als Exilant in Paris, tat in einem offenen Brief an Sultan *Abdülaziz*, welcher in der französischen Zeitung „La Liberté" am 24. März 1867 in französischer Sprache veröffentlicht wurde, nicht nur seine Ansichten zur Lage des osmanischen Reiches kund, sondern richtete an den Sultan den Wunsch, das Reich zu retten, indem er es transformiere und indem er ihm eine Verfassung gebe: « Sire, sauvez l'empire en le transformant ! Sauvez-le en le dotant d'une Constitution !

154 Dies widerspricht nicht ganz *Kili*, der wiederum der Ansicht zu sein scheint, dass die kleine Gruppe von Reformern von sich aus überzeugt war, siehe: *Kili*, S. 193, 194. Diese Einschätzung teilt der Verfasser nicht. Vielmehr war es eine Mischung aus außen- und innenpolitischer Notwendigkeit und Überzeugung.

155 *Inal*, Son Sadrıazamlar (Teil II), S. 318; in dem Abschnitt über *Midhat*, aber *Mehmed Emin Ali* betreffend (1867/1284 osmanische Zeitrechnung).

156 Bericht über ein Treffen von *Aristarchi* (osmanischer Diplomat) und *Bismarck*: „Neue Freie Presse" („Aus der Diplomatie") vom 23. Oktober 1876, in: Osmanisches Archiv (Osmanlı Arşivi), Dossier Nr.: 13, Mantel: 61, Datum: 1876, 11, 23.

D'une Constitution réelle, large, féconde et entourée de toutes les garanties nécessaires à son application sincère et à sa durée inalterable ! »[157]

In den meisten (wissenschaftlichen) Arbeiten findet dieser offene Brief keine oder keine nennenswerte Erwähnung, obwohl er viele bereits bekannte „europäische" Gedanken ausspricht und nicht von einem Europäer geschrieben wurde.[158]

Der Prinz bediente sich einer klaren Sprache gegenüber dem Sultan: « Mais ces vertus séculaires pourraient-elles éternellement résister à de terribles épreuves ? »[159]

Dabei ist hier die Verwendung des Begriffs „*séculaires*" aufschlussreich, da der Begriff „säkular" und damit der Begriff der Säkularisierung in der Entwicklung der Verfassungsbestrebungen der Tanzimât-Ära offiziell verwendet wurde.

In diesem offenen Brief beschrieb *Mustafa Fazıl Paşa* auch, dass eine Harmonie zwischen Nichtmuslimen und Muslimen gut möglich sei, wovon der Okzident seiner Meinung nach nicht ausgehe.[160]

Ebenfalls wichtig waren die Anschauungen des ägyptischen Prinzen über eine Verfassung: « Une constitution ne limetera qu'une seule chose : le pouvoir absolu, et elle ne supprimera que ses excès. Elle n'ôtera au souverain qu'une seule liberté: celle de se tromper et de faire le mal. Quant au peuple, la constitution ne le contraindra à aucun sacrifice incompatible avec son honneur et son bien-être; elle lui garantira aussi bien sa sainte religion que sa fortune et sa propriété, aussi bien la tranquilité de son foyer que la liberté et la dignité individuelle. »[161]

Außerdem argumentierte er mit einer möglichen Einmischung von außen: « La constitution, en jetant les bases d'un gouvernement véritable, supprimera toute

157 *Fazıl*, Lettre, S. 6; *Bilgegil*, Yeni Osmanlılar, S. 23, 29 (aus dem Brief), S. 40: der gesamte Brief von *Mustafa Fazıl Paşa* ist auch bei *Bilgegil* in französischer Sprache auf den S. 14–30 abgedruckt; auf S. 29 schreibt *Fazıl Paşa* nicht von den „Jeunes Turques", sondern spricht von einem Verfassungsprojekt seiner Freunde und ihm („le projet de constitution que mes amis et moi avons elaboré"), siehe auch *Fazıl*, Lettre, S. 10; *Matuz*, S. 237.

158 Bei *Safrastyan* findet der Brief hingegen Beachtung: *Safrastyan*, S. 155. Die Einschätzung von *Safrastyan* am a.a.O., dass dieser offene Brief „*der entstehenden konstitutionellen Bewegung wichtige Impulse*" brachte, kann so – trotz des Widerhalls in der Öffentlichkeit – nicht geteilt werden, da nicht die Öffentlichkeit diese Verfassungsbewegung steuerte im Osmanischen Reich.

159 *Fazıl*, Lettre, S. 3.

160 *Bilgegil*, Yeni Osmanlılar, S. 23 (aus dem Brief).

161 *Fazıl*, Lettre, S. 7; *Bilgegil*, Yeni Osmanlılar, S. 23 (aus dem Brief).

immixtion du dehors, étandra sur les populations de tous les cultes une protection égale et répartira entre elles une même justice tutélaire. »[162]

Trotz der offenen Worte von *Mustafa Fazıl Paşa* an Sultan *Abdülaziz*, dass « les Européens ne manquent pas ici, Sire, d'accuser et notre race et notre religion »,[163] war es nach *Bilgegil* eines der Ziele des Autors, das Wohlwollen bzw. die Gunst der Europäer zu gewinnen und im Osmanischen Reich [*Bilgegil* schreibt von der *Türkei*] ein säkulares [laizistisches] System einzuführen.[164] Es kann nicht mit Gewissheit gesagt werden, ob es der Plan des Prinzen war, den Sultan [*Abdülaziz*] zu Reformen zu drängen oder diesem gegenüber soviel öffentlichen Druck aufzubauen, um (aus dem Exil) heimkommen zu dürfen.[165] Auch wenn die oben genannte Ansicht von *Bilgegil* im Zweifel nicht vollends belegbar sein sollte und auch nicht das Gegenteil nachgewiesen werden kann, ist nicht davon auszugehen, dass der Impetus zu Reformen ursprünglich aus dem Innern, insbesondere aus der Reichsführung des Osmanischen Reiches kam. Abgesehen von einigen wenigen, den Jungosmanen,[166] kann nicht zwingend von einer aufrechten und inneren Motivation aus eigener Erkenntnis und Notwendigkeit gesprochen werden, um Reformen im Osmanischen Reich einzuführen. Nach Meinung der damals bestehenden Opposition der „Jungosmanen" lagen den Tanzimât-Reformen keine grundlegenden Strukturänderungen, also keine Demokratisierung der Gesellschaftsverhältnisse zugrunde, sondern nur eine Absicherung der bestehenden Herrschaftsverhältnisse.[167]

2. Zwischenergebnis

Eine mögliche Ausgrenzung der Osmanen aus dem herrschenden Machtgefüge der Großmächte war aufgrund ihrer politischen und ökonomischen Schwächen sehr wahrscheinlich, aber für die osmanische Führung selbst nicht hinnehmbar.

Ein islamisches Großreich passte für die europäischen, christlichen Großmächte, wie Österreich-Ungarn, Frankreich, England und Russland, wohl nicht in das europäische Machtgefüge, und die osmanische Dynastie hatte im Gegensatz zu den europäischen Herrscherhäusern auch keinerlei familiäre Beziehungen. Die

---

162 *Fazıl*, Lettre, S. 7; *Bilgegil*, Yeni Osmanlılar, S. 24 (aus dem Brief).

163 *Fazıl*, Lettre, S. 5; *Bilgegil*, Yeni Osmanlılar, S. 21 (aus dem Brief).

164 *Bilgegil*, Yeni Osmanlılar, S. 36, 39.

165 *Riedler*, S. 35.

166 *Mardin*, S. 44 folgend; ausführlich zu den Jungosmanen insbesondere ab S. 10 folgende, S. 81 ff, S. 169 folgende; *Matuz*, S. 237.

167 *Matuz*, S. 237.

Möglichkeit, enge familiäre Bande zu knüpfen, war aufgrund der gegenseitig geschaffenen Distanz verwehrt; das Osmanische Reich fand sich isoliert. Es lag eine Ausgrenzung auf beinahe allen wichtigen Beziehungsebenen zwischenstaatlicher Natur vor. Eine Annäherung und zugleich eine Vermeidung der Exklusion waren durch eine strukturelle Veränderung möglich. Die Tanzimât-Reformbewegung wurde somit größtenteils von außen angestoßen und innerhalb des Osmanischen Reiches dann von „oben nach unten" in das öffentliche Leben des Reiches durchgesetzt. Sie drückte größtenteils die Abhängigkeit eines ehemaligen starken Großreiches von anderen – zuvor nominell gleichrangigen – europäischen Großmächten (insbesondere England, Frankreich, Russland, Österreich-Ungarn und Preußen bzw. dem Deutschen Reich) aus. Gleichwohl trafen die Reformen nicht ausschließlich auf Widerstände, da die Einsicht in notwendige Änderungen über mehrere Jahrzehnte hinweg gewachsen war und die Grundlage für die Tanzimât bildete. Allerdings eilten dieser Bewegung keine bestimmten Gruppen von Ökonomen oder Intellektuellen voran.[168] Eine Bourgeoisie im westlichen Sinne bestand nicht oder zumindest nicht in ihrer Ursprungsbedeutung aufgrund anderer sozialer Prozesse.[169] Wie *Petrosyan* schreibt, wurde die Beamtenschaft säkular ausgebildet, aber diese Gruppe war klein.[170] Außerdem sollte die Modernisierung stets dem Fortschritt des osmanischen Staates und dem Überlebenswillen des Osmanischen Reiches entsprechen, also nicht überstürzt verlaufen.[171] Damit blieben der religiöse Staatsrahmen und die Macht des Sultans, der gleichsam auch der Kalif aller Muslime war, erhalten. Das war die Gleichung, die der Tanzimât-Ära ebenso zugrunde lag, wie die Neuausrichtung nach säkularen Werten, um einer Ausgrenzung durch die anderen Großmächte zu entgehen und eine wichtige Rolle spielen zu dürfen.

---

168 Nach *Berkes* gab es zudem keine akademischen Berufsstände oder eine Mittelklasse, siehe *Berkes*, S. 207; *Kili*, S. 196.

169 *Göçek*, S. 9, 10–11. Die Autorin verwendet in ihren weiteren Ausführungen dennoch die Betitelung „Bourgeoisie"; allerdings in spezifizierten Zusammenhängen wie „Commercial Bourgeoisie" a.a.O., S. 87.

170 *Petrosyan*, S. 16, 18.

171 *Edip Adıvar*, S. 98, 99: "*The Tanzimatist period, 1839–76, was a mighty attempt to reform and change the Ottoman Empire in its external and internal aspects – but always within the Ottoman frame and in an Ottoman sense.*"

II. Die Verfassungsbestrebungen der Tanzimât und ihre Akteure

1. Die „Heilsame Neuordnung" und ihre Früchte

Die Tanzimât-Periode („Tanzimât-ı Hayriye" = „Heilsame Neuordnung" bzw. „Wohltätige Verordnungen"), insgesamt eine Modernisierung und damit Europäisierung des osmanischen Verfassungsrechts, umfasste den Zeitraum von 1839 bis 1876. Sie gliederte sich in mehrere Phasen.[172] Das wichtigste Gebiet dieser Neuordnung war das Recht.[173] Innerhalb dieser Modernisierung war wiederum die Verfassungsentwicklung tragend.[174]

Im Kontext der Erneuerung des Osmanischen Reiches waren die essentiellen Reformen folgende:[175] Der imperiale Erlass von Gülhane von 1839 („Gülhane Hatt-ı Şerif-î"), der als osmanische Fortsetzung der französischen Erklärung der Menschen- und Bürgerrechte galt und ursprünglich in französischer Sprache abgefasst war,[176] das „Hatt-ı Hümâyûn" (das sogenannte Handschreiben) von 1856 und die erste schriftliche Verfassung im Osmanischen Reich, das osmanische „Grundgesetz" von 1876 („Kānūn-ı Esāsī" bzw. „Qānūn-ı Esāsī"), in der schrittweise und mit Einschränkungen die Gleichheit und die Gleichbehandlung aller Untertanen unabhängig von ihrer Religion eingeführt wurden, und wodurch im Gebiet der heutigen Türkei sich erstmals eine konstitutionelle Monarchie herauskristallisierte.[177]

Am 03. November 1839 wurde das sogenannte „Erhabene sultanische Handschreiben"[178] („Gülhane Hatt-ı Şerif-î") verkündet, welches unter anderem die Sicherheit des Lebens, der Ehre, des Vermögens, die Fixierung der Steuern und

---

172 *Üçok*; *Mumcu*; *Bozkurt*, S. 330; *Matuz*, S. 225; *Kreiser*, S. 38.

173 *Gümüş*, S 215.

174 *Gümüş*, S 215.

175 Als ein weiterer Erlass ist der vom 28. November 1852 über die Verwaltung der Provinzen und das Reich zu nennen: *Engelhardt*, La Turquie et le Tanzimât, Première Partie (1826–1853), S. 105.

176 *Rumpf*, Rezeption und Verfassungsordnung, Beispiel Türkei, S. 7 m.w.N.

177 *Rumpf*, Rezeption und Verfassungsordnung, Beispiel Türkei, S. 8; *Plagemann*, S. 117, 118.

178 Nach der Übersetzung in: *von Kraelitz-Greifenhorst*, S. 5 (Einleitung); im Folgenden auch mit der jeweiligen Benennung als „Handschreiben", „imperialer Erlass" oder als „Erlass" bezeichnet.

die Art und Weise der Aushebung der nötigen Truppen und die Dauer ihrer Dienstzeit enthielt.[179]

Ein weiteres sogenannte „sultanisches Handschreiben“[180] vom 18. Februar 1856 („Hatt-ı Hümâyûn“ bzw. auch „Islahat Fermanı“) bekräftigte die bereits im Handschreiben von 1839 proklamierten Rechte und unterstrich hierbei die Rechte der christlichen Bevölkerung.[181]

1875 wurde das sogenannte „Gerechtigkeitsdekret“ („Fermanı Adalet“) erlassen, das unter anderem Fragen der Gerichtsorganisation, die Unabhängigkeit der Richter und die Befreiung der Nichtmuslime vom Wehrdienst gegen Geldzahlung regelte.[182]

Nach der Verlesung des Hatt-ı Şerif-î von Gülhane 1839 folgten in den kommenden Jahren drei Strafgesetzbücher (erschienen 1840, 1851, 1855/1858) und ein Handelsgesetzbuch (1850).[183] Das im Jahre 1858 verkündete Strafgesetzbuch wurde vom französischen Strafgesetzbuch des Jahres 1810 übernommen.[184] Ebenso war das Handelsgesetzbuch von 1861 eine Übernahme der ersten beiden Teile des Handelsgesetzbuches von 1807.[185]

Die Erneuerungsgedanken waren insbesondere auf militärischem Gebiet ausgeprägt. 1850 wurde im Osmanischen Reich eine « Observation sur l'organisation Militaire en Prusse et sur son application à l'Empire Ottoman » verfasst, wonach eine Anwendung im Osmanischen Reich möglich war.[186] Im Anschluss an das Hatt-ı Hümâyûn von 1856 wurde 1858 ein Liegenschaftsgesetz verkündet, gefolgt von der Mecelle-i ahkâmı adliye, dem „Buch der Rechtsbestimmungen“ (Zivilgesetzbuch), das ab 1868/1869 in sechzehn Abschnitten sukzessive verkündet wurde.[187]

---

179 Ferman von Gülhane, 26 Şaban 1255 (03.11.1839) in: *Scheben*, S. 255, 256; *Matuz*, S. 224.

180 Nach der Übersetzung in: *von Kraelitz-Greifenhorst*, S. 5 (Einleitung); im Folgenden auch mit der jeweiligen Benennung als „Handschreiben“, „imperialer Erlass“ oder als „Erlass“ bezeichnet.

181 *Matuz*, S. 230.

182 *Plagemann*, S. 126; *Jäschke*, Die Entwicklung des osmanischen Verfassungsstaates, S. 11.

183 *Tanör*, S. 98, 99; *Mumcu*, S. 35; *Plagemann*, S. 103–105.

184 *Mumcu*, S. 35; *Kürşat*, S. 181.

185 *Mumcu*, S. 35; *Lewis*, S. 119.

186 Osmanisches Archiv (Osmanlı Arşivi), Dossier Nr.: 6, Mantel: 26, Datum: 1850, 12, 31.

187 *Koçak*, S. 237; *Plagemann*, S. 105, 106.

Den Abschluss dieser osmanischen Neuordnung stellte die Verkündung der ersten osmanischen Verfassung, des ersten osmanischen „Grundgesetzes", am 23. Dezember 1876 dar.[188] Dieses Ereignis schließt den Gesetzgebungsprozess im Osmanischen Reich auf der obersten Ebene ab.

2. Die Protagonisten der Tanzimât: weitsichtige Denker?

Zum Verständnis der „wohltätigen Verordnungen" im Osmanischen Reich ist es auch wichtig zu verstehen, welche Persönlichkeiten hinter diesen Reformen standen. Die Maßnahmen in der Tanzimât-Periode fallen mit der Regierungszeit der Sultane *Abdülmecid I.* (1839–1861), *Abdülaziz* (1861–1876) und *Abdül-Hamid II.* (1876–1909) zusammen. Sultan *Abdülaziz* und Sultan *Abdül-Hamid II.* haben sich jeweils auch ausdrücklich als „Kalif" bezeichnet.[189] Im Anschluss an die Regentschaft von Sultan *Abdülaziz* war *Murat* (*Murad*) *V.* für sehr kurze Zeit Sultan, wurde jedoch bereits 1876 aufgrund seiner Geisteskrankheit entmachtet.[190] Die Sultanswürde ging sodann auf *Abdül-Hamid II.* über, da er der Forderung des Großwesirs *Midhat Paşa* – eines weiteren Hauptakteurs der Tanzimâtzeit[191] und Vorsitzenden der Verfassungskommission[192] – entgegenkam, die Einführung einer konstitutionellen Monarchie („Meşrutiyet") und damit einer Verfassung zu erlauben.[193]

Die Reformen wurden nicht von einer breiten nationalen Mittelschicht getragen, sondern von einer elitären Gruppe.[194] In diesem Sinn gab es keine „konstitutionelle Bewegung" mit einer „starken sozialen" oder „politischen Basis".[195] Auch eine Gruppe Industrieller, die Druck auf eine Verfassung hätte ausüben können,

---

188 Auch bei *Hirsch*, Die Verfassung der Türkischen Republik: Hier findet sich als Übersetzung der Begriff „Grundgesetz vom 7. Zilhicce 1293 (23.12.1876)", S. 195 folgende.

189 *Ortaylı*, Das Osmanische Reich neu entdecken, S. 35.

190 *Majoros*; *Rill*, S. 340; *Kreiser*, S. 43; *Mumcu*, S. 36 (Fußnote 36).

191 *Matuz*, S. 236.

192 *Devereux*, S. 47.

193 *Akşin*, Birinci Meşrutiyet (I), S. 19, 20; a.A. *Gözler*, der konstatiert, dass es aufgrund der dem Sultan eingeräumten Machtfülle schwer ist, von einer konstitutionellen Monarchie zu sprechen, allerdings sei aufgrund der Machtbegrenzung des Sultans auch nicht von einer Monarchie mehr zu sprechen, in: *Gözler*, Türk Anayasa Hukuku Dersleri (2007), S. 22, 23; a.A. *Plagemann*, S. 117, 118; *Rumpf*, Rezeption und Verfassungsordnung, Beispiel Türkei, S. 8; *Uzun*, S. 145 folgende, S. 157; Ausführungen hierzu finden sich im Teil über die Untersuchung des Osmanischen Grundgesetzes.

194 *Plagemann*, Einleitung, S. 11; *Matuz*, S. 224; *Rumpf*, Rezeption und Verfassungsordnung, Beispiel Türkei, S. 8; *Kürşat*, S. 278.

195 *Kürşat*, S. 278.

war im Osmanischen Reich nicht zu finden.[196] Mehrere sehr gut ausgebildete Nichtmuslime, wie *Gregory Aristarchi* (gest. 1915, osmanischer Diplomat griechischer Herkunft) oder *Krikor Odian* (1834–1887, osmanischer Jurist armenischer Herkunft), standen als wichtige Berater und als Kompetenzträger bei der Umsetzung der Reformmaßnahmen den muslimischen Tanzimât-Akteuren zur Seite, ohne dabei die Federführung innezuhaben.[197] Weitere nichtmuslimische Kompetenzträger im Osmanischen Reich, die von französischen Idealen geleitet wurden,[198] waren unter anderem *Dr. Nahabet Rusinian* (1819–1879), *Dr. Servichen* (1815–1897) und *Nigoghos Balian* (1826–1858), die an der armenischen Verfassung mitwirkten.[199] Sie stellten somit, zusammen mit den anderen (muslimischen) Verantwortlichen der Tanzimât, die tragende Personengruppe für die Entwicklung des Verfassungsrechts im Osmanischen Reich dar. *Davison* bezeichnet die Millets[200] sogar als "Agents of Change" im 19. Jahrhundert.[201] *Edip Adıvar* eröffnete die Kategorie: „Imperialist Ottoman vs. Turk" und ordnete die Reformer – „the Tanzimatist" – den sogenannte „Ottomans" und ihre Schule der „Turkish Renaissance" zu.[202] Doch wie kann etwas wiedergeboren werden, was gar nicht in der osmanischen Kultur und Tradition wurzelte? Die Reformen stellten vielmehr weitere Schritte in der Rechtsgeschichte und Entwicklung des Osmanischen Reiches dar.

Insgesamt wurden die nichtmuslimischen Osmanen durch die Neuordnung der Tanzimât stärker in das Verwaltungssystem des Osmanischen Reiches eingebunden.[203] Hierdurch kamen auch Griechen bzw. griechische Osmanen (zum

---

196 Hierzu passt die Feststellung bei *Akyüz*, dass das Osmanische Reich über kein großes industrielles Potential verfügt habe: *Akyüz*, S. 56.

197 *Öztuna*, S. 274; Über *Aristarchi*: „Neue Freie Presse" („Aus der Diplomatie") vom 23.10.1876, in: Osmanisches Archiv (Osmanlı Arşivi), Dossier Nr.: 13, Mantel: 61, Datum: 1876, 11, 23; in der französischsprachigen Korrespondenz der osmanischen Diplomaten wird Bezug auf den o.g. Zeitungsartikel der „Nouvelle Presse Libre" und dessen Inhalt genommen, ebenfalls in: Osmanisches Archiv, Dossier Nr.: 13, Mantel: 61, Datum: 1876, 11, 23; *Krikor Odian* war nach *Davison* auch Französischlehrer an der Fakultät für Medizin, Übersetzer für das Kriegsministerium und Autor, *Davison*, The Millets as Agents of Change in the Nineteenth-Century Ottoman Empire, S. 324 m.w.N.

198 *Artinian*, S. 59–70.

199 *Artinian*, S. 77.

200 Zum Begriff s.o. Zweiter Teil, I., S. 13.

201 *Davison*, The Millets as Agents of Change in the Nineteenth-Century Ottoman Empire, S. 319–337.

202 *Edip Adıvar*, S. 82, 83.

203 *Hacısalihoğlu*, S. 58.

Beispiel *Alexander Karatheodori Paşa*) zu höheren und damit einflussreicheren Staatsämtern.[204] Es fehlte jedoch an einer breiten Schicht, die die Ideen und Änderungen der Tanzimât voranbrachte, und gleichzeitig waren diejenigen, die im Neuordnungsprozess des Osmanischen Reiches den Ton angaben, ethnisch, kulturell und religiös höchst unterschiedlich geprägt. Diese Diversifizierung war im Reformprozess nicht hemmend. Sie wurde anerkannt und akzeptiert und aus dieser Situation ein Modus Vivendi für das Zusammenleben im Osmanischen Reich entwickelt. Der Verfassung konnte dies nur zugutekommen. Doch gleichzeitig standen den Reformen und Reformern gesellschaftliche Widerstände im Weg, und zwar von Muslimen wie von Nichtmuslimen.[205]

Neben *Mustafa Reşit Paşa* sind als weitere Reformer *Mehmed Emin Ali Paşa* (1815–1871),[206] *Keçecizade Fuad (Fuat) Paşa* (1814–1869)[207] und Großwesir (*Ahmed Şefik*) *Midhat Paşa* (1822–1884)[208] zu nennen.[209] An der Erstellung der ersten Verfassung haben neben *Midhat Paşa* auch *Süleyman Paşa* (1838–1892), *Ziya Paşa* (1825/26/29–1880),[210] *Sait* (*Said*) *Paşa* (1838–1914) und *Namık Kemal* (1840–1888) mitgewirkt.[211] Gerade diese Akteure haben der Tanzimât und dem Verfassungsrecht ihren Stempel aufgedrückt. Die Kenntnis der französischen Sprache und die Erfahrungen, die einige der führenden Köpfe bei Auslandsaufenthalten gemacht hatten, dienten als Schlüssel zum Verständnis des europäischen Rechts und Lebens.

Sultan Mahmut II. und sein Sohn und Nachfolger *Abdülmecid I.* sahen in *Mustafa Reşit Paşa* jemanden, der Einsicht in die Notwendigkeit von Reformen hatte.[212] Der „Vater der Tanzimât",[213] *Mustafa Reşit Paşa*, war weltgewandt. Er galt als der eigentliche Architekt der osmanischen Reformen im 19. Jahrhundert.[214] Lesen

---

204 *Hacısalihoğlu*, S. 58.

205 *Davison* äußert sich ausführlich zu diesen Gegebenheiten und verweist hierbei ebenfalls auf weitere Quellen und Literatur, siehe hierzu *Davison*, Christian-Muslim Equality in the Nineteenth Century, S. 844 folgende, insbesondere S. 847–864.

206 *Okandan*, S. 77.

207 *Okandan*, S. 77.

208 *Okandan*, S. 78.

209 Vgl. *Majoros*; *Rill*, S. 342; vgl. auch *Akşin*, Birinci Meşrutiyet (I), S. 19, 20; *Okandan*, S. 77, 78.

210 Nach *Bilgegil*, Ziyâ Paşa, S. 2: 1826.

211 *Uzun*, S. 154.

212 *Matuz*, S. 224.

213 *Matuz*, S. 224.

214 *Lewis*, S. 105.

und Schreiben lernte *Mustafa Reşit Paşa* von seinem Vater.[215] Sein Wissenshunger war groß.[216] Obwohl er aus einfachen Verhältnissen stammte und ohne Abschluss die Verwaltungslaufbahn eingeschlagen hatte, machte er dort Karriere.[217] Er war als Botschafter zweimal in Paris und einmal in London eingesetzt worden und auch als Außenminister tätig gewesen.[218] *Mustafa Reşit Paşa* hatte sich nicht nur die erforderlichen Sprachkenntnisse angeeignet, sondern auch aufgrund seiner Auslandsaufenthalte Einblicke in das Leben eines modernen europäischen Staates gewinnen können.[219] Unter der Patronage von *Mustafa Reşit Paşa* standen *Ali Paşa* und *Fuad Paşa*.[220]

Yakob Krcikean war ein weiterer osmanisch-armenischer Kompetenzträger, der als offizieller Übersetzer mit *Mustafa Reşit Paşa* nach Paris und London zog und sich daher mit führenden westlichen Staatsmännern austauschen konnte, wobei er von den sogenannten „französischen Idealen“ beeinflusst wurde.[221] Die jüngere armenische Gemeinde im Osmanischen Reich, insbesondere aus Istanbul, studierte zunächst meist in Italien (Rom, Padua und Pisa), bis das Französische zur ersten Fremdsprache in osmanischen Schulen wurde, so dass diejenigen Armenier, die eine westliche Ausbildung wünschten, nach Paris gingen.[222]

Mehmed Emin Ali Paşa stammte ebenfalls aus bescheidenen Verhältnissen. Er wurde zunächst mit fünfzehn Jahren Schreiber bzw. Beamter und im Anschluss Bediensteter des Übersetzungsbüros.[223] Aufgrund seines Einsatzes und seiner Fähigkeiten erhielt er im Alter von sechsundzwanzig Jahren den Posten eines Botschafters in London, diente als Sekretär in der Wiener Botschaft, als Gesandter in Sankt Petersburg und wurde später Außenminister und Großwesir.[224] Er eignete sich sehr gute Französischkenntnisse an.[225] Der Weg zum Verständnis des modernen und westlichen Rechts führte auch hier – wie bei *Mustafa Reşit Paşa*, seinem Patron, – über die französischen Sprachkenntnisse. *Mehmed Emin*

215 *Kaynar*, S. 41.
216 *Kaynar*, S. 42.
217 *Matuz*, S. 224.
218 *Kreiser*, S. 39; *Kaynar*, S. 82 folgende.
219 *Matuz*, S. 224, 225; *Lewis*, S. 105; *Kaynar*, S. 98.
220 *Kürşat*, S. 389.
221 *Artinian*, S. 60.
222 *Artinian*, S. 59, 60.
223 *Davison*, Ottoman Empire, S. 84, 89; *Kürşat*, S. 391; *Doğanalp-Votzi*; *Römer*, S. 45.
224 *Kürşat*, S. 391, 392; *Doğanalp-Votzi*; *Römer*, S. 45; ausführlicher bei: *Inal*, Son Sadrıazamlar (Teil I), S. 4 folgende, insbesondere S. 6 folgende.
225 *Kürşat*, S. 392.

Ali Paşa setzte sich für die „Gleichheit und Brüderlichkeit" aller osmanischen Untertanen unabhängig von ihrer Religionszugehörigkeit ein.[226] Dies führte bei den Muslimen zu Widerstand und brachte ihm unter der muslimischen Opposition viele Feinde ein.[227]

Keçecizade Fuad Paşa entstammte einer traditionsreichen und etablierten Familie.[228] Er war der Sohn eines berühmten Dichters,[229] hatte eine die osmanische Oberschicht prägende Ausbildung genossen und studierte an einer französischsprachigen Medizinischen Hochschule.[230] Später wechselte er zum Übersetzungsbüro und stieg sofort auf.[231] Er war als Sekretär in der Botschaft in London, als Gesandter in Ägypten, Spanien, Portugal und Russland sowie als Außenminister tätig.[232] Seiner Auffassung nach war „der Islam kein geschlossenes System", da er „als die Summe aller Wahrheiten auch neue Wahrheiten aufnehmen könne".[233] Damit war er der sogenannten „Verwestlichung" gegenüber offener als die anderen Protagonisten der Tanzimât.[234]

Midhat Paşa[235] war der Sohn eines Richters, der bereits in seiner Jugend als Angestellter in einer Regierungsstelle tätig war.[236] Zu dieser Zeit lernte er Arabisch und Persisch.[237] Erst mit 35 Jahren begann *Midhat Paşa* mit dem Studium des Französischen.[238] Das Studium der französischen Revolution führte ihn zur Idee der „Erneuerung und Umbildung" des Osmanischen Reiches, und zwar „von Grund auf".[239] Seiner Bildung wegen unternahm er eine sechsmonatige Reise durch Europa, wobei er Wien, Paris, Brüssel und London besuchte.[240] Er kämpfte als Vorsitzender der Verfassungskommission um die Freiheit der Sprachenvielfalt, die

---

226 *Doğanalp-Votzi*; *Römer*, S. 46.
227 *Doğanalp-Votzi*; *Römer*, S. 46.
228 *Davison*, Ottoman Empire, S. 89; *Kürşat*, S. 397; *Inal*, Son Sadrıazamlar (Teil I), S. 149.
229 *Doğanalp-Votzi*; *Römer*, S. 46; *Inal*, Son Sadrıazamlar (Teil I), S. 149.
230 *Kürşat*, S. 397; *Davison*, Ottoman Empire, S. 89.
231 *Davison*, Ottoman Empire, S. 89; *Kürşat*, S. 397.
232 *Davison*, Ottoman Empire, S. 89; *Kürşat*, S. 397; *Inal*, Son Sadrıazamlar (Teil I), S. 150, 151, 153–155.
233 *Doğanalp-Votzi*; *Römer*, S. 46.
234 *Doğanalp-Votzi*; *Römer*, S. 46.
235 Einzelheiten bei: *Inal*, Son Sadrıazamlar (Teil II und Teil III), S. 315 folgende, S. 321 folgende.
236 *Davison*, Ottoman Empire, S. 144.
237 *Davison*, Ottoman Empire, S. 144.
238 *Davison*, Ottoman Empire, S. 145.
239 *Jäschke*, Die Entwicklung des osmanischen Verfassungsstaates, S. 11.
240 *Inal*, Son Sadrıazamlar (Teil II), S. 317; *Davison*, Ottoman Empire, S. 145.

keinen Eingang in die osmanische Verfassung fand, und um die Pressefreiheit, die garantiert wurde.[241] Auch wollte er Schulen für Schüler aller Glaubensrichtungen schaffen.[242] Diese Ziele und Freiheitsrechte waren es, die die alten Denkstrukturen im Osmanischen Reich aufbrechen[243] und den Ideen der Demokratisierung und Säkularisierung Aufwind geben sollten.

Süleyman Paşa besuchte die Militärakademie und wurde zu militärischen Einsätzen nach Bosnien-Herzegowina und Albanien geschickt.[244] Er stieg in der Hierarchie auf und wurde durch seine Neuerungen in einigen Militärakademien bekannt.[245] Seine Motivation zur Einführung der konstitutionellen Monarchie lag, wie auch bei *Midhat Paşa*, in der Hoffnung auf Fortführung des Osmanischen Reiches.[246]

Ziya Paşa war Intellektueller, Autor und später Übersetzer (aus dem Französischen), der zunächst in der Verwaltung des Osmanischen Reiches tätig war.[247] Aufgrund des Einflusses von *Mustafa Reşit Paşa* wurde *Ziya Paşa* der dritte Sekretär im Osmanischen Reich und lernte innerhalb kürzester Zeit Französisch.[248] Er führte ein Künstlerleben[249] und war für seine liberalen Gedanken bekannt.[250]

Sait (Said) Paşa hatte keine Auslandserfahrung, doch bekleidete er mehrere hohe offizielle Staatsposten, unter anderem als Großwesir.[251] Er beherrschte ebenfalls die französische Sprache.[252]

Namık Kemal war ein bedeutender Dichter und Schriftsteller, der bekannt war für seinen großen Einfluss auf die Gruppe der „Jungosmanen" und deren Patriotismus und Liberalismus.[253] Er entstammte einer aristokratischen Familie und erhielt als Kind Privatunterricht, wobei er Arabisch, Persisch und Französisch

241 *Devereux*, S. 47, S. 55–56.
242 *Davison*, The Impact of the West, S. 174.
243 *Adanır*, S. 123.
244 *Kılıç*, 1876, S. 562.
245 *Kılıç*, 1876, S. 562.
246 *Kılıç*, 1876, S. 562.
247 *Davison*, Ottoman Empire, S. 191.
248 *Bilgegil*, Ziyâ Paşa, S. 27; *Davison*, Ottoman Empire, S. 191.
249 *Davison*, Ottoman Empire, S. 191.
250 *Bilgegil*, Ziyâ Paşa, S. 274 m.w.N.
251 *Devereux*, S. 281, Appendix D, Fußnote 33.
252 *Davison*, Ottoman Empire, S. 370, 371.
253 *Matuz*, S. 237; *Encyclopædia Britannica Online*, Namık Kemal 2013, http://www.britannicircacom/EBchecked/topic/314571/Namik-Kemal, zuletzt aufgerufen am: 04.07.2014 (den Link ohne das Kommazeichen am Ende der Internetadresse aufrufen. Dieser Hinweis gilt für alle folgenden Internetseiten).

lernte.[254] Seine Sprachenbildung führte ihn zwischen 1857 und 1858 auf die Stelle eines Dolmetschers der osmanischen Regierung.[255]

Mustafa Fazıl Paşa, ebenfalls ein sogenannter „Jungosmane", aber aus der ägyptisch-osmanischen Herrscherdynastie, hatte durch den bereits genannten offenen Brief an Sultan *Abdülaziz* die Notwendigkeit von Reformen dargestellt und kundgetan.[256]

Daneben ist noch *Ahmet Midhat Efendi* als Autor und Journalist zu erwähnen, der Sultan *Abdül-Hamid II.* nahestand und in dessen Auftrag ein offizielles Geschichtswerk verfasste, um den Sultan als Befürworter der osmanischen Verfassung darzustellen.[257] *Ahmet Midhat* und *Namık Kemal* standen politisch in entgegengesetzten Lagern.[258]

3. Gesamtlage und Zusammenfassung

Im Großen und Ganzen lässt sich festhalten, dass die Anzahl der führenden Akteure der Tanzimât-Zeit – neben den herrschenden Sultanen – überschaubar war. Fast allen stand der Zugang zu dem modernen und westlichen Europa offen, nicht nur durch die Sprachkenntnisse, sondern auch durch direkte Anschauung des dortigen öffentlichen Lebens.

Die Akteure der Tanzimât waren keine Ökonomen. Ein Vermögen wurde nicht durch wirtschaftliche Tätigkeit verdient, sondern durch das Innehaben eines angesehenen Staatspostens.[259] Nach *Lapidus* hatten ursprünglich die muslimischen Osmanen das Militär- und das Verwaltungswesen sowie die Bürokratie, die Armenier das Bankwesen, die Griechen und die Juden den internationalen Handel sowie das bis zu seiner Abschaffung sogenannte "tax-farming"-System inne.[260] In der Tanzimât-Zeit wurden das Bank-, das Versicherungs-, das Eisenbahn-, das Bergbauwesen, sowie Gas-, Elektrizitäts- und vergleichbare Unternehmen von europäischen Gesellschaften geleitet, die ihren Sitz außerhalb des Osmanischen

254 *Encyclopædia Britannica Online*, Namık Kemal 2013, http://www.britannicircacom/EBchecked/topic/314571/Namik-Kemal, zuletzt aufgerufen am: 04.07.2014.

255 *Encyclopædia Britannica Online*, Namık Kemal 2013, http://www.britannicircacom/EBchecked/topic/314571/Namik-Kemal, zuletzt aufgerufen am: 04.07.2014.

256 *Bilgegil*, Yeni Osmanlılar, S. 14–30, S. 37, 40.

257 *Dayanç*, S. 841, S. 842; *Lewis*, S. 185.

258 Näheres bei *Dayanç*, S. 842 folgende m.w.N.

259 *Lewis*, S. 32.

260 *Lapidus*, S. 264; *Heimbeck*, S. 147: das Osmanische Reich verlieh Privatpersonen die Kompetenz, Steuern einzutreiben; *Davison*, The Millets as Agents of Change in the Nineteenth-Century Ottoman Empire, S. 325.

Reiches hatten.[261] Das Osmanische Reich hielt seine öffentliche Finanzwirtschaft nicht in eigenen Händen.[262] Europäer spielten auch innerhalb des Osmanischen Reiches eine an ihrer geringen Anzahl gemessen überproportional wichtige ökonomische Rolle.[263] Es wurde sogar gesagt, die Wirtschaft habe unter der Kontrolle der Amira, der armenischen geistlichen Würdenträger im Osmanischen Reich, gestanden.[264] Letztlich bleibt festzustellen, dass die osmanische Wirtschaft nicht wuchs und im Vergleich zu den Ökonomien der europäischen Mächte schwächer war. Außerdem war die ökonomische Expertise außerhalb des osmanisch-muslimischen Kreises und außerhalb der Gruppe der Tanzimâtreformer zu finden.

Die Akteure der Tanzimât-Zeit waren auch keine Juristen oder Staatsrechtler im engeren Sinne, die die Verfassungen der europäischen Länder im Ausland studierten, so wie beispielsweise viele der gelehrten Reformer in der Meiji-Zeit in Japan von 1852–1912.[265] Sie erhielten Unterstützung von osmanischen Juristen nichtmuslimischer Herkunft, wie zum Beispiel durch *Krikor Odian*, der ein enger Berater von *Midhat Paşa* war.[266] Die Anzahl der Juristen, die keine Kadis waren und nicht nach islamischem Recht urteilten, war begrenzt. Dies wird durch die Beobachtung bestätigt, dass es eine eigene osmanische „Rechtskultur" in der Tanzimât-Zeit insofern nicht gab, als eine Auseinandersetzung „mit dem Wesen des eigentlichen westlichen Rechts" eigentlich nicht stattfand.[267] Hierfür spricht auch, dass viele der Mitglieder der kleineren armenisch-osmanischen Gemeinde im Vergleich zu der größeren islamisch-osmanischen Gemeinde ins Ausland gingen, vornehmlich nach Italien und später Frankreich, und dass die armenischen Gemeinden viele weltliche Schulen gründeten.[268]

Die Erfahrungen einiger weniger innerhalb der osmanischen Bevölkerung konnten nicht die europäische Rechtsgeschichte und auch nicht den Weg zu den europäischen Diskussionen ersetzen, aus denen die europäischen Verfassungen des 19. Jahrhunderts schöpften.

---

261 *Bağış*, S. 546.

262 *Issawi*, An Economic History of the Middle East and North Africa, S. 62; *Issawi*, The Economic History of Turkey, S. 321.

263 *Issawi*, The Economic History of Turkey, S. 15.

264 *Artinian*, S. 23, 29.

265 *Kokubun*, S. 1, 10, 11.

266 *Öztuna*, S. 274.

267 *Mumcu*, S. 39, 40: Mumcu bezieht seine Aussage hierbei auf eine „Totalrezeption".

268 *Artinian*, S. 60 folgende, S. 66 folgende.

Viertes Kapitel: Vergleichbare Reformen im 19. Jahrhundert in und um Europa sowie im fernen Osten - zur Permeabilität geographischer und kultureller Grenzen

I. Kriterien der Betrachtung und des Vergleichs

Auch in anderen Ländern traten zur selben Zeit Reformer auf, um in ihren jeweiligen Staaten eine gesellschaftliche und rechtliche Neuordnung durchzusetzen. Daher richtet die Untersuchung ihren Blick auch auf frühere oder parallele Verfassungsreformen, wie in Preußen ab dem Jahr 1806, in Russland ab 1864 und in Japan in der Zeit ab 1868. Russland und insbesondere Japan sind, wie das Osmanische Reich, Europa nicht nur von der Distanz her ferner, sondern auch kulturell anders verwurzelt als die europäischen Länder. Daher sind sie als Beispiele gut geeignet, um die Ambivalenzen zwischen „alt" und „neu", „Ost" und „West", „Orient" und „Okzident" oder wie auch immer diese Unterschiede in ihren Benennungen zum Ausdruck gebracht werden, kontrastreicher darzulegen. Sie sind der Darstellung von genuin europäischen Reformprozessen in nichteuropäischen Ländern dienlich.

Hierbei werden als Vergleichskriterien kulturelle und gesellschaftliche Hintergründe (unter anderem religiöse und gesellschaftliche Gruppen) herangezogen, mögen sie aufgrund außenpolitischen oder innenpolitischen Drucks erzeugt worden sein, wobei jedes Land natürlich seine eigenen Gegebenheiten, seine eigene Geschichte und Identität hat und ein Vergleich mit den Reformen im Osmanischen Reich insofern in Teilen schwierig ist.

II. Inhalte der Reformen

1. Preußen ab 1806

Die militärische Niederlage Preußens gegen Frankreich in der Schlacht von Jena und Auerstedt am 14. Oktober 1806 führte zum Zusammenbruch Preußens und „indirekt" auf den grundlegenden preußischen Reformweg. Neben dieser militärischen Niederlage bestand eine politische Stagnation in Preußen, die nach dem Frieden von Tilsit vom 09. Juli 1807 weitreichende Reformen unter Reichsfreiherrn *Karl vom und zum Stein* (1757–1831) und *Karl August Freiherr von Hardenberg*

(1750–1822) nach sich zog.[269] Dabei oblagen die Reformen des Militärs *von Scharnhorst* und *von Gneisenau*.[270] *Vom Stein* wurde „die Leitung aller Civilangelegenheiten" übertragen.[271] Ziel der Neuordnung war es, neben derjenigen des Staates, die Teilhabe der preußischen Untertanen als Staatsbürger am öffentlichen Leben zu ermöglichen.[272] Der Einfluss der alten Eliten (Adel, Offizierkorps, hohes Beamtentum am Hof und in den leitenden Ämtern) sollte zugunsten der „öffentliche(n) Meinung" ausgeschaltet werden.[273] In Preußen war die Erneuerung das Werk einer kleinen Gruppe von Staatsmännern und Offizieren, die durch die reformierte Beamtenschaft unterstützt wurde.[274] Die Reformen kamen, wie im Osmanischen Reich „von oben".[275] Auch im Osmanischen Reich kam der Impuls für die Reformen von außen, nämlich durch empfindliche militärische Niederlagen.[276] Aber eine vergleichbare breite gesellschaftliche Grundlage, die für Reformen fruchtbar gewesen wäre, gab es dort nicht. Dafür waren die tatsächlichen wie auch ideologischen Distanzen zu Europa und seinen Freiheitsidealen (insbesondere in Frankreich) zu groß.

Die preußischen Reformer waren neben *vom Stein*, der zuletzt Finanz- und Handelsminister Preußens war,[277] und *von Hardenberg*, der als Kabinettsminister und Staatskanzler die preußische Außenpolitik mitleitete, unter anderem die Gebrüder *Friedrich Leopold* und *Karl Wilhelm Freiherr von Schroetter*, *Wilhelm von Humboldt* und *Theodor von Schön*.[278] Jene Männer und ihre Weggefährten bildeten, wie im Osmanischen Reich, eine recht überschaubare Gruppe von Reformern. Diese preußische Elite entstammte meist adligen Geschlechtern und war insofern nicht mit den führenden Köpfen der Tanzimât-Ära zu vergleichen, die zumeist aus ärmeren Verhältnissen stammten und die europäische Welt nicht durch ihre Familien, sondern durch ihre Tätigkeit im Auftrage des Osmanischen Staates kennenlernten.

---

269 *Huber*, Deutsche Verfassungsgeschichte (I), S. 120–124.
270 *Huber*, Deutsche Verfassungsgeschichte (I), S. 224–226.
271 *Huber*, Deutsche Verfassungsgeschichte (I), S. 122.
272 *Hubatsch*, S. 11, 229–232; *Stolleis*, Geschichte des öffentlichen Rechts in Deutschland Band 2, S. 60 m.w.N.
273 *Huber*, Deutsche Verfassungsgeschichte (I), S. 125.
274 *Landes*, S. 33.
275 *Landes*, S. 32.
276 Vgl. die Erlasse von 1839 und 1856, siehe *Matuz*, S. 227, 235, 236.
277 Grundlegend dazu *Duchhardt*, Stein. Eine Biographie.
278 *Huber*, Deutsche Verfassungsgeschichte (I), S. 122–124, 127–135.

2. Russland ab 1864

Die bekannte russische Justizreform von 1864 stützte sich auf Reformen und Reformversuche, die bereits zu Zeiten *Katharinas II.* im späten 18. Jahrhundert ihren Ursprung fanden.[279] Damals fehlten die entscheidenden Voraussetzungen zur Nachahmung der westlichen Strukturen wie auch die ökonomischen und soziokulturellen Gegebenheiten.[280] Daneben bestand ebenfalls ein „ethnisch heterogene[r] Kontext",[281] vergleichbar der pluralistisch geprägten Bevölkerungsstruktur im Osmanischen Reich. Grund der russischen Reformanstrengungen war „das Elend der Justiz".[282] Doch dies allein war es nicht. Insbesondere die Niederlage nach dem Krimkrieg 1856 und daneben der Professionalisierungsschub der höheren Beamtenschaft gaben den Impetus, die zaristische Erneuerung in Gang zu setzen.[283] Ebenso wie im Osmanischen Reich waren militärische Niederlagen oder Pyrrhussiege – wie der Sieg der Osmanen im Krimkrieg mit Hilfe der Franzosen, der Briten und der Sarden – stets ein Katalysator von Reformen.

Insbesondere die an der sogenannten „Kaiserlichen Rechtsschule" in St. Petersburg „ausgebildeten aufgeklärten Bürokraten trugen den Geist europäischen Rechtsdenkens nach Russland".[284] Charakteristische Merkmale der Justizreform von 1864 waren insbesondere die Einführung des Prinzips der Gewaltenteilung, die Unabhängigkeit der Judikative, die Öffentlichkeit von Verfahren und die Gleichheit der Bürger vor dem Gesetz.[285]

Die Gleichstellung aller Untertanen, die Unabhängigkeit der Richter, der Öffentlichkeitsgrundsatz hatten auch in der Tanzimât-Bewegung des Osmanischen Reiches ab 1839 über 1856 und 1876 Eingang gefunden. Nur hatten im Gegensatz zu den Rechtsreformen im Osmanischen Reich im zaristischen Russland bereits Gelehrte, Juristen und Privatpersonen den Herrschenden Reformvorschläge unterbreitet, und die Öffentlichkeit nahm Anteil an der Kritik durch Literatur einerseits, durch Bauernunruhen andererseits.[286] Damit schienen der Radius, der Zugang und die Teilhabe der Öffentlichkeit am Reformprozess umfänglicher und tiefer zu sein als im Osmanischen Reich, wo der Anstoß zur Erneuerung

---

279 *Kaiser*, Vorwort S. XIII, S. 1.
280 *Baberowski*, Autokratie und Justiz, S. 12, 13.
281 *Baberowski*, Europa in Russland, S. 151.
282 *Kaiser*, S. 90.
283 *Baberowski*, Europa in Russland, S. 153.
284 *Baberowski*, Autokratie und Justiz, S. 34, 36, 42.
285 *Baberowski*, Europa in Russland, S. 152.
286 *Kaiser*, S. 90, 91, 92.

eher befohlen wurde. Was die neuen Justizgesetze vom 20. November 1864 anging, teilten das zaristische Russland und das osmanische Reich die Anlehnung an „westeuropäische" Rechtsprinzipien.[287] Die Vorbildfunktion des westeuropäischen Rechts in Russland war ohne Alternative. Sie ist belegbar durch die Übersetzungen der französischen, italienischen, belgischen, preußischen und weiterer nationaler oder kantonaler (Genf) Gesetze.[288]

3. Japan ab 1868

Die Meiji-Ära in Japan, die 1868 einsetzt, wurde nach dem japanischen Tennō (Kaiser) *Mutsuhito Meiji* benannt.[289] Sie führte zu einer völligen Umgestaltung des japanischen Gesellschaftssystems.[290] Die japanische Welt, die bis dahin recht verschlossen geblieben war, öffnete sich gegenüber dem Westen und dem europäischen Recht.[291] Wie in Preußen, so standen auch in Japan hinter der Erneuerung des Rechts und der Gesellschaft eine kleine Gruppe von Staatsmännern und ein geschulter Bürokratieapparat.[292] In Japan – wie im Osmanischen Reich – bestand Einigkeit darüber, „dass nur allgemeine Reform[en] das Reich retten könne[n]".[293] Japan befand sich somit in einer vergleichbaren Lage wie das Osmanische Reich, denn auch dort stand die Öffnung nach Europa unter außenpolitischen Zwängen. Japanische Juristen, wie *Hideo Hatoyama*, *Nobushige Hozumi*, *Yatzuka Hozumi*, *Kowashi Inoue*, *Tatsukichi Minobe* und *Rinsho Mitsukuri*[294], brachten westliche Ideen nach Japan. Die meisten von ihnen hatten Forschungsaufenthalte in Europa absolviert. Eine Zielstrebigkeit, geradezu Begierde, in der Einbringung von nichtjapanischem Recht war im Osmanischen Reich (für nicht-osmanisches Recht) nicht zu beobachten. Der Prozess des Nehmens wirkte in Japan freiwilliger als im Osmanischen Reich. Letztlich wurde am 11. Februar 1889 die Verfassung Japans

---

287 Hier dargestellt für Russland: *Kaiser*, S. 407 folgende; siehe auch *Baberowski*, Autokratie und Justiz, S. 42, 43.

288 *Kaiser*, S. 408, 409 folgende.

289 *Oberländer*, in: Kleine Geschichte Japans, S. 291, 292.

290 *Oberländer*, in: Kleine Geschichte Japans, S. 317–320 folgende.

291 *Stolleis*, Über Rezeptionen, Übernahmen oder Migrationen von Recht, S. 175; *Oberländer*, in: Kleine Geschichte Japans, S. 301, 302; *Ando*, S. 35 folgende, 47 folgende, 59 folgende.

292 *Landes*, S. 33.

293 *Reinhard*, S. 496.

294 *Wani* und *Müller*; in: Juristen (Hrsg. *Stolleis*), S. 283, 304, 305, 440, 324, 439, 554; *Kokubun*, S. 11.

verkündet, die Japan in eine konstitutionelle Monarchie führte und sich insbesondere an die Verfassung von Preußen anlehnte.[295]

Es fällt auf den ersten Blick nicht leicht, Gemeinsamkeiten bei den Reformbewegungen festzustellen. Die Reformbewegungen stimmen darin überein, dass militärische Niederlagen den Druck zu Reformen verstärkten. Hinzu kamen veraltete Gesellschafts- und Staatsverfassungen, verbunden mit Anregungen aus dem Ausland, aufgenommen von gut ausgebildeten Reformergruppen. Alles dies gilt auch für die osmanische Tanzimât, allerdings mit dem Unterschied, dass die Gesellschaft als Ganzes noch nicht das voll ausgeprägte Bewusstsein für Reformen hatte.

Die jeweiligen Reformen und Neuordnungen in Preußen, Russland und Japan haben einen großen gemeinsamen Nenner: geographische, kulturelle – einschließlich sprachliche – und rechtliche Grenzen wurden als überwindbar erfahren. Zeitgemäße Ideen und Denkmuster konnten für die jeweilige Rechtseinheit über ihre Länder-, Kultur- und Sprachgrenzen hinweg akzeptiert und aufgenommen werden. Die Permeabilität im Denken und Handeln galt auch für das Osmanische Reich und die darin tätigen Akteure. Sie fand ihre Systematisierung in der Tanzimât-Zeit ab 1839 bis zur Verkündung der Verfassung 1876 und etwas darüber hinaus.

295 *Oberländer*, in: Kleine Geschichte Japans, S. 302 folgend, 317.

Fünftes Kapitel: Die Sultanserlasse von 1839 und 1856 bis zur Einführung einer Verfassung

I. Das Hatt-ı Şerif-î von Gülhane vom 03. November 1839[296]

Das Hatt-ı Şerif-î von Gülhane enthielt die Grundlinien der heilsamen Neuordnung. Die Neugestaltung des Rechtssystems wurde zum offiziellen Programm.[297] Autor des Erlasses war *Mustafa Reşit Paşa*, der auch als Außenminister 1839 das Handschreiben in seiner Funktion als Außenminister im Rosengarten („Gülhane") des Sultanspalastes vor ausländischen Gesandten, aber auch vor der osmanischen Oberschicht,[298] verkündete. Das Hatt-ı Şerif-î von Gülhane wurde im Staatsanzeiger des Osmanischen Reiches veröffentlicht und zudem weiterverteilt.[299]

1. Inhalt des Handschreibens

Das Handschreiben folgte keinem bestimmten Aufbau. Es enthielt keinerlei Unterteilungen, Abschnitte oder Artikelangaben und folgte keiner bestimmten Systematik. Als Grund für den Erlass der Verordnungen wurde angeführt, die Şeriat- und Kanungesetze[300] seien nicht mehr befolgt worden und es habe sich dadurch „die frühere Macht und der einstige Wohlstand in Schwäche und Armut verwandelt".[301] Tatsächlich berichtete auch *Helmuth von Moltke*, dass „Haremswirtschaft und Verschwendung die Verhältnisse im Innern des Reichs ruinierten".[302] Der Erlass fährt fort, dass „ein Reich, welches nicht nach gesetzlichen Vorschriften verwaltet wird,

---

296 Vollständig übersetzter Text in: *von Kraelitz-Greifenhorst*, S. 11–16, ohne Unterteilungen.

297 *Plagemann*, S. 101.

298 *Gözler*, Tanzimât Fermanı: Gülhane hattı Hümayunu (1839), Türk Anayasa Hukuku Sitesi, http://www.anayasa.gen.tr/Tanzimâtfermani.htm, S. 1; *Kaynar*, S. 169; zu Einzelheiten der Verlesung verweist *Kaynar* auf die Aussagen eines Zeitzeugen (*Lutfî Efendi*), siehe *Kaynar*, S. 174–176; *Rosen*, S. 15, 16; *Bernath*, S. 1007.

299 *Tanör*, S. 93.

300 *von Kraelitz-Greifenhorst*, S. 5, Fußnote 1: Kanungesetze waren bis dato die „der Willkür des Sultans anheimgegebene weltliche Gesetzgebung".

301 *von Kraelitz-Greifenhorst*, S. 11; der Text des Hatt-ı Şerif-î von Gülhane mit kurzen Erläuterungen findet sich auch bei: *Kaynar*, S. 176–180 („Gülhâne Hatt-ı Hümâyunun Esasları"); weitere Erläuterungen auf den S. 180–185.

302 *von Moltke*, S. 390 (in der Fußnote).

keinen Bestand haben kann".[303] Deshalb habe er sich zur „Schaffung einiger neuer Gesetze" entschlossen, um wieder in einem „ruhmvollen Reiche" zu leben.[304]

Das Hatt-ı Şerif-î von Gülhane garantierte unabhängig von der Religionszugehörigkeit den Schutz „des Lebens, der Ehre und des Vermögens, die Fixierung der Steuern, die Art und Weise der Aushebung der nötigen Truppen und die Dauer ihrer Dienstzeit".[305]

Dabei hebt der Text die „kostbarsten" Rechtsgüter wie das Leben, die Ehre und die Sicherheit des Vermögens hervor.[306] Dabei diene der Schutz dieser Güter auch dem Schutz „für Reich und Land".[307] Diese neuen Sicherheiten sollen „von Tag zu Tag die Liebe zum Vaterlande" steigern.[308] Der Text führt weiterhin die Verteilung der Steuern an, um die Militär- und Verwaltungsausgaben des Staates zu decken.[309] Die Erhebung einer Steuer soll im Verhältnis „zum Besitze und Vermögen eines jeden einzelnen Untertanen" stehen und auf einer gesetzlichen Grundlage beruhen, um Mißbrauch zu vermeiden.[310]

Der Erlass unterstreicht insbesondere, dass der Begünstigungen und Pflichten „alle Unsere Untertanen, Mohammedaner und Anhänger der übrigen Religionsgemeinschaften, ohne Ausnahme teilhaftig werden".[311] Der Erlass führte zudem das Öffentlichkeitsprinzip bei Gerichtsverfahren ein und hob die Vollstreckung der Todesstrafe ohne Verurteilung auf.[312] Außerdem verbat er allen Ministern und den staatlichen Religionsgelehrten, den gesetzlichen Vorschriften zuwiderzuhandeln, und regelte die Einführung eines „hinreichenden Gehalts" für Beamte.[313] Der Text weist insgesamt einen starken religiösen Bezug, durch wiederholte Nennung religiöser Begriffe, wie beispielsweise „Koran", „Gott", „Scheriatgesetze", „gnädiger Schöpfer" und „geistiger Beistand des Propheten", auf.[314]

---

303 *von Kraelitz-Greifenhorst*, S. 11.
304 *von Kraelitz-Greifenhorst*, S. 12.
305 *von Kraelitz-Greifenhorst*, S. 12.
306 *von Kraelitz-Greifenhorst*, S. 12.
307 *von Kraelitz-Greifenhorst*, S. 12.
308 *von Kraelitz-Greifenhorst*, S. 12.
309 *von Kraelitz-Greifenhorst*, S. 13.
310 *von Kraelitz-Greifenhorst*, S. 13.
311 *von Kraelitz-Greifenhorst*, S. 14.
312 *von Kraelitz-Greifenhorst*, S. 14.
313 *von Kraelitz-Greifenhorst*, S. 15.
314 *von Kraelitz-Greifenhorst*, S. 11, 12, 14, 15, 16.

2. Spezielle Aspekte der Säkularisierung und Öffnung

Wie bereits dargelegt, war die Zielsetzung des Hatt-ı Şerif-î von Gülhane, „die [oben genannnten] Begünstigungen allen Untertanen, Mohammedanern und Anhängern der übrigen Religionsgemeinschaften, ohne Ausnahme teilhaftig werden" zu lassen („[...] tebaayı saltanatı seniyyemizden olan ehli islam ve mileli saire bu müsaadatı şahanemize bilâistisna mazhar olmak üzere ... kararlaştıralıp ...").[315] Daher kann der Ansicht, dass im Hatt-ı Şerif-î von Gülhane nirgendwo von Rechtsgleichheit zwischen Muslimen und Nichtmuslimen gesprochen werde, nicht gefolgt werden.[316] Eine andere Annahme, wonach anhand des Wortlauts eine „grundsätzliche rechtliche Gleichstellung" zwischen Muslimen und Nichtmuslimen schwer nachzuvollziehen sei,[317] ist ebensowenig überzeugend, da der Text hierzu eindeutig Stellung nimmt und die „Begünstigungen allen Untertanen"[318] zugute kommen lässt. Der Erlass unternahm damit einen weiteren wichtigen Schritt hin zum Schutz der ethnischen Minderheiten bis zu ihrer rechtlichen und gesellschaftlichen Gleichstellung. Damit war die Anerkennung des Gleichheitsprinzips aller Rechtssubjekte im Osmanischen Reich explizit niedergelegt.[319] Dies hatte es vor der Tanzimât-Ära nicht gegeben.[320] Nichtmuslime wie Muslime standen nun staatsrechtlich auf der gleichen Stufe.[321] Diese Gleichstellung durchzog auch das Steuerrecht. Die Steuerlast orientierte sich am Besitz und Vermögen eines jeden Einzelnen.[322] Dazu folgende Aussage:

> „Gülhane hatt-ı hümâyûnunun maliyeyi ilgilendiren kısmında, aşağıdaki esaslar ana prensib olarak kabul edilmişti:" „... her ferdin emlâk ve kudretine göre bir vergiy-i münasib ta'yin olunarak kimseden ziyâde şey alınamaması".[323]

---

315 Aus dem Hatt-ı Şerif-î von Gülhane: *von Kraelitz-Greifenhorst*, S. 14.

316 Darstellung des Streitstandes zur Bewertung des Hatt-ı Şerif-î von Gülhane: *Kreiser*, S. 132, 133 m.w.N.: wie *Abu-Manneh*, S. 201.

317 *Heinzelmann*, S. 1309.

318 *von Kraelitz-Greifenhorst*, S. 14.

319 *Zaffi*, S. 141: *Zaffi* schreibt „Bürger". Dieser Begriff passt nicht in das Staats- und Rechtsverständnis des Osmanischen Reiches, da der Sultan von oben nach unten auf seine „Untertanen" blickte.

320 Ausführlicher *Davison*, Christian-Muslim Equality in the Nineteenth Century, S. 845 folgend.

321 *Zaffi*, S. 141.

322 *von Kraelitz-Greifenhorst*, S. 13; siehe auch die umfassende Quellensammlung zu der Anwendung, Verbreitung und Wirkung der „neuen" Steuerprinzipien bei *Kaynar*, S. 224 folgende, 237 folgende, S. 250 folgende und S. 283 folgende.

323 *Kaynar*, S. 224, 225.

„Zu den Finanzregelungen des Hatt-ı Şerif-î von Gülhane findet sich unten das Hauptmerkmal: [...] jedes Individuum ist entsprechend seinem Vermögen und seiner Leistung zu versteuern, und es ist nicht erlaubt, mehr zu nehmen."

Die Besteuerung sollte demnach ausschließlich nach der wirtschaftlichen Leistungsfähigkeit erfolgen.[324] Der Gleichheitssatz des Osmanischen Reiches sollte sich auch auf die Steuerlast aller Untertanen erstrecken. Bis dahin hatte der Osmanische Staat nach den religiösen Bestimmungen von den nichtmuslimischen Untertanen eine Personensteuer („haraç") erhoben, die durch die Kopfsteuer („cizye") der arbeitsfähigen männlichen Nichtmuslime entrichtet wurde und die Ersatzleistung für den Militärdienst darstellte, der für die muslimischen Untertanen Pflicht war.[325]

Das Hatt-ı Şerif-î von Gülhane von 1839 verwendete mehrmals den Begriff „Millet" für die Begriffe „Volk" und „Mitbürger".[326] Dennoch wurde dieser Begriff hier auch als „nichtmuslimische Religionsgemeinschaft" verwendet.[327] Der gedankliche Umbruch wird zwar deutlich, aber es herrscht keine Stringenz im Gebrauch vor. Doch gerade der neue Geist des Wortes „Millet" im Sinne von Nation oder Volk[328] sollte die Überwindung der inneren sowie äußeren Spannungen und Zerrissenheiten ermöglichen. Daher ist die rechtspolitische Brisanz hinter diesem Begriff des neuen „Volkes" oder der neuen „Nation" von Bedeutung. Das Identifikationsobjekt der Osmanen war bisher die Religion und die Religionsgemeinschaft, nicht die weltliche Nation,[329] das Volk oder das Vaterland.[330] Damit findet die Säkularisierung, im Sinne einer Loslösung von religiösen Mustern hin zu einer Verweltlichung des Rechts, Eingang in die öffentliche Ordnung des Osmanischen Reiches. Zugleich wird die einzelne Person losgelöst von der religiösen Gemeinschaft, obgleich nunmehr bzw. zukünftig Teil einer nationalen Gemeinschaft, mehr als Individuum wahrgenommen und nicht als Muslim, Nichtmuslim, Christ oder Jude.

---

324 Vgl. *Gözler*, Tanzimât Fermanı: Gülhane hattı Hümayunu (1839), Türk Anayasa Hukuku Sitesi Sitesi, http://www.anayasa.gen.tr/Tanzimâtfermani.htm, S. 2.

325 *Matuz*, S. 112; kurz zur Kopfsteuer und im Anschluss recht allgemein gehalten zum Miteinander der Religionsgemeinschaften: *Majoros*; *Rill*, S. 50–52.

326 Übersetzung in *Scheben*, S. 256, 258; *von Kraelitz-Greifenhorst*, S. 12; *Doğanalp-Votzi*; *Römer*, S. 209, 213, 214.

327 *von Kraelitz-Greifenhorst*, S. 13; dazu *Doğanalp-Votzi*; *Römer*, S. 215.

328 *Doğanalp-Votzi*; *Römer*, S. 203, 204.

329 *Kürşat*, S. 271.

330 Der Justizerlass von 1875 hingegen verwendete oft den Begriff „Vatan" („Vatan" = „Heimat", „Heimatland" bzw. „Vaterland").

Um dem Postulat der Rechtsstaatlichkeit zu genügen, versicherte der Sultan die Öffentlichkeit von Gerichtsverfahren[331] und die Abschaffung von Todesstrafen ohne eine vorherige Verurteilung.[332] Nach dieser Regelung waren lediglich willkürliche Todesstrafen, also solche ohne Verfahren und anschließende Verurteilung, ausgeschlossen. In diesem Sinne legte der Sultan in dem Erlass von Gülhane auch einen Eid ab: Er verpflichtete sich, „nichts zu unternehmen, was mit ihnen [den gesetzlichen Vorschriften] im Widerspruche steht".[333] „Wir [der Sultan] werden dies in Gegenwart der Ulema (Religionsgelehrte)[334] und Minister im Saale, in welchem der heilige Mantel des Propheten aufbewahrt ist, beschwören."[335] In dem Hatt-ı Şerif-î band also der Sultan sich selbst, die muslimischen religiösen Gelehrten, die Minister und auch jeden anderen Osmanen daran, den gesetzlichen Vorschriften nicht zuwiderzuhandeln.[336] Damit wurde erstmals der Vorrang des Gesetzes im Osmanischen Reich etabliert.[337] Dies stellte zugleich eine Selbstbeschränkung („Auto-limitation", „kendi kendini sınırlama") des Souveräns dar,[338] auch dies zum ersten Mal in der bisherigen Geschichte.[339]

Cyrus Hamlin, ein US-amerikanischer Missionar, der mehrere Jahre im Osmanischen Reich verbrachte, bewertete diesen Text kritisch: "The following is the text of this remarkable document [der Gülhane-Erlass *Anm. d. Verf.*]; and it will repay a careful reading to those who wish to understand the subsequent course of events in the empire, and the fruitless attempts to engraft the new upon the old."[340]

Er erinnerte daran, dass der Gülhane-Erlass mit Blick auf das Bildungsniveau der osmanischen Gesellschaft gelesen werden müsse: "It must be read, however,

---

331 Es geht hier um den Öffentlichkeitsgrundsatz im Gerichtsverfahren.

332 *von Kraelitz-Greifenhorst*, S. 14.

333 *von Kraelitz-Greifenhorst*, S. 15.

334 *Kürşat*, S. 274.

335 *von Kraelitz-Greifenhorst*, S. 15.

336 *von Kraelitz-Greifenhorst*, S. 15.

337 Diese Beobachtung machte auch *Gözler*, Tanzimât Fermanı: Gülhane hattı Hümayunu (1839), Türk Anayasa Hukuku Sitesi Sitesi, http://www.anayasa.gen.tr/Tanzimâtfermani.htm, S. 3, 4, lit. l: „*Bu hüküm ile „kanunu üstünlüğü" veya „kanuna saygı" ilkesinin benimsendiği söylenebilir*".

338 *Tanör*, S. 91; *Gözler*, Tanzimât Fermanı: Gülhane hattı Hümayunu (1839), Türk Anayasa Hukuku Sitesi Sitesi, http://www.anayasa.gen.tr/Tanzimâtfermani.htm, S. 4, lit. l.

339 *Üçok; Mumcu; Bozkurt*, S. 332.

340 *Hamlin*, S. 47; weniger skeptisch *Peters*, Abschnitt 3 (letzter Absatz).

with the constant recollection that it [der Gülhane Erlass *Anm. d. Verf.*] was issued to a people three fourths of whom where still in the middle ages."[341]

Diese Bewertung machte auch die fortbestehenden mentalen Barrieren zwischen Muslimen und Nichtmuslimen deutlich. Bereits 1867 kritsierte *Rosen* die Argumentation des Erlasses als nicht geradlinig und unlogisch, da der Verfall mit der Nichtbefolgung der „alten" Gesetze begründet wurde, aber das Wiedererstarken des Reiches von „neuen" Gesetzen und „Institutionen" erhofft wurde, und zwar unter gleichzeitigem „Festhalten an alten Sitten".[342] Bereits hier tritt das Spannungsverhältnis zwischen Säkularisierung und weltlichem Gedankengut hervor. Gleichwohl stellte der erste wichtige sultanische Erlass ein richtungweisendes Rechtsdokument der Tanzimât-Ära dar. Die skeptische Bewertung von *Engelhardt*, « L'acte de Gulkhané [...], ne changeait en rien, il est vrai, les limites et les attributions des grands pouvoirs de l'État ; il ne visait en réalité que l'administration proprement dite. »,[343] überzeugt deshalb nicht.

Die Einschätzung, wonach die Umstände, in denen sich das Osmanische Reich befand, schwierig waren, um Neuerungen zu erlauben, war folgerichtig.[344] Eckpfeiler für erfolgreiche Reformen waren ein ruhiges Umfeld, ein ausreichender Personalkader und eine solide finanzielle Unterstützung.[345]

Die grundsätzliche Beurteilung, ob Reformen Rückschritte oder Fortschritte darstellen, ist zum einen perspektivenabhängig, und zum anderen vermögen diese Begriffe wohl auch nicht das ganze Bild der Neuordnung (Tanzimât) darzustellen. Natürlich deckte der Reformtext nicht jeden Lebensbereich ab, da Grundrechte, wie die Meinungs-, die Presse- und die Versammlungsfreiheit etc., unausgesprochen blieben.[346] Dennoch war im Rahmen des Genannten im Text des Handschreibens eine grundsätzliche Gleichstellung zwischen den unterschiedlichen Religionsanhängern in Aussicht gestellt worden.

---

341 *Hamlin*, S. 47, 48; siehe auch *Kili*, S. 193.

342 *Rosen*, S. 16. *Abu-Manneh* argumentiert zudem, dass der Erlass von Gülhane vom islamischen Recht bzw. von der islamischen Theologie und nicht von westlichen Einflüssen inspiriert wurde. Seine Argumentation reicht jedoch nicht aus, um die Einflüsse europäischer Ideen im Gülhane-Erlass zu negieren, da er lediglich auf einen islamischen Rechtsgelehrten (Ghazali) verweist. Siehe *Abu-Manneh*, S. 174, 195, 196, 203.

343 *Engelhardt*, La Turquie et le Tanzimât, Première Partie (1826–1853), S. 36.

344 *Saydam*, S. 187.

345 *Saydam*, S. 187: „*Reformların başarısı için sakin bir ortam, yeterli kadro ve güçlü malî destek gerekmekteydi.*"

346 *Tanör*, S. 89.

Die Aussage, wonach die Grundsätze des Hatt-ı Şerif-î im Prinzip denen einer europäisch freiheitlich-bürgerlichen Gesellschaftsordnung entsprachen,[347] ist zwar zutreffend, aber einzuschränken. Der Erlass war nicht das Ergebnis einer freiheitlich-bürgerlichen Bewegung, die aus der Mitte der osmanischen Gesellschaft kam. Der Sultan begrenzte vielmehr von sich aus – die zugrundeliegende tatsächliche Motivation sei dahingestellt – seine Machtbefugnisse und führte verbindliche Rechtsstrukturen in das öffentliche Leben des Osmanischen Reiches ein. Das Handschreiben war dazu bestimmt, dem Osmanischen Reich statt einer „asiatisch-mittelalterlichen", auf „militärisch-theokratischer" Grundlage aufgebauten Staatsform eine „modern-europäische Grundlage" zu geben.[348] Das Hatt-ı Şerif-î von Gülhane spricht selbst davon, dass „diese gesetzlichen Vorschriften einzig und allein zu dem Zwecke erlassen wurden, um die Religion, den Staat, das Land und das Volk mit neuen Kräften zu erfüllen".[349]

Bei dem Hatt-ı Şerif-î von Gülhane handelt es sich nicht um einen klassischen Verfassungstext, sondern um einen oktroyierten Rechtstext des Sultans mit verfassungsrechtlichem Charakter.[350] Es fehlen Regeln zum grundlegenden organisatorischen Staatsaufbau, eine Verfassungssystematik und Regelungen zum Verhältnis zwischen Bürger und Staat.[351] Immerhin gab es die Zusicherung von Grundrechten („temel ilkeleri açıklayan bir Beyanname").[352] Aber es handelte sich nicht um eine komplette „charte constitutionelle".[353] Der Bewertung des Gülhane-Handschreibens als (Rechts)Text mit verfassungsrechtlichem Charakter („Gülhane hattı bir nevi anayasa mahiyetindedir") durch *Karal* unter anderem aufgrund der Beendigung der Willkürherrschaft des Sultans, der Festlegung der Rechte und Pflichten der Untertanen gegenüber dem Staat, des Gleichheitssatzes, der Vorbereitung der Gesetzentwürfe durch einen Rat und der Manifestierung des Gesetzesvorrangs,[354] kann, bis auf die oben genannte Ausnahme, gefolgt werden.

Die Verkündung der Reformen führte in ersten Schritten zu einer Säkularisierung des Rechts im Osmanischen Reich. Die Reformen stießen die Tür in eine

---

347 *Matuz*, S. 225, 226.

348 *von Kraelitz-Greifenhorst*, S. 6.

349 *von Kraelitz-Greifenhorst*, S. 15.

350 *Tanör*, S. 92, 93 m.w.N.; *Üçok*; *Mumcu*; *Bozkurt*, S. 333; *Kreiser*, S. 132.

351 *Tanör*, S. 92, 93 m.w.N.

352 *Tanör*, S. 93 m.w.N.

353 *Rumpf* sieht im Erlass eine „charte constitutionelle": *Rumpf*, Rezeption und Verfassungsordnung, Beispiel Türkei, S. 7; nähere Darstellung des Streitstandes bei *Kreiser*, S. 132, 133 und *Doğanalp-Votzi*; *Römer*, S. 43, 44.

354 *Karal*, Osmanlı Tarihi, S. 208, 209.

neue Welt auf, die im gesellschaftlich-rechtlichen Kontext weniger von religiösen, aber vielmehr von weltlichen Gedanken bestimmt wurde. Der Einfluss der Reformen auf die normative und gesellschaftliche Neugestaltung im Osmanischen Reich war groß, da der Umbruch weite Lebensbereiche im Osmanischen Reich betraf und neue Impulse in der Rechtssetzung gab. Insbesondere die Kernaussagen des Sultans, den Schutz „des Lebens, der Ehre und des Vermögens für alle Untertanen" zu garantieren, die Truppenaushebung auf alle auszuweiten und die Steuerlast entsprechend der Leistungsfähigkeit zu verteilen,[355] legen es nahe, diesen Text auch als Rechtstext zu bewerten und ihm verfassungsrechtliche Qualität zuzugestehen.

Das Hatt-ı Şerif-î spiegelte die Grundsätze der amerikanischen und französischen Revolutionen des 18. Jahrhunderts wider, mit dem Unterschied, dass nicht das Volk es erkämpfte, sondern der Sultan es diktierte.[356] Teile der muslimischen osmanischen Untertanen, aber auch Teile der nichtmuslimischen osmanischen Untertanen opponierten aus unterschiedlichen Gründen gegen den Erlass und das darin verankerte säkulare Element der Gleichstellung.[357]

Zusammenfassend lässt sich sagen, dass das Hatt-ı Şerif-î von Gülhane wesentlich europäische Inhalte verkörperte. Die bisherige Gesellschaftsordnung des Osmanischen Reiches begann sich zu ändern, da neben den religiösen Gesetzen auch westliche Rechtsgarantien von annähernd konstitutionellem Charakter für alle osmanischen Untertanen verkündet wurden, der Sultan seine Macht einschränkte und die Nichtmuslime mit den Muslimen auf die gleiche Stufe gestellt wurden. Allerdings handelte es sich hierbei um einen Prozess, der mit Verkündung des Erlasses erst in Gang gesetzt wurde. Die Rechtswerte des Westens fingen an, mit den östlich tradierten und islamischen Rechtswerten zu konkurrieren. Der Text stellte zwar keine Verfassung im engeren Sinn dar, aber aufgrund seiner Verbindlichkeit, gepaart mit dem Schutz grundrechtlicher Werte, einen Rechtstext mit verfassungsrechtlicher Qualität, der eine Säkularisierung des Rechts im Osmanischen Reich ermöglichte. Aber vielleicht ebenso wichtig ist die Tatsache, dass der Adressatenkreis des Erlasses primär die europäischen Großmächte des 19. Jahrhunderts waren – und nicht die eigene Bevölkerung.

---

355 *von Kraelitz-Greifenhorst*, S. 12, 14; siehe auch *Reid*, S. 22, der sich zwar primär mit physischen Konflikten auseinandersetzt, aber grundsätzliche Feststellungen zu Reformwillen und ihrer Umsetzung macht.

356 *Kürşat*, S. 25.

357 *Okumuş*, S. 254, 255 mit weiteren Erläuterungen.

II. Das Hatt-ı Hümâyûn vom 18. Februar 1856[358]

Das im Februar 1856 veröffentlichte Hatt-ı Hümâyûn, ein neues sogenannte Handschreiben, bekräftigte die im Hatt-ı Şerif-î von 1839 niedergelegten Reformmaßnahmen.[359]

1. Der Inhalt des neuen Handschreibens

Zunächst „erneuerte und bestätigte" der neue Erlass die durch das Hatt-ı Şerif-î von Gülhane niedergelegten Garantien zur Sicherheit des Lebens, Vermögens und der Ehre für alle Osmanen.[360] Ebenso wurden sämtliche Immunitäten für christliche und nichtmuslimische Religionsgemeinschaften bestätigt und aufrechterhalten.[361] Aber die Einkünfte des Klerus sowie die Schenkungen an ihn wurden rückgängig gemacht, wobei zunächst den religiösen Führern ein fixes Einkommen zugesichert wurde.[362] Den übrigen Mitgliedern des Klerus wurde für die Zukunft ein angemessenes Gehalt versprochen.[363]

Weder das bewegliche noch das unbewegliche Vermögen des christlichen Klerus wurde dabei angetastet.[364] Die Ausbesserung, Renovierung oder Restaurierung von Kirchen, Krankenhäusern, Schulen oder Friedhöfen wurde „unter Beibehaltung der bisherigen Gestalt und Form" gestattet.[365] Nur bei Gebäudeneubauten mussten sultanische Genehmigungen eingeholt werden.[366]

Das Hauptziel des Hatt-ı Hümâyûn war die völlige Gleichstellung der Nichtmuslime mit den Muslimen.[367] Das machte bereits auch der Umfang deutlich, den die Regelungen der religiösen Gleichstellung hierzu im Handschreiben einnahmen. Erneut wurden die Religionsausübungsfreiheit und die Freiheit der Religionswahl

---

358 Deutscher Text in: *von Kraelitz-Greifenhorst*, S. 17–27, in diesem Textabschnitt nicht mit Fußnoten versehene Sätze entstammen dem bei *von Kraelitz-Greifenhorst* übersetzten Text des Hatt-ı Hümâyûn. *von Kraelitz-Greifenhorst* hat den Text in 24 Abschnitte unterteilt; übersetzter englischer Text des Hatt-ı Hümâyûn vom 18. Februar 1856 in: *Kürşat*, S. 599–604.

359 *Matuz*, S. 230.

360 *von Kraelitz-Greifenhorst*, S. 18, 19, Abschnitt 1.

361 *von Kraelitz-Greifenhorst*, S. 19, Abschnitt 2.

362 *von Kraelitz-Greifenhorst*, S. 20, Abschnitt 4.

363 *von Kraelitz-Greifenhorst*, S. 20, Abschnitt 4.

364 *von Kraelitz-Greifenhorst*, S. 20, Abschnitte 5, 6.

365 *von Kraelitz-Greifenhorst*, S. 20, 21, Abschnitt 5.

366 *von Kraelitz-Greifenhorst*, S. 20, 21, Abschnitte 5, 6.

367 *Tanör*, S. 96; *von Sax* unterstreicht die praktische Bedeutung des Hatt-ı Hümâyûn: *von Sax*, S. 346.

garantiert.[368] So führte das Handschreiben weiter an, dass alle Diskriminierungen, „welche die Geringschätzung einer Untertanenklasse Unseres erhabenen Reiches wegen ihrer Religion, Sprache oder Nationalität beinhalten", für immer aus öffentlichen Protokollen gestrichen werden müssen.[369] In der Folge wurde der Zugang aller Osmanen zu zivilen und militärischen Einrichtungen von ihrer Befähigung abhängig gemacht und nicht von ihrer religiösen oder ethnischen Herkunft.[370]

Auch die Beleidigung von Privatpersonen und Beamten wurde gesetzlich verboten, und die Reformen gingen weiter. Sie betrafen insbesondere das Justizwesen, die Organisation der Polizei, das Steuerwesen, die allgemeine Wehrpflicht - die nunmehr Nichtmuslime umfasste - und das Bankwesen.[371]

2. Fortsetzung des Säkularisierungsprozesses

Mit dem neuen Erlass erhielt die christliche Bevölkerung sowohl die uneingeschränkte Religionsfreiheit als auch die Möglichkeit, sämtliche Zivilämter bekleiden zu dürfen.[372] Der originäre Text des Erlasses spricht hier von *„her hangi milletten olursa olsun"*[373] (=„von welcher Millet er auch sein mag"). Der ursprüngliche Gebrauch des Begriffs als „Religionsgemeinschaft" wurde an dieser Stelle wieder aufgenommen,[374] um gerade die Gleichstellung aller osmanischen Untertanen hervorzuheben. Die Regelung des Zugangs zu sämtlichen Zivilämtern war von besonderer Wichtigkeit für das Erreichen der gesetzlichen und gesellschaftlichen Gleichstellung, da sie die frühere Abschaffung der Diskriminierung nochmals unterstrich.[375] Damit war die Regelung des Zugangs zu Beamten- und Funktionärsposten unabhängig von der religiösen oder ethnischen Zugehörigkeit des jeweiligen (männlichen) Kandidaten. Dies war ein Kernelement der Tanzimâtreformen. Eine ungleiche Behandlung aufgrund religiöser Unterschiede

---

368 *von Kraelitz-Greifenhorst*, S. 21, 22, Abschnitt 8.

369 *von Kraelitz-Greifenhorst*, S. 21, Abschnitt 7.

370 *von Kraelitz-Greifenhorst*, S. 22, Abschnitt 10.

371 *von Kraelitz-Greifenhorst*, S. 22–27, Abschnitte 7, 10–23.

372 *Matuz*, S. 230.

373 Übersetzung aus *Gümüş*, S 223, (unter Nr. 17); siehe *von Kraelitz-Greifenhorst*, S. 22, Abschnitt 9.

374 Anders und nicht konsequent *Doğanalp-Votzi*; *Römer*, S. 215, 216: Hier wird die Unterscheidung im Sinne von „Nation, Staatsvolk" zu „Nation, Nationalität" gemacht und später in Bezug gesetzt zu „Völker und Religionsgemeinschaften". Das kann aber mit dem Erlass nicht übereinstimmen, da gerade die Überwindung der religiösen Untereinheiten hin zu einem großen Ganzen das Ziel der Reformen war.

375 *Gümüş*, S 223.

sollte aufhören. Dies wurde auch durch die Streichung diskriminierender Sprache aus öffentlichen Dokumenten gewährleistet.[376] Die Säkularisierung des Rechts wurde damit nochmals betont. Da als Adressaten „alle Untertanen“ angesprochen wurden, gab es keinerlei Unterscheidung zwischen den verschiedenen religiösen und ethnischen Gruppen mehr.

Der neue importierte Begriff der „Nation“ aus Europa definierte den Staat anhand seines Territoriums, seiner Sprache, seiner Herkunft, seiner gemeinsamen nationalen Identität und seiner gemeinsamen politischen Loyalität.[377] Der Einfluss der Religion sollte zurückgehen.[378] Das Osmanische Reich suchte – wohl in Anlehnung an das westliche Europa – eine nationale Identität, die es in der Identität der einen osmanischen Nation (er)fand. Der Sultan musste der Wahl und Ernennung der Beamten und Funktionäre zustimmen, wobei Qualifikation und Eignung ausschlaggebend sein sollten und nicht die „Nationalität“ der Untertanen[379] im Sinne von religiöser Zugehörigkeit. Die deutschen und englischen Übersetzungen sprechen von „Nationalität“, nicht von Religionszugehörigkeit.[380] Nicht zu vergessen ist jedoch, dass die Millets sich zunächst aufgrund ihrer Religionszugehörigkeit unterschieden.[381] Eine konsequente Fortführung des Begriffs „Millet“ als „Nation“ ist dem offiziellen Sprachgebrauch des Erlasses nicht zu entnehmen.

Der bis dato nur für Muslime vorgesehene Militärdienst erfasste nun auch die Nichtmuslime, wobei gleichzeitig das Recht auch für Nichtmuslime erhalten blieb, sich freikaufen zu können oder einen „Ersatzmann“ zu stellen.[382] Der Sultan bediente sich des ‚neuen‘ Instruments des Patriotismus, da er das Gefühl der „intimen Bande der Vaterlandsliebe“,[383] vermittelt durch den Militärdienst als Bindeglied zwischen den unterschiedlichen konfessionellen und ethnischen Gruppen im Osmanischen Reich, zu nutzen dachte.

---

376 *von Kraelitz-Greifenhorst*, S. 21, Abschnitt 7.
377 *Vatikiotis*, S. 41.
378 *Vatikiotis*, S. 75.
379 *von Kraelitz-Greifenhorst*, S. 21, Abschnitt 8, S. 22, Abschnitt 9.
380 *von Kraelitz-Greifenhorst*, S. 22, Abschnitt 9; *Kürşat*, S. 601.
381 *Plagemann*, S. 84–86.
382 *von Kraelitz-Greifenhorst*, S. 24, Abschnitt 15; *Matuz*, S. 230: Die Wortwahl von *Matuz*, wonach der „Militärdienst auch für Nichtmuslime zugänglich sein sollte“, ist nicht ganz korrekt, da de jure eine Wehrpflicht für alle eingeführt wurde. Unabhängig davon sind die Karriermöglichkeiten im Militärdienst zu nennen, die nunmehr auch jedem offen standen. Die Aussage von *Matuz* bezieht sich wahrscheinlich auf Letzteres.
383 *von Kraelitz-Greifenhorst*, S. 18, vor Abschnitt 1.

Die Einkünfte und Schenkungen des Klerus wurden rückgängig gemacht und den religiösen Führern ein fixes staatliches Einkommen zugesichert.[384] Die Gleichstellung aller Untertanen bedeutete damit zugleich das Aufbrechen der Strukturen der autonom regierten nichtmuslimischen Religionsgemeinschaften. Diese Regelung sorgte für viel Widerstand seitens des Klerus und war eine hart umkämpfte Bestimmung, da sie die Abhängigkeit des nichtmuslimischen Klerus vom Osmanischen Reich bedeutete.[385] Die Angehörigen des Klerus wurden dadurch ungewollt zu osmanischen Staatsbeamten gemacht.[386] Das bedeutet einerseits das Ende der Millet-Strukturen und eine Säkularisierung des Rechts. Andererseits wurden kirchliche Privilegien und Immunitäten der nichtmuslimischen Religionsgemeinschaften bestätigt,[387] und genauer: Sie wurden im Bestreben der gesellschaftlichen und rechtlichen Egalisierung „durchgesehen und geprüft", wobei die Religionsgemeinschaften sich hierzu versammeln und beraten sollten.[388] Diese Regelung legte damit das Repräsentationsprinzip fest.[389] Jede Religionsgemeinschaft sollte zudem das Recht haben, öffentliche Schulen für Wissenschaften, Künste und Gewerbe zu gründen.[390] Die generelle Linie der Säkularisierung kam auch dadurch zum Ausdruck, dass das Handschreiben von 1856, anders als im Jahr 1839, keine Hinweise auf das Heilige Buch oder die alten Gesetze enthielt.[391]

Ausländern wurde im Rahmen der gesetzlichen Gleichstellung von Muslimen und Nichtmuslimen das Recht zugesprochen, Immobilienbesitz zu erwerben, wenn sie die osmanischen Gesetze und die ortspolizeilichen Vorschriften befolgten und dieselben Steuern zahlten wie die originäre Bevölkerung.[392] Die

---

384 Siehe Text des Erlasses unter Abschnitt 4 in: *von Kraelitz-Greifenhorst*, S. 20.

385 *Gümüş*, S 221; siehe auch *Davison*, Christian-Muslim Equality in the Nineteenth Century, S. 854; *Engelhardt*, La Turquie et le Tanzimât, Seconde Partie (1854–1867), S. 141, 142.

386 *Gümüş*, S. 221.

387 *von Kraelitz-Greifenhorst*, S. 19, Abschnitt 2.

388 *von Kraelitz-Greifenhorst*, S. 19, Abschnitt 3.

389 *Gümüş*, S 220. *Gümüş* bezieht sich in seiner Kommentierung des Hatt-ı Hümâyûn auf den in das Französische übersetzten Text von *Bianchi*, Khaththy Humaion Ou Charte Impériale Ottomane Du 18 Février 1856. Grundlage des hiesigen Textverständnisses ist der übersetzte Text von *von Kraelitz-Greifenhorst*, S. 17–27.

390 *von Kraelitz-Greifenhorst*, S. 22, Abschnitt 10.

391 *Kürşat*, S. 151.

392 *von Kraelitz-Greifenhorst*, S. 25, Abschnitt 17 spricht von der „eingeborenen Bevölkerung"; der französische Text des Handschreibens von 1856 in: *Young*, S. 3–9, hier Abschnitt 18, mit Verweis auf die offizielle Gesetzessammlung: Düstur, vol. I, S. 7 spricht von „les indigènes" und meint damit wohl – aufgrund eines bis dahin

Meerengen wurden für den freien Handel geöffnet.[393] Das Handschreiben hatte damit offensichtlich auch ein außenpolitisches Element.

Das Handschreiben reformierte daneben die Inhalte der Verwaltungsprotokolle. Alle Termini, Worte und Unterscheidungen, welche die Geringschätzung einer Untertanenklasse wegen ihrer Religion, Sprache oder Nationalität ausdrückten, mussten gestrichen werden.[394] Dass das Osmanische Reich die Gleichstellung ernst nahm, zeigt sich auch bei der Besetzung des (obersten) Justizrates – der bereits mit dem Erlass von 1839 als Beratungsorgan zur Umsetzung der Tanzimâtreformen eingesetzt wurde.[395] Von nun an konnte je ein Delegierter aus jeder Religionsgemeinschaft an den Verhandlungen des obersten Justizrates in Angelegenheiten, die das Interesse aller Untertanen berührten, teilnehmen.[396] Schließlich brachte das Hatt-ı Hümâyûn unter anderem das Versprechen zur Selbstkontrolle des jährlichen Staatshaushalts mit sich.[397]

Das Hatt-ı Hümâyûn setzte die Säkularisierung des Rechts in der Tanzimât-Ära fort und festigte sie damit. Richtigerweise kann nicht von einer deutlichen Änderung der Lebens-umstände auf den Reformgebieten gesprochen werden, wie von *Engelhardt* 1882 meinte: «Il démontre que si le Hatti-Humayoun de 1856 a été réellement appliqué dans celles de ses clauses concernant la tolerance religieuse et le maintien des privileges partiellement révisés des differentes communautés non-musulmans, il n'a pas sensiblement modifié les conditions sociales de l'Empire dans le domaine civil et politique.»[398] Vielmehr hatte das Handschreiben aus heutiger Sicht doch verfassungsrechtlichen Charakter, ohne eine vollständige Verfassung zu sein, da es für die neue und wichtige Rechtsgestaltung eine rechtliche Grundlage bildete.[399] Dies erscheint deshalb richtig, da mit dem Hatt-ı Hümâyûn nochmals die Selbstbeschränkung des Herrschers und die Gleichstellung der Nichtmuslime mit den Muslimen für weite Lebensbereiche geregelt wurde.

Das Handschreiben legte nicht nur den Status quo abermals fest, sondern förderte das Fortschreiten der rechtlichen Entwicklung und legte den Grundstein

fehlenden allgemeinen Staatsangehörigkeitsgesetzes, welches später veröffentlicht wurde – die Bürger des Osmanischen Reiches. Zum Staatsangehörigkeitsrecht ausführlicher: *Serbestoğlu*, S. 193–214.

393 Vgl. *Matuz*, S. 230.

394 *von Kraelitz-Greifenhorst*, S. 21, Abschnitt 7.

395 *von Kraelitz-Greifenhorst*, S. 14, 15.

396 *von Kraelitz-Greifenhorst*, S. 26, Abschnitt 21.

397 *Kürşat*, S. 151.

398 *Engelhardt*, La Turquie et le Tanzimât, Seconde Partie (1854–1867), S. 253.

399 *Gümüş*, S. 235.

für die kommende erste osmanische Verfassung. Die Kernelemente eines weltlichen Staates, die Bindung der nichtmuslimischen und muslimischen Osmanen an die Nation, der Schutz des Eigentums und Lebens, die Religionsfreiheit und die Gleichstellung vor dem Gesetz wurden feste Bestandteile der öffentlichen Ordnung des Osmanischen Reiches.

III. Zusammenfassung und Ergebnis

Die Erlasse von 1839 und 1856 stellten Katalysatoren der Rechtsentwicklung im Osmanischen Reich dar, da sie der Entstehung der Verfassung den entscheidenden Impetus gaben.[400] Im formellen Sinn waren die sogenannte Handschreiben bzw. Erlasse keine Verfassungstexte und garantierten keine verfassungsrechtlich einklagbaren Rechte.[401] Gleichwohl spielten das Hatt-ı Şerif-î von 1839 und das Hatt-ı Hümâyûn von 1856 eine bedeutende Rolle in der Verfassungs- bzw. Grundgesetzentwicklung des Osmanischen Reiches, zumal sie als ein Versprechen der späteren Grundgesetzgebung angesehen wurden.[402]

Die gesamten Reformen führten zu einer Gleichstellung von Nichtmuslimen und Muslimen im Reich, wobei auch ein neues Justizsystem eingeführt und das Steuersystem verändert wurde.[403] Eine weitere Neuerung war die Einführung einer allgemeinen Dienstpflicht in der Armee.[404] Es handelte sich somit um eine umfassende Modernisierung der Regierung, der Verwaltung, des Militärwesens, der Justiz und der Wirtschaft.[405] Die Reformen wälzten die osmanische Gesellschaft um, da aus der Sicht der herrschenden Schicht des Osmanischen Reiches dieses auf vier Säulen beruhte, nämlich auf der muslimischen Millet („Millet-i islamiyye"), dem türkischen Staat („devlet-i türkiyye"), der osmanischen Dynastie („salâtin-i osmaniyye") und dem Herrschaftszentrum Istanbul („pâyitaht-i Istanbul").[406]

---

400 *Mumcu*, S. 38.

401 *Üçok*; *Mumcu*; *Bozkurt*, S. 333, 335, 337; *Rumpf*, Rezeption und Verfassungsordnung, Beispiel Türkei, S. 7.

402 *Rumpf*, Rezeption und Verfassungsordnung, Beispiel Türkei, S. 7; *Gümüş*, S. 219.

403 *Matuz*, S. 225.

404 *Matuz*, S. 225.

405 *Matuz*, S. 225, 226, 230.

406 *Kürşat*, S. 156.

Dieses Selbstverständnis wurde durch die genannten Reformen erheblich verändert.[407] Zwei Rechtswelten, die aus unterschiedlichen Quellen schöpften, prallten in der Tanzimât-Ära aufeinander. Für einen objektiven Betrachter konnte in der Sprache der sultanischen Erlasse und in den darin enthaltenen Versprechungen ein großes Verfassungspotenzial gesehen werden. Der Reformprozess war in Gang gebracht worden, wobei aber die alte religiöse Rechtsordnung und das neue säkulare Rechtsverständnis nebeneinander existierten.

---

407 *Kürşat*, S. 156.

Sechstes Kapitel: Die erste osmanische Verfassung vom 23. Dezember 1876

Das osmanische Grundgesetz[408] vom 23. Dezember 1876 enthielt Bestimmungen zur Territorialität des Osmanischen Reiches, zum Staatsorganisationsrecht, zur Regelung der Beziehungen zwischen Bürger und Staat im Sinne eines Über-/Unterordnungs-verhältnisses („Subordination") und zu den Grundrechten der Osmanen. Da dieses Grundgesetz von Sultan *Abdül-Hamid II.* dem Volke oktroyiert wurde, wird es als Beginn der „ersten konstitutionellen Monarchie" betrachtet.[409] Bis zu diesem Datum hatte nur Tunesien eine Verfassung (1861), die aber schon 1881 wieder aufgehoben wurde.[410]

I. Das neue und kurzlebige Verfassungsrecht: 23. Dezember 1876 bis 14. Februar 1878

Die Entstehung des osmanischen Grundgesetzes ist in Zusammenhang mit der Großmächte-Konferenz von 1876 und dem Staatsbankrott vom 1. April 1876 zu sehen, deren Anlass die Balkankrise war, in der England, Frankreich und Russland immer mehr und drängendere Forderungen an das Osmanische Reich stellten.[411] So gesehen erfüllte das Verfassungswerk mehrere Zwecke: Die osmanische

---

408 Artikelangaben ohne Bezeichnung in diesem Abschnitt sind die des osmanischen Grundgesetzes. Alternative Benennungen sind: „Verfassung", „Verfassungswerk", „Konstitution" und „Staatsgrundgesetz". Die zugrunde gelegten Übersetzungen des osmanischen Grundgesetzes sind die von *Ernst E. Hirsch* (Die Verfassung der Türkischen Republik) und *von Kraelitz-Greifenhorst* (Verfassungsgesetze), teilweise mit Abwandlungen oder eigenen Übersetzungen.

409 *Abadan*, S. 357: *Abadan* bezieht sich hier auf die türkische politische und juristische Literatur; vgl. auch *Kılıç*, 1876, S. 557; a.A. *Gözler*, der zumindest feststellt, dass aufgrund der Machtbegrenzung des Sultans nicht mehr von einer „Monarchie" zu sprechen ist, jedoch der Wertung der „konstitutionellen Monarchie" nicht zugeneigt ist, in: *Gözler*, Türk Anayasa Hukuku Dersleri (2007), S. 22, 23; *Tanör*, S. 149 spricht von einer „halb-konstitutionellen Monarchie".

410 *Zaffi*, S. 149: *Zaffi* spricht davon, dass *„noch nie ein islamischer Staat außer dem Koran ein Grundgesetz besessen habe"*: zum einen wird es unterschiedlich gesehen, ob der Koran eine Verfassung darstellt oder nicht, und zum anderen führte Tunesien 1861 eine Verfassung ein, die 1881 aufgrund der Errichtung als französisches Protektorat aufgehoben wurde: so *Kreiser*, S. 41.

411 *Matuz*, S. 235; *Neugebauer*, S. 158.

Verfassung sollte den Expansionsdrang der Großmächte England, Österreich, Russland und Frankreich durch die Realisierung der geforderten Reformen stoppen und damit inneren und äußeren Feinden Einhalt gebieten.[412] Die Verkündung des osmanischen Grundgesetzes stellte insoweit zumindest auch eine „diplomatische Waffe" dar.[413]

Das osmanische Grundgesetz wurde durch Sultan *Abdül-Hamid II.* als „Oktroi" erlassen und seinen Untertanen auferlegt.[414] Diese Verfassung sah auch die Einberufung eines aus zwei Kammern bestehenden Parlamentes vor (nach Artikel 42 und Artikel 43). Die Eröffnung des Parlamentes erfolgte am 19. / 20. März 1877[415] durch den Sultan gemäß Artikel 43–45 der osmanischen Verfassung. Im ersten Parlamentsjahr fanden 56 Sitzungen statt, bis das Parlament von Sultan *Abdül-Hamid II.* am 28. Juni 1877 geschlossen wurde.[416] Nach den Wahlen 1877 kam das wiedergewählte Parlament am 13. Dezember 1877 zusammen und wurde nach 29 Sitzungen vom Sultan am 14. Februar 1878 „beurlaubt".[417] Das Verfassungswerk des Osmanischen Reiches scheiterte schließlich an der fehlenden Akzeptanz dieses Sultans, der nur ein Jahr nach dem ersten Zusammentritt des Parlaments darauf verzichtete, die Parlamentarier für das zweite Gesetzgebungsjahr zusammenzurufen.[418] Insbesondere die Kritik einiger Parlamentarier an der Kriegsführung des Sultans – das Osmanische Reich befand sich mitten im Krieg mit dem

Russischen Zarenreich – führte zu besagter „Beurlaubung" des Parlamentes.[419] Sultan *Abdül-Hamid II.* vermied durch die offizielle Beurlaubung des Parlamentes anstelle der möglichen Auflösung desselben nach Artikel 73 und Artikel 7 der osmanischen Verfassung den Zusammentritt „eines neugewählten Parlamentes

---

412 *Majoros*; *Rill*, S. 342; *Kürşat*, S. 34.

413 *Davison*, Ottoman Empire, S. 361; *Davison*, The Impact of the West, S. 116.

414 *Abadan*, S. 358; Nach *Clogg* wurde die Verfassung von den Griechen mit wildem Enthusiasmus ("[…] *whose original proclamation in 1876 had also been greeted with wild enthusiasm by the Greeks.*") begrüßt: *Clogg*, S. 199.

415 *Akşin*, Birinci Meşrutiyet (I), S. 21; *Gözler*, Türk Anayasa Hukuku Dersleri (2007), S. 23.

416 *Gözler*, Türk Anayasa Hukuku Dersleri (2007), S. 23.

417 *Plagemann*, S. 95; *Gözler*, Türk Anayasa Hukuku Dersleri (2007), S. 23; *Tunaya*, S. 123; Artikel 43 sah vor, dass das Parlament (beide Kammern) am Beginn des Monats November zusammentritt und zu Beginn des Monats März geschlossen wird, jeweils durch einen sultanischen Erlass.

418 *Abadan*, S. 358.

419 *Fortna*, S. 46.

spätestens sechs Monate nach der Auflösung".[420] Die Verfassung regelte nämlich nicht, was bei einer Beurlaubung des Parlaments zu geschehen habe. Eine Bedingung, wie nach Artikel 73 i.V.m Artikel 7, die bei einer Parlamentsauflösung zwingend Neuwahlen innerhalb eines bestimmten Zeitraums vorsieht, bestand demnach nicht. Die Minderheiten kehrten in das bekannte und vertraute System der Millets zurück.[421] Eine politische Kraft zur Fortsetzung der Reformen gab es entweder nicht oder sie war nicht stark genug, um die Tanzimât-Ära mit ihren Inhalten erfolgreich fortzuführen. Eine Phase absolutistischer Herrschaft des Sultans folgte.[422] *Otto Mayers* grundsätzliche Feststellung: „Verfassungsrecht vergeht, Verwaltungsrecht besteht" war hier ausnahmsweise zutreffend.[423]

II. Zusammensetzung und Motive der Verfassungskommission

Die osmanische Verfassung trug – wie bereits beschrieben – zum großen Teil die Handschrift des Vorsitzenden der Verfassungskommission, *Midhat Paşa*.[424]

Eine sultanische Verfügung sah die Einrichtung einer solchen Verfassungskommission vor, in der sich unter der Führung von *Midhat Paşa* Religionsgelehrte (sogenannte Ulema), Zivilbeamte, Armeegeneräle und Intellektuelle (aufgeschlossene und konservative, sowohl Muslime als auch Christen) einfanden.[425] Diese Kommission bestand zunächst aus 28 Mitgliedern: 16 Mitglieder waren Zivilbeamte, zehn Religionsgelehrte und zwei Generäle der Armee.[426] Sechs der Mitglieder waren Christen, die wichtige Posten innehatten.[427] Eine andere Quelle geht von 37 Mitgliedern aus.[428] Die Kommission, die am 08. Oktober 1876 gebildet wurde, vergrößerte sich demnach.[429] Arbeitsgrundlagen in Form von Verfassungsentwürfen

---

420 Artikel 73 des Grundgesetzes aus *Ernst E. Hirsch*, Die Verfassung der Türkischen Republik, S. 201; *Abadan*, S. 358.

421 *Zaffi*, S. 151; *Davison*, Ottoman Empire, S. 388: spricht von der Beendigung des Millet-Systems durch die Verkündung der Verfassung.

422 *Matuz*, S. 240.

423 *Mayer*, Deutsches Verwaltungsrecht (I), Vorwort zur 3. Auflage (1924).

424 *Bozkurt*, Ottoman Legal System, S. 120, in: Osmanlı Tarihi; *Majoros*; *Rill*, S. 342; *Matuz*, S. 236; *Devereux*, S. 15, S. 21 folgende, S. 47. Auch andere Verfassungsansichten und Entwürfe lagen vor, die später hier im Text angeführt und kurz dargestellt werden.

425 *Kürşat*, S. 274; *Devereux*, S. 46–48.

426 *Devereux*, S. 47–48; *Shaw*; *Shaw*, S. 174.

427 *Davison*, Ottoman Empire, S. 369–370.

428 *Kılıç*, 1876, S. 567–568.

429 *Kılıç*, 1876, S. 567–568.

lagen bereits vor.[430] Neben dem Entwurf von *Midhat Paşa* gab es Entwürfe von *Sait* (*Said*) *Paşa* und *Süleyman Paşa*, die voneinander abwichen.[431] Eine umfassende Untersuchung dieser Textentwürfe erscheint an diesem Punkt wenig sinnvoll, da sie sich letztlich nicht durchgesetzt haben, dennoch sollen die wichtigsten Unterschiede kurz dargestellt werden, um die Motive der Verfasser des ersten osmanischen Grundgesetzes zu verdeutlichen.

Der ursprüngliche Verfassungsentwurf von *Midhat Paşa* umfasste 59 Artikel, wobei nicht ersichtlich ist, ob und inwieweit dieser sich von anderen Verfassungen hatte inspirieren lassen.[432] *Sait Paşa* wiederum konzipierte eine Verfassung nach dem französischen Modell.[433] Der Entwurf von *Süleyman Paşa* umfasste 45 Artikel.[434] Der Verfassungsentwurf von *Sait Paşa* galt als vollständiger und besser ausgearbeitet als der von *Midhat Paşa* und als besser organisiert als der Entwurf von *Süleyman Paşa*.[435] Jeder legte einen anderen Schwerpunkt, der insbesondere im jeweiligen ersten Artikel hervortrat.[436] Der Entwurf von *Süleyman Paşa* legte den Akzent auf die Konstitution und die Unabhängigkeit des Osmanischen Reiches.[437] Für *Sait Paşa* hatte die Macht des Sultans Priorität. Sie wurde deshalb an erster Stelle genannt.[438] *Midhat Paşa* wiederum legte besonders Wert auf die Integrität des Osmanischen Reiches und die Unverletzlichkeit seiner Grenzen.[439] Einer der Kernpunkte im Entwurf von *Midhat Paşa* war die Abschaffung des Postens des Großwesirs und die gleichzeitige Einführung des Amtes eines Premierministers, um die Verantwortlichkeit und Bindung zum Sultan zu lösen und eine Verantwortlichkeit und Bindung gegenüber dem Parlament zu schaffen.[440] Das bedeutet, dass sich einige der Schöpfer des Verfassungswerkes intensiv mit einer tiefgreifenden Veränderung, sogar Umwälzung der osmanischen Rechtswelt auseinandergesetzt haben. Die Schaffung eines solchen Postens

---

430 *Davison*, Ottoman Empire, S. 370.

431 *Kılıç*, 1876, S. 557 folgende; *Davison*, Ottoman Empire, S. 370–371.

432 *Kılıç*, 1876, S. 559; *Safrastyan*, S. 160, 161.

433 *Kılıç* nennt die Französischen Verfassungen vom 4. November 1848 und vom 14. Januar 1858, wobei letztere nicht existiert; *Kılıç*, 1876, S. 560; *Davison*, Ottoman Empire, S. 370; *Karal*, Osmanlı Tarihi, S. 219.

434 *Kılıç*, 1876, S. 563.

435 *Davison*, Ottoman Empire, S. 370–371.

436 *Davison*, Ottoman Empire, S. 371.

437 *Davison*, Ottoman Empire, S. 371.

438 *Davison*, Ottoman Empire, S. 371.

439 *Davison*, Ottoman Empire, S. 371.

440 *Devereux*, S. 67; *Davison*, Ottoman Empire, S. 364; *Karakoç*, S. 131; *Karal*, Osmanlı Tarihi, S. 218.

und die Ministerverantwortlichkeit allein gegenüber dem Parlament hätte zu einem tatsächlich anderen osmanischen Staat geführt, worin der Absolutismus definitiv eine stärkere Beschränkung erfahren hätte.

Liberale oder liberalere Verfassungsideen, wie zum Beispiel die von *Midhat Paşa*, wurden letztlich vom Sultan abgelehnt. Trotz demokratischer und säkularer Elemente, die in der Verfassung beibehalten wurden, stand hinter der Verfassung kein eigener Volkswille mit breiter Mehrheit. Anders ausgedrückt: Für die politische und gesellschaftliche Reife der osmanischen Bevölkerung für eine Verfassung nach westlichem Muster engagierte sich keine hinreichend starke gesellschaftliche Gruppe. Konsequenteres und demokratisches Verfassungsdenken, wie durch die Person von *Midhat Paşa* verkörpert, wurde – wie dieser selbst – aus dem Gebiet des Osmanischen Reiches verbannt.

III. Staatsrechtsbestimmungen, Verfassungsaufbau und Wesensmerkmale – ambivalente Strukturen

Das erste Verfassungswerk des Osmanischen Reiches hat 119 Artikel und unterteilt sich in die nachfolgend angeführten 12 Abschnitte:

1. Das Osmanische Reich: „Memaliki Devleti Osmaniye“ (Artikel 1–7)
2. Die allgemeinen Rechte der osmanischen Untertanen: „Tebaai Devleti Osmaniyenin Hukuku Umumiyesi“ (Artikel 8–26)
3. Die Staatsminister/Staatsbeamten: „Vükelâyı Devlet“ (Artikel 27–38)
4. Die Beamten: „Memurin“ (Artikel 39–41)
5. Das Parlament: „Meclisi Umumî“ (Artikel 42–59)
6. Der Senat: „Heyeti Âyan“ (Artikel 60–64)
7. Das Abgeordnetenhaus: „Heyeti Mebusan“ (Artikel 65–80)
8. Die Gerichte: „Mehakim“ (Artikel 81–91)
9. Der Hohe Gerichtshof: „Divanı Âli“ (Artikel 92–95)
10. Die Finanzen: „Umuru Maliye“ (Artikel 96–107)
11. Die Provinzen: „Vilâyat“ (Artikel 108–112)
12. Verschiedene Bestimmungen: „Mevaddı Şetta“ (Artikel 113–119).

Eine weitere Unterteilung in Titel, Kapitel, Abteilungen liegt nicht vor. Weitere Überschriften sind ebenfalls nicht vorhanden.

Die Aufteilung der osmanischen Verfassung ähnelt der belgischen Verfassung aus dem Jahre 1831. Insbesondere ist der Aufbau durch die Osmanen nachgeahmt worden. „Erster Titel“ und „Zweiter Titel“ der belgischen Verfassung sind entsprechend auf die osmanische Verfassung angewandt worden. Der „Dritte Titel“ der belgischen Verfassung, der „Von den Gewalten“ handelte und in dem sich das Gewaltenteilungsprinzip manifestierte, fand sich nicht im osmanischen Grundgesetz. Mit dieser Ausnahme und mit der, dass in der Verfassung des Königreichs Belgien im Dritten Teil nach der Darstellung des Gewaltenteilungsprinzips direkt die Kammern aufgeführt werden, und zwar zunächst die Repräsentanten des Volkes und im Anschluss der Senat, weist das osmanische Grundgesetz im Aufbau eine gewisse Übereinstimmung mit der Verfassung des Königreichs Belgien auf. Insbesondere die Aufteilung der Kammern (Belgien) bzw. des Parlamentes (Osmanisches Reich) in zwei getrennte Einheiten wird auch vom osmanischen Grundgesetz geregelt. Signifikant ist, dass die Verfassung des Königreichs Belgien gerade aufgrund des darin verankerten Gewaltenteilungsprinzips zunächst die Kammer der Volksvertreter und der Repräsentanten im Verfassungstext abhandelte und damit deren immanente Bedeutung unterstrich.[441] Im osmanischen Grundgesetz hingegen findet der Verfassungsabschnitt über das Abgeordnetenhaus weit hinter dem jeweiligen Abschnitt über „die Staatsminister", „die Beamten", „das Parlament" und „den Senat" Platz. Daran ist eine Abwertung des Parlaments gegenüber dem Sultan zu erkennen. Der osmanische Verfassungstext beginnt mit den Regelungen zum Osmanischen Reich, seinem Sultan, seinen weltlichen Ministern und seinem religiösen Minister sowie seinen weiteren Beamten. Erst später finden sich Bestimmungen zum Parlament, und zwar zunächst zum Senat als erster Kammer und im Anschluss zum Abgeordnetenhaus als zweiter Kammer.

Die preußische Verfassungsurkunde besteht, wohl zufällig, wie die osmanische Verfassung aus 119 Artikeln. Die Unterteilung ist nicht so präzise wie im belgischen Verfassungsdokument. Der preußischen Verfassung von 1850 liegt lediglich eine Untergliederung in Titel zugrunde, und zwar besteht sie aus neun Titeln, einer Einleitung und den sogenannten „Allgemeinen Bestimmungen". Dennoch existiert zwischen der belgischen und der preußischen Verfassung eine ähnliche Gewichtung und Reihenfolge, da der Großteil der Bestimmungen in der preußischen Verfassung[442] der belgischen Verfassung[443] der Einteilung nach entsprach.[444]

441 In diesem Sinne auch *Smend*, S. 26, 27.

442 Titel II: Von den Rechten der Preußen, Titel III: Vom Könige, Titel IV: Von den Ministern, Titel V: Von den Kammern, Titel VI: Von der richterlichen Gewalt und Titel VII: Von den nicht zum Richterstande gehörigen Staatsbeamten.

443 Zweiter Titel („Des Belges et de leurs droits" = Von den Belgiern und ihren Rechten, Artikel 4–24) und im Dritten Titel („Des pouvoirs" = Von den Gewalten, Artikel 25–109).

444 *Smend*, S. 9–10: hierbei geht es lediglich um die „Stoffverteilung" und nicht um das „Wertverhältnis" nach *Smend*, S. 10.

Wie in den meisten europäischen Verfassungen eröffnen die Bestimmungen zur Staatsorganisation (Artikel 1 bis 7)[445] im Teil „Das Osmanische Reich" den osmanischen Verfassungstext. Zunächst legt Artikel 1 die territoriale Integrität des Osmanischen Reiches fest. Es wird bestimmt, aus welchen derzeitigen Ländern, Gebieten und Provinzen das Osmanische Reich bestand, und dass das Reich ein einheitliches Ganzes sei, das niemals, aus welchem Grund auch immer, getrennt werden dürfe.[446] Das Konzept der territorialen und der nationalen Einheit besteht bis heute.[447] Insbesondere Artikel 1[448] spielte eine große Rolle zur Erhaltung der Unabhängigkeit und Integrität des Osmanischen Reiches,[449] da gerade die Schwächung des Osmanischen Reiches durch Kriege, Aufstände, innere Unruhen und separatistische Tendenzen fortschritt.[450] Adressaten des inhaltlich ausdrucksstarken Artikels 1 waren demnach die inneren und äußeren Feinde des Osmanischen Reiches.[451] Ferner wird gemäß Artikel 2[452] *Konstantinopel* (bzw. *Istanbul*)[453] als Hauptstadt bestätigt. Die Regelungen in der belgischen und der preußischen Verfassung sind entsprechend den Herrschaftsverhältnissen in diesen Königreichen in ihrem Sinngehalt, der territorialen Integrität, ähnlich ausgestaltet. Als Konsequenz der bundesstaatlichen Struktur des Deutschen Reiches führte die Reichsverfassung von 1871 in Artikel 1 detailliert das Bundesgebiet, bestehend aus 25 Landesgebieten, auf.

Die osmanische Verfassung enthält keine staatsrechtlichen Regelungen über eine gemeinsame Flagge, ein gemeinsames Banner, eine gemeinsame Hymne oder etwa über einen gemeinsamen Nationalfeiertag aller Osmanen, um die Bindung der Individuen an den Staat zu bekräftigen. Die Verfassung des Königreichs Belgien wiederum sah in ihrem Artikel 125 vor, dass die Nationalfarben rot, gelb und

445 Artikel ohne Gesetzesangabe sind solche der Osmanischen Verfassung vom 23.12.1876.

446 Übersetzung aus *Hirsch*, Die Verfassung der Türkischen Republik, S. 195; *Bayır*, S. 34.

447 *Bayır*, S. 34.

448 Artikel 1: *Das Osmanische Reich besteht aus seinen derzeitigen Ländern und Gebieten sowie den privilegierten Provinzen. Diese bilden ein einheitliches Ganzes und können niemals und aus keinem Grunde geteilt werden*, aus: *von Kraelitz-Greifenhorst*, S. 31.

449 *Kürşat*, S. 276; *Davison*, Ottoman Empire, S. 386.

450 *Matuz*, S. 232–235.

451 Vgl. *Kürşat*, S. 276.

452 Artikel 2: *Die Hauptstadt des Osmanischen Reiches ist die Stadt Konstantinopel. Diese Stadt besitzt keinerlei von den übrigen osmanischen Städten verschiedene Privilegien und Immunitäten.* S. 1 aus: *Hirsch*, Die Verfassung der Türkischen Republik, S. 195 und S. 2 aus: *von Kraelitz-Greifenhorst*, S. 31.

453 Bei *Gözübüyük*; *Kili*, Md. 2, S. 27 als „*Istanbul*" benannt.

schwarz seien und das Reichswappen den belgischen Löwen mit der Inschrift «l'union fait la force» tragen solle.[454] Das Reichswappen und das Wappen der Dynastie wichen voneinander ab.[455] Doch auch die Verfassungen Preußens und des Deutschen Reiches hatten keine vergleichbaren Vorschriften, wobei in § 2 der Verfassung des Deutschen Reiches auf die Flaggenbestimmung der Verfassung des Norddeutschen Bundes vom 16. April 1867[456] gemäß Artikel 55 („Die Flagge der Kriegs- und Handelsmarine ist schwarz-weiß-roth.") Bezug genommen wurde. Die osmanische Führung ging nicht über die bekannten verfassungsrechtlichen "Standards" ihrer Zeit hinaus und folgte insoweit auch nicht der belgischen Verfassung. Ob dies aus Zeitgründen (Präsentation und Verkündung einer funktionierenden Verfassung nach außen und innen) oder aus Gründen der Staatsräson geschah, bleibt fraglich.

Artikel 11 S. 1 der osmanischen Verfassung besagt, der Islam sei die Religion des Osmanischen Reiches. Artikel 11 S. 1 steht zwar im Grundrechtsteil der osmanischen Verfassung, und im Anschluss an ihn wurde die Religionsfreiheit niedergeschrieben (Artikel 11 S. 2), aber systemisch wäre Artikel 11 S. 1 in den Teil über „das Osmanische Reich" einzuordnen gewesen. Die Staatsreligion stellte nämlich ein wichtiges Charakteristikum des Osmanischen Staates dar. Eine solche Bestimmung war im verfassungsrechtlichen Gefüge, wo jedem die Religionsfreiheit zugesprochen wurde, ein nicht passendes Element, das der Säkularisierung des Verfassungsrechts entgegenstand.

Weder die Verfassung des Königreichs Belgien vom 07. Februar 1831 noch die preußische Verfassung vom 31. Januar 1850 enthielten einen vergleichbaren Parallelismus von Staatsreligion einerseits und Religionsfreiheit andererseits, zumal letztere noch unter dem Vorbehalt der „öffentlichen Ordnung" und der „guten Sitten" stand (Artikel 11 S. 2).[457] Der Grund, warum das religiöse Bekenntnis Eingang

---

454 Artikel 125 spricht von Nation und meint damit die Nationalfarben: *La Nation belge adopte les couleurs rouge, jaune et noire, et pour armes du Royaume le Lion belgique avec la légende : L'UNION FAIT LA FORCE.* Die Übersetzung bei *Gosewinkel*; *Masing* lautet auch "Nation": a.a.O., Verfassungen, Artikel 125 der Verfassung v. 7.2.1831, S. 1321.

455 *Smend*, S. 17.

456 BGBl. 1867 S. 2.

457 Artikel 11 S. 2: *Unter Wahrung dieses Grundsatzes steht die freie Ausübung aller in den osmanischen Ländern anerkannten Religionen, soweit sie nicht gegen die öffentliche Ordnung und die guten Sitten verstoßen, sowie die unveränderte Fortdauer der den verschiedenen Glaubensgemeinschaften gewährten Religionsprivilegien unter dem Schutz des Staates* aus *Hirsch*, Die Verfassung der Türkischen Republik, S. 196.

in die osmanische Verfassung gefunden hat, war aus damaliger Sicht bereits im Handschreiben von Gülhane im Jahre 1839 benannt worden. Es war die Annahme, dass es dem Osmanischen Reich schlecht gehe, weil man in der Vergangenheit davon abgelassen habe, die erhabenen Vorschriften der Şeriat- und Kanungesetze zu befolgen.[458]

Engelhardt schrieb 1882, und damit etwa vier Jahre nach dem faktischen Ende der ersten osmanischen Verfassung, die Religion habe die Isolierung des Osmanischen Reiches herbeigeführt, wobei er dies wie folgt ausdrückte: « Le *Tanzimat* avait pour but general de rapprocher la société musulmane de sociétés chrétiennes dont elle était moralement et politiquement séparée depuis des siècles et il ne pouvait exister aucun doute sur la nature particulière des difficultés qu'offrait une pareile entreprise. La religion était, de toute évidence, la vraie cause de l'isolement qui lassait encore l'Empire de Osmanlis au point où l'avait trouvé le moyen âge et dans lequel, s'affaissant de jour en jour, il devait s'ensevelir. »[459]

Die Staatsorganisation des Osmanischen Reiches enthielt säkulare und religiöse Elemente zugleich. Die religiöse Identität war ein wesentlicher Charakterzug, der das Osmanische Reich begründet und groß gemacht hatte und – bisher – ein Identitätspol der muslimischen Millet gewesen war. Diese Identität wurde nicht aufgegeben, sondern bewahrt. *Adanır* stellte bereits fest, dass „eine politische Modernisierung im westlichen Sinne" erfolgte, „ohne jedoch [...] eine Verwestlichung" um jeden Preis zu erzielen.[460] Die widerstreitenden Elemente der Verfassung machten ihre Ambivalenz aus, und damit auch den durchweg darin zu findenden Widerstreit zwischen Religiosität und Säkularität, zwischen Religiosität und Konstitutionalismus im Osmanischen Reich.

Tanör konstatiert in allen Lebensbereichen eine generelle Widersprüchlichkeit als ein Wesensmerkmal der Tanzimât-Ära, nicht nur auf dem Gebiet des Rechts, sondern auch auf den politischen und sozio-ökonomischen Gebieten.[461] Darin erkennt er eine westliche Kolonialisierung („Batı'nın sömürgesi") oder Halb-Kolonialisierung („yarı sömürgelemeşmeyi") und damit eine bestehende starke Abhängigkeit des Osmanischen Reiches vom Westen, von der im Ganzen die „Minderheiten und Tanzimat-Paşas" profitieren konnten.[462] Das Osmanische Reich war keine Kolonie, denn eine Kolonie stellt „ein durch Invasion neu geschaffenes politisches Gebilde", dar, das eine dauerhafte Abhängigkeit zu einem

458 *Karakoç*, S. 119.

459 *Engelhardt*, La Turquie et le Tanzimât, Première Partie (1826–1853), S. 3.

460 *Adanır*, S. 124.

461 *Tanör*, S. (117 folgende), insbesondere S. 120 m.w.N.

462 *Tanör*, S. (117 folgende), insbesondere S. 120 m.w.N.

anderen Land aufweist.[463] Von solch einer starken Abhängigkeit kann aber beim Osmanischen Reich nicht ausgegangen werden. In der gesamten Tanzimâtbewegung eine Kolonialisierung durch die tonangebenden westlichen Mächte zu sehen, von der hauptsächlich eine Minderheit profitiert habe,[464] mag allenfalls einen kleinen Teil des Mosaiks darstellen und gerade diese Widersprüchlichkeit ausmachen, von der *Tanör* spricht.

Aus der Tanzimât-Ära eine Kolonialgeschichte des sogenannten Westens zu machen, die ihren Ausdruck in der Verfassung gefunden habe, ist irreführend, weil es den Begriff „Kolonialismus“ überdehnt. Die Einsicht zu wesentlichen Änderungen im Staat stellt – trotz des äußeren Drucks – nicht zwangsläufig eine (Halb) Kolonialisierung dar. Die Verfassungsgeber hatten durchaus Entscheidungsspielräume. Die Protagonisten und Akteure der Tanzimât waren keine Randfiguren. Ihre Reformen erfolgten gerade, um dauerhaft einer Abhängigkeit zu entgehen und den Staat wieder aufzurichten. Die rechtliche Angleichung der Osmanen an die „Europäer“ korrespondierte mit weiteren Angleichungen im öffentlichen Leben. In die Bewertung der Geschehnisse ist auch die Langfristigkeit der Maßnahmen einzubetten, um zu verstehen, wer kurzfristig von welchen Maßnahmen profitierte. Gerade die Verfassung mit ihrem ambivalenten, rechtsdualistischen Charakter ermöglichte allen Menschen mit entsprechenden Qualifikationen, im osmanischen Staatssystem ihren Platz zu finden.

Zu den hinter der Verfassung sichtbaren Vorbildern gehörte die oft zitierte Verfassung Belgiens von 1831. Aber die Unterschiede sind auch deutlich. Kennzeichnend für den liberalen Verfassungsgehalt der belgischen Verfassung (neben den Grundrechten und der Gewaltenteilung) war, dass der Nationalkongress die Verfassung im Namen des belgischen Volkes beschlossen[465] und nicht der König der Belgier seinem Volke eine Verfassung auferlegt hatte wie unter anderem der Sultan seinen osmanischen Untertanen.[466] Die belgische Verfassung war auf der Grundlage der nationalen Souveränität die erste Verfassung einer parlamentarischen Monarchie auf Kosten des sogenannten monarchischen Prinzips.[467] Sie verband Elemente aus den französischen und niederländischen Verfassungen von 1814 bis

463 *Osterhammel*; *Jansen*, S. 16; ausführliche Definition zum Begriff „Kolonialismus“: S. 18 folgende, insbesondere S. 20.

464 *Tanör*, S. 120.

465 Text vor dem „Ersten Titel“: Übersetzung aus *Gosewinkel*; *Masing*, Verfassungen, Vor Artikel 1 der Verfassung v. 7.2.1831, S. 1307. Im Folgenden wird bei der Textanalyse die Übersetzung von *Gosewinkel*; *Masing* herangezogen; *Reinhard*, S. 418.

466 Prägnant zu den Verfassungsmerkmalen der belgischen Verfassung: *Reinhard*, S. 418.

467 *Gilisen*, S. 61.

1830 mit einigen Grundsätzen aus der französischen Verfassung von 1791 und Elementen aus dem englischen Verfassungsrecht.[468] Die revidierte preußische Verfassung vom 31. Januar 1850 knüpfte grundsätzlich an die freiheitliche Verfassung des Königreichs Belgien von 1831 an, ohne deren „Bekenntnis zur Volkssouveränität" zu übernehmen.[469]

Vielmehr wurde die preußische Verfassung wegen des Dreiklassenwahlrechts zum Muster einer Verfassung im konservativen Sinne.[470] Sie war zudem eine oktroyierte Verfassung,[471] was sie wiederum mit der osmanischen verband.

Auch die deutsche Reichsverfassung von 1871 ruhte formell auf der Verkündung durch den Monarchen.[472] Der Gleichklang mit der Präambel des Osmanischen Reiches, wonach der Sultan diese Verfassung angenommen und sanktioniert hatte und zur Verkündung im gesamten Reich in die Hände des Großwesirs gelangen ließ,[473] ist nur äußerlich. Denn das Deutsche Reich war ein Bundesstaat, der aus einem Gesamtstaat und Bundesstaaten zusammengesetzt war.[474] Die Einzelstaaten waren nicht mehr souverän, doch besaßen sie ihre eigene Hoheit, ihre eigenen Zuständigkeiten und Aufgabenfelder, und sie waren grundsätzlich Träger der Verwaltung, insbesondere des Justiz- und des Schulwesens.[475]

Obwohl das Deutsche Reich als ein Bundesstaat konstruiert war, lag die Macht in Preußen, während das Osmanische Reich, das als Zentralstaat regierte, de facto wiederum nicht alle seine Gebiete beherrschte.[476] Aufgrund der recht unterschiedlichen Gegebenheiten ist deshalb ein direkter Vergleich schwierig.

---

468 *Gilisen*, S. 60, 61 m.w.N.; *Smend*, S. 14.

469 *Willoweit*, S. 269 (Rn. 10); *Bozkurt*, Batı Hukukunun Türkiye'de Benimsenmesi, S. 69.

470 *Kotulla*, S. 26, 27.

471 *Huber*, Dokumente zur Deutschen Verfassungsgeschichte, Band 1, S. 501; Die Zitierweise der Verfassungsurkunde für den Preußischen Staat bestimmt sich nach dem abgedruckten Verfassungstext in *Huber*, Dokumente zur Deutschen Verfassungsgeschichte, Band 1, S. 501–514.

472 *Willoweit*; *Seif*, S. 589.

473 *von Kraelitz-Greifenhorst*, S. 30.

474 *Nipperdey*, S. 87.

475 *Nipperdey*, S. 87.

476 *Matuz*, S. 220, 221, 222, 241: Hierbei ist zu berücksichtigen, dass die Herrschaft über Ägypten formal dem Osmanischen Reich oblag, aber faktisch einem anderen Herrscher, und zwar dem Khediven *Muhammad Ali*; *Nipperdey*, S. 97.

IV. Der Herrscher

Der Sultan als Herrscher des Osmanischen Reiches bildete in der Tanzimâtzeit weiterhin das Zentrum der Macht. Die Bestimmungen der Artikel 3–7[477] bestärkten den Sultan als Dreh- und Angelpunkt des Osmanischen Reiches. Das älteste männliche Mitglied des Hauses *Osman* erbte seit dem 17. Jahrhundert den Thron.[478] Artikel 3 regelte nunmehr die Erbfolge des Kalifats und der Dynastie *Osman*, wonach der älteste Prinz der Dynastie *Osman* neben der Sultanswürde auch das Kalifat erbte.[479] Die Herrscherwürde vereinigte Kalifat und Sultanswürde. Der Sultan war als Kalif Hüter der islamischen Religion (Artikel 4). Von besonderer Bedeutung war hierbei die Bestimmung der Verfassung, die den Sultan nicht zum Hüter aller Muslime, sondern zum Hüter der islamischen Religion erhob. Der Grund lag wahrscheinlich in dem Bemühen, möglichen Konflikten mit Frankreich und England aufgrund der muslimischen Bevölkerung in deren Kolonien vorzubeugen.[480] Der Sultan war somit nicht nur als Kalif Hüter bzw. Schützer der islamischen Religion, sondern auch Souverän und Herrscher über alle osmanischen Untertanen.

Was die Thronfolge angeht, entsprach Artikel 3 dem traditionellen europäischen Modell. So regelte etwa die belgische Verfassung von 1831 in Artikel 60 die Thronfolge so, dass der Königsthron im Mannestamm in seiner direkten, natürlichen und rechtmäßigen Nachkommenschaft nach der Ordnung der Erstgeburt vererbt wurde. Die belgische Verfassung sah auch einzuhaltende Bestimmungen „in Ermangelung männlicher Nachkommenschaft“ (Artikel 61) und „im Falle

---

477 Artikel 3: *Im Osmanischen Reich geht die Herrscherwürde, die auch das Hohe islamische Kalifat in sich vereinigt, nach einem seit alter Zeit geltenden Gesetz auf den ältesten Prinzen der Dynastie Osman über.* Artikel 4: *Der Sultan ist als Kalif Hüter der islamischen Religion und Herrscher und Padischah [Sultan] aller osmanischen Untertanen.* Aus: *Hirsch*, Die Verfassung der Türkischen Republik, S. 195.
Artikel 5: *Die Person des Sultans ist geheiligt, er selbst unverantwortlich.* Aus *von Kraelitz-Greifenhorst*, S. 31.
Artikel 6: *Die Freiheitsrechte der Mitglieder der Dynastie Osman, ihr bewegliches und unbewegliches Privatvermögen, ihre lebenslänglichen Zivillisten stehen unter dem Schutze der Garantie des allgemeinen Rechts.* Aus: *Hirsch*, Die Verfassung der Türkischen Republik, S. 195 und aus: *von Kraelitz-Greifenhorst*, S. 31: hier heißt es richtigerweise „Zivillisten“ bei der Übersetzung von *Hirsch* fehlt ein Buchstabe („l“).

478 *Heinzelmann*, S. 1303.

479 In den Jahrhunderten zuvor regelte sich die Thronfolge unter anderem durch Brudermord, siehe *Burbank*; *Cooper*, Empires in World History, S. (133), S. 134–136.

480 Hierzu *Buzpınar*, S. 25.

der Erledigung des Thrones" (Artikel 85) vor. Vergleichbar wurde das königliche Erbamt in Artikel 53 der preußischen Verfassung niedergelegt. Die preußische Krone wurde in männlicher Erbfolge nach dem Recht der Erstgeburt weitergegeben, wobei die „königlichen Hausgesetze" ergänzende Regelungen enthielten.[481] Der Deutschen Reichsverfassung von 1871 war keine explizite Thronfolgeregelung zu entnehmen, sondern nur, dass der König von Preußen zugleich den Namen Deutscher Kaiser führen durfte (Artikel 11). Die Hegemonie Preußens trat bereits hier zu Tage, aber auch die Verzahnung der preußischen und der Reichsverfassung in der Thronfolgefrage.[482]

Eine Verantwortlichkeit des Sultans gegenüber dem Parlament gab es nicht. Gemäß Artikel 5 war die Person des Sultans „geheiligt" und „unverantwortlich". Auch dies entsprach der älteren europäischen Tradition. So war etwa die Person des preußischen Königs unverletzlich nach Artikel 43 und Artikel 44 der preußischen Verfassung, ebenso der belgische König nach Artikel 43 und 64 seiner Landesverfassung.[483] Letzterem stand es nach Artikel 29 alleine zu, die vollziehende Gewalt auszuüben. Diese Regelung fand sich im Dritten Teil der belgischen Konstitution, der „Von den Gewalten" handelte. Die preußische Bestimmung in Artikel 45 lautete ähnlich, da ihr zufolge dem König allein die vollziehende Gewalt zustand. Eine vergleichbare Bestimmung kannte die osmanische Verfassung nicht.

Insbesondere Artikel 25 der belgischen Verfassung fand keine Entsprechung in der osmanischen Verfassung. Jener Artikel regelte in S. 1, dass alle Staatsgewalt von der Nation ausging (« Tous les pouvoirs émanent de la nation »).[484] An die Stelle der monarchischen Legitimität trat hier die demokratisch-nationale Legitimität, so dass der König nicht vor der Verfassung stand, sondern auf dem Boden der Verfassung.[485] Der König war nicht „pouvoir constituant", er war « pouvoir constitué ».[486] Damit war nicht er Ursprung der Staatsgewalt, sondern die Nation; die Staatsgewalt entsprach der Volksgewalt. Der König war ein Teil dieser Staatsgewalt und an die Verfassung gebunden (Artikel 29). Dies wurde auch im zweiten Kapitel des dritten Titels in Artikel 78 zum Ausdruck gebracht. Darin hieß es, dass der König keine andere Gewalt habe als diejenige, welche

481 *Smend*, S. 13.

482 *Laband*, S. 220, 221; Zur Hegemonie Preußens: *Nipperdey*, S. 94.

483 *Smend*, S. 11.

484 Übersetzung aus *Gosewinkel*; *Masing*, Verfassungen, Artikel 25 der Verfassung v. 7.2.1831, S. 1309.

485 *Böckenförde*, S. 74; *Willoweit*, S. 269 (Rn. 10).

486 *Böckenförde*, S. 74.

ihm die Verfassung und die anderen kraft der Verfassung gegebenen Gesetze förmlich beilegen bzw. übertragen.[487]

Anders gekennzeichnet war die verfassungsrechtliche Stellung des Sultans im Osmanischen Reich. Die osmanische Verfassung gründete die Staatsgewalt nicht auf die osmanische Nation, sondern immer noch auf den Sultan in seiner weltlichen und religiösen Stellung. Artikel 3 der Verfassung regelte nicht nur die Erbfolge für das Sultanat und das Kalifat, sondern auch die Legitimität der sultanischen Herrschaft. Nach Artikel 3 leitete der Sultan als der oberste Osmane seine weltliche und religiöse Macht von „einem seit alter Zeit geltenden Gesetz"[488] ab. Der Sultan war damit bereits mit einer gottgegebenen und historisch gewachsenen vorkonstitutionellen Machtfülle ausgestattet, die sich in der neuen Verfassung nunmehr schriftlich manifestierte. Daraus ergab sich eine innere Spannung seiner Stellung: Seine Macht wurde von der Verfassung nicht legitimiert, aber teilweise in verfassungsrechtliche Schranken gewiesen, wie später zu sehen sein wird. Der Sultan war damit mehr als nur ein Teil der Verfassung, da seine Stellung – wie aus der Formulierung in Artikel 3 und aus der Erbfolge des Sultanats und Kalifats ersichtlich – bereits vor dieser existierte.

Weder die osmanische noch die preußische Verfassung enthielten eine mit der belgischen Verfassung vergleichbare Bestimmung im Sinne des bereits genannten Artikel 25 S. 1, wonach alle Staatsgewalt von der Nation ausgehen sollte. Das „Bekenntnis zur Volkssouveränität" fehlte in der preußischen Verfassung, die insoweit von ihrem „Vorbild", der belgischen Verfassung, deutlich abwich.[489] Die preußische Verfassung bezog sich auf das Gewaltenteilungsprinzip bei der jeweiligen Nennung der Verfassungsorgane und nicht wie die belgische Verfassung unter einem gemeinsamen Punkt.[490] Artikel 62 S. 1 der preußischen Verfassung lautete: „Die gesetzgebende Gewalt wird gemeinschaftlich durch den König und durch zwei Kammern ausgeübt", Artikel 45 Satz 1 bestimmte: „Dem König steht die vollziehende Gewalt zu", und Artikel 86 Abs. 1 besagte: „Die richterliche Gewalt wird durch unabhängige, keiner anderen Autorität als der des Gesetzes unterworfene

---

487 Übersetzung aus *Gosewinkel*; *Masing*, Verfassungen, Artikel 78 der Verfassung v. 7.2.1831, S. 1316. Der Originaltext in Artikel 78 besagt: « *Le roi n'a d'autres pouvoirs que ceux, que lui attribuent formellement la Constitution et les lois particulières portées en vertu de la Constitution meme.* »

488 Übersetzung: *Hirsch*, Die Verfassung der Türkischen Republik, S. 195. Originalwortlaut des Artikels 3: „*Saltanatı seniyei osmaniye hilâfeti kübrayı islâmiyeyi haiz olarak sülalei âli Osmandan usulü kadimesi veçhile ekber evlada aittir.*"

489 *Willoweit*, S. 269 (Rn. 10).

490 *Smend*, S. 26.

Gerichte ausgeübt".[491] Unabhängig von der verfassungsrechtlichen Verortung bedeutete dies, dass die belgische und preußische Gewaltenteilung „der Rahmen aller Staatsthätigkeit geworden" war.[492] Jedoch brachte die belgische Verfassung „das grundlegende Prinzip des Verfassungsstaates zum Ausdruck, nämlich die Teilung der Gewalten".[493] Das lag daran, dass die Staatsstruktur und Staatsauffassung (in Belgien) eine andere war als in Preußen.[494] In Belgien war der „Staat das Primäre gegenüber dem König".[495] Belgien unterstrich mit seiner Verfassung das „Prinzip der Volkssouveränität".[496]

Anders war das Verhältnis im Osmanischen Reich. Hier hingen Dynastie und Reich so eng zusammen, dass sie einander bedingten. Das Osmanische Reich war das Reich der Dynastie Osman. Der Sultan war als Abkömmling dieses Geschlechts ein wesentlicher Bestandteil dieser Dynastie. Er verkörperte damit den Staat in seiner eigenen Person[497] und gleichzeitig symbolisierte der Sultan das Osmanische Reich in seiner Gesamtheit. Aufgrund dieser wechselseitigen Beziehung konnte es eine Distanzierung des osmanischen Staates und seiner Gesetze vom Sultan nicht geben. Ebenso wenig konnte der osmanische Staat sich von seiner religiösen Identität lösen, die mit der mächtigen Sultans- und Kalifenstellung untermauert wurde und damit der Säkularisierung während der gesamten Verfassungsbestrebungen entgegenstand. Deshalb konnten der Staat und seine Gesetze, welche das Verfassungsrecht implizierten, nicht vor dem Sultan stehen. Im umgekehrten Falle wäre eine völlige Umwälzung des Herrschersystems notwendig gewesen, die die osmanische Verfassung und die Tanzimât-Reformer weder anstrebten noch leisteten. Doch neben dem Wunsch des Sultans, Inhaber der Staatsgewalt zu sein, trug die staatstragende verfassungsrechtliche Konzeption des religiösen Rechts im Osmanischen Reich der starken Herrscherstellung Rechnung. Deshalb konnte im Osmanischen Reich das staatsrechtlich verankerte religiöse Recht als Grundgesetzgebung, welche alle Lebens- und Rechtsbereiche umfasste und nur über den Sultan ableitbar war, nicht der Staatsgewalt der osmanischen Nation übergeben

491 Gesetz-Sammlung für die königlichen Preußischen Staaten: Verfassungs-Urkunde für den Preußischen Staat. Vom 31. Januar 1850. S. 23 (Artikel 45), S. 25 (Artikel 62) und S. 30 (Artikel 86).

492 *Smend*, S. 29.

493 *Smend*, S. 25.

494 *Smend*, S. 14–17.

495 *Smend*, S. 17.

496 *Daum*, Verfassungsstruktur, S. 86.

497 Nach *Kili* stellte der Sultan zu einem großen Teil den Staat dar („*Padişah büyük ölçüde Devlettir*"): *Kili*, S. 202.

werden, ohne gleichzeitig das Reich seiner staatsrechtlichen Identität zu berauben. Die fehlende Konstituierung einer Staatsgewalt der (neuen) osmanischen Nation hing ebenfalls mit der staatsstrukturellen Präsenz des religiösen Rechts – der Scharia – zusammen, das wiederum durch die Kalifenstellung des Sultans mit dem osmanischen Staat verknüpft war und dessen Identität ausmachte. Eine im Sinne der absoluten Gewaltenteilung vorgenommene Übertragung der Staatsgewalt auf das osmanische Volk hätte wahrscheinlich stärker an dem Fundament des Osmanischen Reiches gerüttelt als die Reformgesetzgebung der Tanzimât-Zeit an sich. Das hinzukommende säkulare Verfassungsrecht fügte sich dem religiösen Recht lediglich an, ohne das staatstragende Sultansprinzip, gekennzeichnet als weltliche und religiöse Herrschermacht, zu verdrängen.

Die Doppelstellung des Sultans wird deutlicher, wenn man sie mit der Stellung des Deutschen Kaisers vergleicht. Letzterem stand das Präsidium des Bundes zu. Der Vorsitz im „Bundesrathe", der sich aus den Vertretern der Mitglieder des Bundes zusammensetzte (Artikel 6), sowie die Leitung der Geschäfte waren Sache des Reichskanzlers, der vom Kaiser zu ernennen war (Artikel 15). Der Reichskanzler wurde zum Mittelpunkt des Deutschen Reiches und seiner Regierung.[498] De facto war somit nicht der Kaiser der Leiter der Exekutive, aber er bildete verfassungsrechtlich dennoch die Spitze des Reiches.[499]

Bereits in den ersten Artikeln der osmanischen Verfassung fällt ihr weltlicher und religiöser Doppelcharakter auf. Er führte zu einer Ambivalenz zwischen geistlichem und weltlichem Recht und der Kompetenz, über diese zwei unterschiedlichen Rechtsgebiete zu walten. Weltlicher Herrscher (Sultan) und religiöser Herrscher (Kalif) waren nach Artikel 3, 4 kongruent. Die politische Konzeption des Osmanischen Reiches, bestehend aus weltlichem Staat und Religion, wurde als Zwillingskonstruktion („ikiz") bezeichnet.[500] Damit bestand ein grundlegender und entscheidender Unterschied zwischen dem osmanischen Sultan und den europäischen Monarchen. Gewiss vereinigten in protestantischen Ländern die Monarchen die weltliche Funktion als Herrscher „von Gottes Gnaden" mit der Stellung an der Spitze des „landesrechtlichen Kirchenregiments", so etwa in Preußen bis 1918. Aber weltliche und geistliche Seiten waren

---

498 *Nipperdey*, S. 89.

499 *Nipperdey*, S. 98; anders *Seydel*, wonach der Kaisertitel eine ideelle [„ideale"] Bedeutung habe und keine rechtliche, *Seydel*, S. 115.

500 *Okumuş*, S. 147 m.w.N.: *„Buradan hareketle klasik veya geleneksel Osmanlı siyaset sisteminde din ile devletin ikiz olduğu, […] yönetim saglandığı söylenebilir."* Dieses Konstrukt (in islamischen Staaten) ist bereits auf *Ibn Quitaiba* zurückzuführen: *Arsel*, S. 99.

dennoch in der Wurzel getrennt.[501] Anders im Osmanischen Reich. Der Sultan füllte somit, gemessen am christlichen Wertesystem, auch die Rolle des Papstes aus. Inwieweit damit der Säkularisierung, insbesondere im Sinne einer Demokratisierung des Rechts, der Weg verschlossen wurde, lässt sich anhand der noch zu erörternden Bestimmungen verdichten oder auflösen. Die Konzeption einer weltlichen Verfassung für ein bisher religiös geprägtes und bestimmtes Land löste die dem Osmanischen Reich zugrundeliegende Staatskonzeption nicht auf, sondern spitzte sie aufgrund der weltlichen Neuordnung des (Verfassungs) Rechts eher zu.

1. Kompetenzkatalog des Sultans

Die osmanische Verfassung führte in Artikel 7 die Hoheitsrechte des Sultans auf. Es handelt sich im Wesentlichen um den traditionellen Katalog, wie er seit dem 16. Jahrhundert kanonisch geworden war.

a) Souveränitätsrechte

Artikel 7, der die unverletzlichen (Hoheits)Rechte des Sultans explizit und minutiös aufführte,[502] stellte einen umfassenden Kompetenzkatalog für den Sultan dar. Weder die belgische Verfassung noch die preußische Verfassung hatten einen solchen Katalog an Rechten des Königs jeweils in einen Artikel komprimiert. Die belgische Verfassung bestimmte in den Artikeln 60 bis 85 die Rechte des Königs; in der preußischen Verfassung waren vergleichbare Bestimmungen zum König in den Artikeln 43 bis 59 ausgeführt. Dennoch ist der Kernbestand in den genannten Verfassungen vergleichbar.

Der Sultan stand an der Spitze der Exekutive und war somit frei bei der Ernennung des Großwesirs und der Minister (Artikel 7). Er war gemäß dieser

501 *Stolleis*, Kirchenregiment, Sp. 1826–1828.

502 Artikel 7: *Die Hoheitsrechte des Sultans sind: Die Ernennung und Absetzung der Minister, die Verleihung von Ämtern, Würden und Orden, die Investitur der Gouverneure der privilegierten Provinzen gemäß den Bestimmungen der diesen verliehenen Privilegien, die Münzprägung, die Erwähnung seines Namens im öffentlichen Gebete, die Abschließung von Verträgen mit auswärtigen Staaten, die Erklärung von Krieg und Frieden, der Oberbefehl über die Land- und Seemacht, die Beförderung von Militärpersonen, die Ausübung der Gerichtsbarkeit nach den Scheriat- und Kanungesetzen, die Aufstellung von Regulativen über die öffentliche Verwaltung, die Milderung oder gänzliche Erlassung der gesetzlichen Strafen, die Berufung, die Vertagung und erforderlichenfalls die Auflösung des Parlamentes, letzteres jedoch nur unter der Bedingung, dass Neuwahlen ausgeschrieben werden.* Aus: *von Kraelitz-Greifenhorst*, S. 31, 32.

Bestimmung Herr über Krieg und Frieden, Oberbefehlshaber der Armee und der Flotte, nicht anders als in den europäischen Verfassungen. Das klassische Souveränitätsrecht, Krieg zu erklären und Frieden zu schließen, war in Artikel 48 der preußischen und ebenso in Artikel 68 der belgischen Verfassung niedergelegt. Genauso verhielt es sich mit dem Oberbefehl über die Streitkräfte (Artikel 46–48 der belgischen und Artikel 68 der preußischen Verfassung). Die deutsche Reichsverfassung differenzierte hier, indem der Kaiser das Recht hatte, das Reich völkerrechtlich zu vertreten, im Namen des Reichs Krieg zu erklären und Frieden zu schließen, Bündnisse und andere Verträge mit fremden Staaten einzugehen, wobei zur Erklärung des Krieges im Namen des Reichs gemäß Artikel 11 die Zustimmung des „Bundesrathes" erforderlich war. Doch die Verfassung von 1871 enthielt darüber hinaus einen Abschnitt zum „Reichskriegswesen" (Artikel 57–68), worin nicht nur der Oberbefehl des Kaisers niedergelegt wurde (Artikel 64), sondern ebenso Fragen zu den „Kosten und Lasten des gesammten Kriegswesens des Reichs" (Artikel 58), zur Wehrpflicht (Artikel 57, 59) sowie zu unterschiedlichsten Belangen über „die Friedens-Präsenzstärke des Deutschen Heeres" (Artikel 60), den „Ersparnissen an dem Militair-Etat" (Artikel 67) bis hin zur Verhängung des Kriegszustands (Artikel 68) beantwortet wurden. Das Osmanische Reich war lange eine „starke Militärmacht geblieben",[503] ja die am meisten gefürchtete.[504] Dennoch enthielt die osmanische Verfassung hierzu, trotz der vorhandenen starken militärischen Struktur im Osmanischen Reich, das gerade aufgrund seiner (militärischen) Eroberungen zu der ihm bekannten Größe aufgestiegen und diesbezüglich immer offen für Veränderungen war,[505] keinen vergleichbaren Abschnitt, insbesondere da seit dem Erlass von 1856 die allgemeine Wehrpflicht für Nichtmuslime und Muslime eingeführt worden war.[506] Dies verwundert auch im Hinblick auf die bestehenden Regelungen zur „öffentlichen Gewalt" („De la force publique") in der belgischen Verfassung (Artikel 118–124), die unter anderem die Art und Weise der Truppenaushebung (Artikel 118), die Organisation der Gendarmerie (Artikel 120) und Besoldungs- wie auch Rangfragen (Artikel 124) festlegten.

---

503 *Hobsbawm*, S. 356.

504 *Tilly*, S. 185.

505 *Tanör*, S. 34; *Matuz*, S. 210; vgl. auch *Rumpf*, Rezeption und Verfassungsordnung, Beispiel Türkei, S. 4; *Koçak*, S. 234, 235.

506 *von Kraelitz-Greifenhorst*, S. 24, Abschnitt 15, wobei die Befreiung vom Militärdienste durch die Stellung eines Ersatzmannes oder durch das Freikaufen vom Dienst bestehen blieb.

Die (Ein)Berufung, die Vertagung und die Auflösung des Parlamentes (unter der Bedingung von Neuwahlen, Artikel 73) oblagen laut Artikel 7 einzig dem Sultan. Auch dies entsprach den europäischen Mustern. Der Deutsche Kaiser konnte nach Artikel 12 der Reichsverfassung das Eröffnungs-, Vertagungs- und Schließungsrecht des „Bundesrathes" und des Reichstages für sich in Anspruch nehmen. Nach den Verfassungen Belgiens (in Artikel 70–72) und Preußens (Artikel 51, 52) hatte der jeweilige König das Recht der Einberufung, der Vertagung, der Schließung der Sitzungen und der Auflösung des zweigliedrigen Parlamentes.[507]

Der Sultan hatte als ein weiteres Hoheitsrecht die Ausübung der Gesetzgebung nach dem Şeriatsrecht, dem religiösen Recht, und dem weltlichen Recht inne.[508] Dies bedeutete hier zugleich die Inkraftsetzung der Bestimmungen des geistlichen Rechts und der weltlichen Gesetze.[509] Der belgische König bestätigte die Gesetze und gab sie nach Artikel 69 der belgischen Verfassung bekannt. Nach der preußischen Verfassung befahl der König die „Verkündigung"[510] von Gesetzen und erließ die zu deren Ausführung nötigen Verordnungen gemäß Artikel 45 S. 3, wobei die Übereinstimmung des Königs und beider Kammern zu jedem Gesetze erforderlich war nach Artikel 62 Abs. 2.[511] Weder der preußische noch der belgische König hatten damit ein Hoheitsrecht in religiösen Angelegenheiten. Diese Kompetenzsetzung war auch dem Deutschen Kaiser fremd.

Die Vorschriften der Scharia unterlagen inhaltlich zwar nicht der Souveränität des osmanischen Sultans, wurden aber in der Tanzimât-Periode durch den Sultan erlassen.[512] Dies korrespondierte mit seiner in Artikel 4 in Verbindung mit Artikel 3 verankerten Stellung als Kalif und Souverän und zeigte deutlich, dass das Osmanische Reich durch die Hinzufügung der nach westlichem Bild geprägten Normenkultur einen Rechtsdualismus von religiösem und nunmehr weltlichem

---

507 Siehe *Smend*, S. 23.

508 *von Kraelitz-Greifenhorst*, S. 32 spricht allerdings von „Gerichtsbarkeit".

509 Vgl. Übersetzung des Artikel 7 aus *Hirsch*, Die Verfassung der Türkischen Republik, S. 195.

510 Der Originalwortlaut insbesondere in Artikel 45 S. 3 spricht nicht von „Verkündung", sondern von „Verkündigung" wie in der nächsten Fußnote genauer erläutert wird.

511 Die Verfassungs-Urkunde für den Preußischen Staat vom 31. Januar 1850 verwendete den Begriff „Verkündigung" statt Verkündung, siehe insbesondere in Artikel 45 S. 3 (auch in Artikel 117). Der Text der Verfassungs-Urkunde befindet sich im Anhang.

512 *Plagemann*, S. 91 (siehe Fußnote 35).

Recht aufwies.[513] Das religiöse Recht wurde vom weltlichen Verfassungsrecht nicht verdrängt, was in Artikel 11 S. 1 nochmals bestätigt wurde.

Dem Sultan oblag gemäß Artikel 7 neben der Ausübung der Gesetzgebung nach den Şeriat- und Kanungesetzen die Aufstellung von Regulativen hinsichtlich der Geschäfte der öffentlichen Verwaltung[514] bzw. die Inkraftsetzung der Bestimmungen des geistlichen Rechts und der Gesetze sowie der Erlass von Verordnungen hinsichtlich der Geschäfte der öffentlichen Verwaltung.[515] Artikel 7 besagte:

> „[...] ve ahkâm-ı şeriye ve kanûniyenin icrası ve devairi idarenin muameleatına müteallik nizamnamelerin tanzimi [...] feshi hukuku mukaddesei Padişahi cümlesindedir.",[516] „Die heiligen Rechte des Sultans sind [... und] die Vollstreckung/Vollziehung der Gesetze und der religiösen Vorschriften der Scharia und der Erlass von Verordnungen hinsichtlich der Geschäfte der öffentlichen Verwaltung [...]."[517]

Damit hatte der Sultan das Monopol der Verleihung der Gesetzeskraft inne. Der Wortlaut des Artikel 7 unterscheidet hierbei nicht zwischen Vollstreckung/Vollziehung auf der einen Seite und Inkraftsetzung von Gesetzen auf der anderen Seite. Die Meinung, dass Artikel 7 zwischen der Vollstreckung und dem Inkrafttreten der Gesetze und dem Erlass von Verordnungen über die Geschäfte unterscheide,[518] ist dem Wortlaut nach für die Unterscheidung zwischen Vollstreckung und Inkraftsetzung daher nicht nachzuvollziehen. Eine andere Ansicht leitet aus Artikel 7 ab, dass die Verordnungen außerdem der Vollstreckung der Vorschriften der Scharia und der Gesetze dienten.[519] Die sprachliche und die systematische Auslegung des Artikel 7 sprechen für diese Ansicht. Artikel 7 ist hierbei insbesondere in Zusammenhang mit Artikel 54 S. 2[520] zu lesen und zu verstehen. Artikel 54 S. 2, im Teil über „das Parlament", legte fest, dass den Gesetzentwürfen des Staatsrates und des

---

513 *Mumcu* spricht hier von einem „Dualismus", der nicht nur das „Rechtsleben" betraf, sondern „alle Gebiete des Lebens" durchzog: *Mumcu*, S. 35. Auch *Davison* spricht von „dualism", *Davison*, Ottoman Empire, S. 405, 408.

514 Übersetzung nach *Hirsch*, Die Verfassung der Türkischen Republik, S. 195.

515 Übersetzung nach *von Kraelitz-Greifenhorst*, S. 32.

516 *Gözübüyük*; *Kili*, Md. 7 (S. 27–28), S. 28.

517 Übersetzung des Verfassers.

518 *Plagemann*, S. 91 (siehe Fußnote 35), S. 124 (Fußnote 154) m.w.N.

519 Streit dargestellt in *Plagemann*, S. 91 (siehe Fußnote 35), S. 124 (Fußnote 154) m.w.N.

520 Nach *von Kraelitz-Greifenhorst*, S. 40 handelt es sich um Artikel 54 S. 2. In der Übersetzung von *Hirsch*, Die Verfassung der Türkischen Republik, S. 199 findet sich die kommentierte Stelle im ersten Halbsatz. Hier folgt die Zitierweise der osmanischen Verfassung der Übersetzung von *von Kraelitz-Greifenhorst*: *„Sie [die ausgearbeiteten Gesetzentwürfe] erlangen Gesetzeskraft, wenn sie nach ihrer Annahme von den beiden Kammern durch ein sultanisches Irade sanktioniert worden*

Parlamentes (Abgeordnetenhaus und Senat) die Gesetzeskraft erst durch einen sultanischen Befehl bzw. Erlass („Irade") verliehen werde. In dieser Lesart ist deutlich zu ersehen, dass die Vollstreckung bzw. der Vollzug von Gesetzen auch die Kompetenz der Inkraftsetzung von Gesetzen umfasste[521] und somit zusammen als ein Teil der Sultanskompetenz zu verstehen war. Die auf der Grundlage der Gewaltentrennung beruhende preußische Regelung, die die Übereinstimmung des Königs und beider Kammern zu jedem Gesetze erforderlich machte (Artikel 62 Abs. 2), wie auch die belgische Bestimmung, die explizit eine gemeinsame Ausübung der gesetzgebenden Gewalt erklärte (Artikel 26), und die Deutsche Reichsverfassung, nach der die „Reichsgesetzgebung" „durch den Bundesrath und den Reichstag" gemeinsam „ausgeübt" wurde (Artikel 5), blieben gemessen an der starken Inkraftsetzungsbefugnis von Gesetzen durch den Sultan zurück, denn sein Erlassrecht bei Gesetzentwürfen kam faktisch einem Vetorecht gleich.

Die Sultanskompetenz hinsichtlich der Geschäfte der öffentlichen Verwaltung nach Artikel 7 gestaltete sich über den Erlass von Verordnungen. Der Deutsche Kaiser war befugt, die Reichsgesetze auszufertigen und zu „verkündigen"[522] sowie ihre Ausführung nach Artikel 17 zu überwachen und sie zu vollstrecken. Einer umfassenden Kompetenz, die mit der des Sultans vergleichbar wäre, kommt dies nicht nahe. Die osmanische Verfassung gleicht in ihrem Wortlaut eher der preußischen Verfassung in Artikel 45 S. 3, wonach der König die „Verkündigung" der Gesetze befahl und die zu deren Ausführung nötigen Verordnungen erließ. Dahinter stand die staatsrechtliche Auffassung, dass lediglich der König über die Machtmittel des Staates verfüge und nur sein Wille nach außen hin einen verbindlichen Staatswillen darstelle.[523] Nach der belgischen Verfassung bestätigte der König der Belgier lediglich die Gesetze und machte sie gemäß Artikel 69 bekannt. Er traf nach Artikel 67 die zur Vollziehung der Gesetze nötigen Anordnungen und Beschlüsse, ohne jedoch jemals die Gesetze zu suspendieren, noch von ihrer Vollziehung befreien zu können.[524] Im Gegensatz zu dieser Regelung stand dem preußischen König allein die vollziehende Gewalt zu. *Smend* werte-

---

sind." Der Begriff „sultanisch" ersetzt den Begriff „kaiserlich". Letzterer passt nicht gut in den Kontext des Osmanischen Reiches.

521 *Plagemann*, S. 91, 92.

522 Artikel 17 der Verfassung des Deutschen Reiches spricht ebenso wie die Verfassung Preußens von 1850 (in Artikel 45 S. 3) von „Verkündigung" statt von Verkündung. So auch in Artikel 2 und 68 der Verfassung des Deutschen Reiches von 1871.

523 *Arndt*, Artikel 45, S. 185.

524 Artikel 67 der Verfassung vom 07. Februar 1831 nach *Gosewinkel*; *Masing*, Verfassungen, S. 1315.

te die Unterschiede dahingehend, dass „formellrechtlich im Gegensatz zur belgischen Verfassung nach der preußischen Verfassung, soweit kein Vorbehalt zu Gunsten der Legislative bestehe, das königliche Verordnungsrecht fortbestehe, so dass hierdurch die königliche Sphäre beschränkt sei durch das Gesetz, aber ohne inhaltliche Bestimmung".[525] *Jellinek* statuiert, dass „dies nichts Anderes sei, als jene Sphäre unbeschränkter Herrscherthätigkeit, die dem Monarchen [also auch dem Sultan *Anm. d. Verf.*] nach Abzug derjenigen, in welcher die constitutionelle Mitwirkung der Kammern nothwendig ist, verblieben ist".[526] Dies führe schließlich dazu, dass „der Herrscherwille dem Gesetze gleichartig sei", da „diese Sphäre zwar durch das Gesetz begrenzt" sei, „aber nicht inhaltlich bestimmt" werde.[527] *Smend* folgert daraus „nur einen quantitativen Unterschied in der Rechtsstellung beider".[528] „Abgesehen von allgemeineren Unterschieden ist die Kompetenzverteilung ziemlich gleichmäßig erfolgt in beiden Verfassungsurkunden."[529] Dem Sultan waren Machtbefugnisse, die seinem Herrscherwillen entsprachen, zuteil geworden, da er nicht nur das Monopol der Verleihung der Gesetzeskraft innehatte, sondern der osmanische Verfassungstext seine Machtbefugnisse auch nicht beschränkte. *Devereux* stellte richtigerweise fest, dass die Machtbefugnisse des Sultans in Artikel 7 aufgezählt werden, aber die Verfassung nichts darüber aussagt, dass die darin aufgeführten Sultansrechte abschließender Natur seien.[530] Im Gegenteil: Der osmanische Verfassungstext unterstrich die dem Sultan innewohnende Macht, der belgische Verfassungstext beschränkte eher die Macht des Königs, wiederum im Gegensatz zum preußischen Verfassungstext. Dies kommt insbesondere in Artikel 78 der belgischen Verfassung zum Ausdruck, wonach der König keine andere Gewalt habe, als diejenige, welche ihm die Verfassung und die anderen, in Kraft der Verfassung gegebenen, Gesetze förmlich mitgeben.[531]

Für alle drei Verfassungen gilt, so wie *Smend* es für die belgische und preußische analysiert hat, „dass nichts ohne und nichts gegen den Willen des Königs" oder des Sultans „Staatswille werden kann".[532] In diesem Sinne reihte sich die osmanische Verfassung hier ein. Die Deutsche Reichsverfassung von 1871 legte

525 *Smend*, S. 40.
526 *Jellinek*, S. 124.
527 *Jellinek*, S. 124; *Smend* rekurriert hier auf *Jellinek*: *Smend*, S. 40.
528 *Smend*, S. 41.
529 *Smend*, S. 42.
530 *Devereux*, S. 64.
531 Artikel 78 der Verfassung vom 07. Februar 1831 nach *Gosewinkel*; *Masing*, Verfassungen, S. 1316 mit kleiner Änderung „mitgeben" statt „beilegen".
532 *Smend*, S. 44.

andere Machtverhältnisse zugrunde. Die Macht, wie sie dem osmanischen Sultan oder preußischen König, ja sogar dem belgischen König zuteil wurde, hatte der Deutsche Kaiser alleine, obwohl „an der Spitze des Reiches",[533] in einem föderalen Staat so nicht inne. Zwar stand dem Deutschen Kaiser als König von Preußen das Präsidium des Bundes zu (Artikel 11), aber der starke Reichskanzler *Bismarck* und der König von Preußen führten das Deutsche Reich aus einer „preußische(n) Hegemonie" heraus.[534]

Damit hatte der Sultan de facto seine vorkonstitutionellen weltlichen und religiösen Befugnisse weiterhin inne. Da das osmanische Grundgesetz ihm, dem Sultan, keine Begrenzung seiner Machtausübung auferlegte, weder ausdrücklich noch konkludent, kann sogar von einer Machtbasis des Sultans ausgegangen werden, die ihm gerade aufgrund der osmanischen Verfassung noch Erweiterungen seiner Machtbefugnisse ermöglichte. Unter Demokratisierungs-, Säkularisierungs-, und Konstitutionalisierungsgesichtspunkten erscheint dies wenig befriedigend und zementiert die Auffassung, dass das osmanische Grundgesetz nicht die Macht des Sultans begrenzte, sondern eher legitimierte[535] und sogar seine Macht ausbaufähig hielt.

b) Ausweisungsrecht

Zum Kompetenzkatalog des Sultans gehörte auch das Recht der Ausweisung in Artikel 113[536], obwohl es nicht in Artikel 7 niedergelegt worden war. Der Sultan konnte von ihm ungewollte Personen aus dem sultanischen Gebiet ausweisen (S. 1, 2) und entfernen (S. 3). Gerade an diesen Privilegien zeigte sich die mit

533 *Nipperdey*, S. 98.
534 *Nipperdey*, S. 97.
535 *Kili*, S. 206.
536 Artikel 113: *Wenn vorgefallene Ereignisse und bestimmte Anzeichen den Ausbruch von Unruhen an einem Orte des osmanischen Reiches voraussehen lassen, so hat die [sultanische] Regierung das Recht, über diesen Ort vorübergehend den Belagerungszustand zu verhängen. Die Wirkung äußert sich in der temporären Suspendierung der bürgerlichen Gesetze und Vorschriften.*
Die Art und Weise der Verwaltung eines Ortes, über den der Belagerungszustand verhängt wurde, wird in einem besonderen Gesetze geregelt werden.
Seine Majestät der Sultan besitzt die ausschließliche Macht, diejenigen, von denen es auf Grund glaubwürdiger Informationen der Polizei feststeht, dass sie die Sicherheit im Staate verletzt haben, aus dem sultanischen Gebiet auszuweisen und zu entfernen.
Aus: *von Kraelitz-Greifenhorst*, S. 51, 52 und aus der Übersetzung von *Hirsch*, Die Verfassung der Türkischen Republik, S. 205. Das Wort „kaiserlich(e)" wurde hierbei vom Verfasser durch das Wort „sultanisch" ersetzt.

der Person des Sultans verbundene tatsächliche Dominanz, die nunmehr verfassungsrechtlich verankert wurde. Die Entstehungsgeschichte dieser Norm zeigte, welche entgegengesetzten politischen Lager sich gebildet hatten. Sultan *Abdül-Hamid II.* knüpfte die Verkündung und damit die Inkraftsetzung der osmanischen Verfassung an die Aufnahme des Ausweisungsrechts durch den Sultan.[537] Auf der einen Seite machten sich neben dem Sultan die *Paşas Mahmut*, *Cevdet* und *Ahmet Vefik* für das sultanische Ausweisungsrecht stark. Auf der anderen Seite standen *Mithat* und *Ziya Paşa* und *Namık Kemal*, die einlenken mussten.[538] *Karal* sah in dem Ausweisungsrecht einen Widerspruch zu der im Gülhane-Erlass getätigten Aussage, ohne Verurteilung niemanden bestrafen zu dürfen.[539] Der oben genannte Erlass besagte aber, dass niemand ohne eine ausgesproche Verurteilung getötet werden durfte. Das Ausweisungsrecht berührte nicht den Ausspruch der Todesstrafe nach einer Verurteilung. Insoweit bestand also kein Widerspruch. Der grundsätzlichen Feststellung von *Karal*, dass in dem Verbannungsrecht des Sultans ein Rückschritt zu dem bereits gegebenen persönlichen Freiheitsrecht lag,[540] kann jedoch nur zugestimmt werden. Das Verbannungsrecht stellte nämlich einen Einschnitt in das verfassungsrechtliche Freiheitsrecht der Person dar im Sinne von Artikel 10,[541] wonach die Freiheit der Person vor jedem Eingriff geschützt sei.

Das Ausweisungsrecht fand, wie gesagt, im letzten Teil der osmanischen Verfassung – und zwar im Abschnitt „Verschiedene Bestimmungen" – Platz und nicht bereits im Kompetenzkatalog des Sultans unter Artikel 7. Ein Grund hierfür dürfte die Intention der Verfassungsgeber gewesen sein, die dem Sultan gegebene Machtfülle nicht auf den ersten Blick Dritten offenzulegen. Für eine inhaltliche Beurteilung ist dies nicht relevant. Europäische Vorbilder gab es insoweit nicht. Weder der belgische noch der preußische König besaßen ein Ausweisungsrecht. Die belgische Verfassung legte vielmehr fest, dass die Staatsverfassung nach Artikel 130 weder ganz noch teilweise aufgehoben werden konnte. Eine Hintertür

537 *Karal*, Osmanlı Tarihi, S. 8.

538 *Karal*, Osmanlı Tarihi, S. 8; ironischerweise war die erste Person, die ausgewiesen wurde, *Mithat Paşa* selbst, genauer beschrieben bei *Karal*, Osmanlı Tarihi, S. 9–14; *Kreiser*, S. 44.

539 *Karal*, Osmanlı Tarihi, S. 8, 9.

540 Siehe *Karal*, Osmanlı Tarihi, S. 9.

541 Artikel 10: *Die Freiheit der Person ist vor jedem Eingriff geschützt. Niemand darf bestraft werden, soweit das Gesetz nicht Grund und Art bestimmt hat.* Aus: *Hirsch*, Die Verfassung der Türkischen Republik, S. 196.

für die Einführung eines Ausweisungsrechts war damit ausgeschlossen. Auch die deutsche Reichsverfassung kannte kein Ausweisungsrecht.

Das Ausweisungsrecht des osmanischen Sultans stand der Konstitutionalisierung des osmanischen Verfassungsrechts entgegen, da das Gewaltenteilungsprinzip durchbrochen wurde. Der Exekutive – in Person des Sultans und Kalifs – stand dadurch ein Machtinstrumentarium zur Verfügung, welches keiner verfassungsrechtlichen oder einfachgesetzlichen Grundlage bedurfte. Das Ausweisungsrecht war ein Überbleibsel aus einer Zeit der unbeschränkten Souveränität.

c) Ausnahmezustand und Kriegsrecht

Ein weiteres dem Sultan dienliches Instrument waren die im selben Artikel (113) festgeschriebenen Rechte, den Ausnahmezustand bzw. das Kriegsrecht („idarei örfiye") zu verkünden. Die sultanische Regierung hatte das Recht, bei bestimmten Anzeichen und Ereignissen, die den Ausbruch von Unruhen an einem Orte des osmanischen Reiches voraussehen ließen, über diesen den Belagerungszustand zu verhängen, wobei die öffentliche Gesetzgebung aufgehoben wurde. Dieses Recht stand unabhängig vom Recht des Sultans in Artikel 7, Krieg und Frieden zu erklären. Auch dies war den europäischen Verfassungen fremd. Die Deutsche Reichsverfassung und die belgische Konstitution kannten kein solches Recht, den Ausnahmezustand zu verkünden. Allerdings konnte der preußische König bei dringender Gefahr für die öffentliche Sicherheit nach Artikel 111 den Ausnahmezustand ausrufen, wobei lediglich ein Teil der Verfassungsartikel außer Kraft gesetzt werden konnte, wie die persönliche Freiheit, die Unverletzlichkeit der Wohnung oder die Meinungsäußerungsfreiheit.

2. Die verfassungsrechtliche Terminologie

Eine einheitliche Verwendung von Rechtsbegriffen, denen eine rechtsverbindliche Definition zugrunde lag, lag der osmanischen Verfassung nicht zugrunde. Sie bediente sich grundsätzlich des Rechtsinstrumentes des „Erlasses" („Irade"). Dabei wurde in Artikel 7 nicht das Wort „Irade" für Erlass benutzt, wie so häufig im osmanischen Verfassungstext (unter anderem in den Artikeln 27 S. 2, 28 S. 2, 31 S. 4, 36 S. 2), sondern der Begriff „Nizamname" bzw. „Nizâmnâme" (wie in Artikel 29 S. 3). Allerdings lag dem Begriff „Nizamname" und vielen anderen verwendeten Rechtsbegriffen, wie unter anderem „kanun", „kararnâme", „talimatname", in der Tanzimâtzeit keine rechtsverbindliche und einheitliche Definition zugrunde.[542]

542 *Plagemann*, S. 122 m.w.N.

Damit war in der unterschiedlichen Verwendung des Begriffs „Erlass“ in der Verfassung, einmal als „Nizamname“ und später als „Irade“, kein rechtliches Differenzierungskriterium zu sehen. Letztlich stammten die Erlasse immer vom Sultan und wiesen die gleiche rechtliche Qualität auf. Die weltliche Gesetzgebung und damit die verfassungsrechtliche Gesetzgebung enthielt keine materielle Differenzierung zwischen den namentlich und formell unterschiedlichen Gesetzgebungsakten des Sultans.[543] Dies findet auch bei den Beschlüssen des Abgeordnetenhauses Anwendung, da die Rechtskraft immer aus der Verfügung des Sultans erwuchs. Eine rechtliche Differenzierung zwischen Gesetzen im materiellen Sinne und Gesetzen im formellen Sinne gab es nicht.

Anders in Westeuropa, wie sich aus dem Vergleich der preußischen und belgischen Verfassungsartikel ergab.[544] Die Rechtssprache der preußischen und belgischen Verfassung legte diese Differenzierung zugrunde und blieb innerhalb ihrer jeweiligen Verfassungsparameter kohärent. Die preußische Verfassung sprach von „Gesetzen“ und „Regierungsacten“ und „Verordnungen“ (Artikel 44, 45). Die belgische Verfassung bestimmte in ihrem Artikel 67: „Il fait les règlements et arrêtés nécessaires pour l'exécution des lois, sans pouvoir jamais ni suspendre les lois elles-mêmes, ni dispenser de leur exécution.“

Auch die Reichsverfassung von 1871 bediente sich einer differenzierteren Rechtssprache als die osmanische Verfassung. Bereits in Artikel 2 unterschied sie die Reichsgesetze von den Landesgesetzen und räumte ersteren den Vorrang ein. Doch auch in Artikel 7 differenzierte die Deutsche Reichsverfassung zwischen Vorlagen und Beschlüssen (Ziffer 1), Verwaltungsvorschriften (Ziffer 2) und Reichsgesetzen (Ziffer 2, 3).

Das Rechtsinstrument des sultanischen „Erlasses“ („Irade“) wird insbesondere in dem Teil über „Die Minister“ oft verwandt. Dem Sultan oblag es, sultanische Genehmigungen in Form eines solchen „Irade“ auszuführen, wie aus den weiteren Artikeln 54 S. 2 und 77 S. 2 ersichtlich ist. Quelle des Rechts war zumeist noch der Sultan. Dies lässt insgesamt keine starke Tendenz zu Rechtsstaat und Gewaltenteilung erkennen. Das Verfassungsdenken hatte sich nicht vollkommen vom alten Denken losgelöst. Der Sultan und somit die alte Weltordnung der Osmanen bildeten weiterhin die einschlägigen Bezugspunkte.

---

543 Siehe die Ausführungen bei *von Kraelitz-Greifenhorst*, S. 5 (Einleitung, Fn. 1 m.w.N.).

544 *Smend*, S. 31, 32, 39 folgende, S. 32: „*[...] die Ausdrücke ‚Gesetz‘ und ‚Verordnung‘, wo sie in der [preußischen] Verfassungsurkunde gegenübergestellt werden (so Artikel 37, 63, 115), [haben] stets den formellen Sinn [...]: Akte der gesetzgebenden, der vollziehenden Gewalt.*“

3. Vükelâyı Devlet: die Staatsminister/Staatsbeamten – der Ministerrat

Der Abschnitt über „Die (Staats)Minister" umfasst zwölf Artikel (Artikel 27–38). Die Bezeichnung „Staatsbeamter" entspricht eher dem Originalwortlaut „Vukelâyı devlet memuriyetine" und bringt die starke Abhängigkeit gegenüber dem Souverän deutlicher zum Ausdruck als die Benennung als „Staatsminister".

Zu Beginn des Abschnitts wird eine Unterteilung zwischen den Ämtern des Großwesirs, des Scheich-ül-Islams und den übrigen Ministern vorgenommen. Die Ämter Großwesir und Scheich-ül-Islam wurden vom Sultan verliehen (Artikel 27 S. 1).[545] Die Vergabe der übrigen Ministerämter erfolgte durch sultanischen Erlass (Artikel 27 S. 2).[546] Artikel 27 S. 1 bestimmte nicht, durch welches Rechtsinstrument die Ämter des Großwesirs und des Scheich-ül-Islams verliehen wurden. Der Großwesir war nach dem Sultan der höchstrangige Mann im Staat.[547] Die praktischen Regierungsgeschäfte oblagen grundsätzlich ihm und der ihm unterstehenden Bürokratie.[548] Sultan *Abdül-Hamid II.* war allerdings ein starker Herrscher, was auch in der „Beurlaubung" des Parlamentes zu erkennen war. Er entließ und ernannte die für das praktische Regieren notwendigen Großwesire nach Belieben.[549] Der ständige Wechsel der Großwesire sollte verhindern, dass sich ein einzelner eine Machtbasis gegenüber dem jeweils herrschenden Sultan aufbauen konnte.[550] Wäre es nach *Abdül-Hamid II.* gegangen, wäre er selbst der eigentliche Großwesir: „Gerçek Sadrazam, Yıldız'da ikamet eder ki o da benim."[551] „Der wahre Großwesir, der verweilt im Yıldız-Palast und der bin ich."[552]

545 Artikel 27 S. 1: *Das Amt des Großwesirs und des Scheich-ül-Islam verleiht der Sultan an Personen seines Vertrauens.* Aus: *Hirsch*, Die Verfassung der Türkischen Republik, S. 197.

546 Artikel 27 S. 2: Die Ernennung der übrigen Minister erfolgt durch sultanischen Erlass (Originalwortlaut: „iradei"/Irade). Aus: *Hirsch*, Die Verfassung der Türkischen Republik, S. 197. „Sultanisch" eigens ergänzt, da passender als „kaiserlich".

547 *Koçak*, S. 238.

548 *Heinzelmann*, S. 1304.

549 *Majoros*; *Rill*, S. 351; *Fortna*, S. 49; *Matuz*, S. 237; nach *Karal* besetzte *Abdül-Hamid II.* in seiner Herrschaftszeit (von 1876 bis 1909) 26-mal den Posten des Großwesirs, siehe *Karal*, Osmanlı Tarihi, S. 273.

550 *Shaw*; *Shaw*, S. 153: *Shaw*; *Shaw* berichten hier von Sultan *Abdülaziz*. Sultan *Abdül-Hamid II.* setzte diese Praxis fort.

551 *Karal*, Osmanlı Tarihi, S. 273.

552 Übersetzung des Verfassers.

Hieran wird nochmals die außergewöhnlich starke Herrscherstellung des ersten osmanischen „Verfassungs-Sultans“ deutlich. Die Idee von *Midhat Paşa*, den Posten des Großwesirs abzuschaffen und einen vom Parlament gewählten Premierministerposten einzuführen, um ein Gegengewicht zum Sultan zu schaffen, fruchtete nicht.[553] Der Vergleich mit den westeuropäischen Verfassungen macht den Unterschied deutlich.

Die belgische und die preußische Verfassung sahen keinen solchen Premierminister vor. Also konnte *Midhat Paşa* als Reformer diese Idee nicht direkt von diesen beiden Verfassungen hergeleitet haben. Auch der deutsche Reichskanzler nach 1871 war nicht dem Parlament, sondern dem Kaiser verantwortlich. Insoweit war aus Sicht der konservativen und sultansnahen Kräfte die abwehrende Haltung gegen die Einführung eines Premierministerpostens nach englischem Muster im Gegensatz zum Großwesirposten innerhalb der Tanzimât-Reformen sinnvoll, da ein starker Großwesir eine zu große Macht neben der Macht des Sultans hätte darstellen können.

Dem Großwesir folgte im Rang der Scheich-ül-Islam, der der höchste religiöse Würdenträger – nach dem Kalifen bzw. Sultan – war.[554] Die Benennung des Scheich-ül-Islams als obersten Mufti zielte auf ein reguläres Ministeramt. Damit war keine strikte Trennung und Differenzierung von weltlichem und religiösem Recht nach

Rechtssphären möglich. Einer Säkularisierung stand dies entgegen – ein weiterer Beleg für die starke religiöse Durchdringung der osmanischen Verfassung. Auch unter Gleichheitsgesichtspunkten war dies, vor dem Hintergrund der gesamten Tanzimâtbewegung, der Gleichstellung aller Religionsgemeinschaften, ein klarer Widerspruch.

Auch in der belgischen und preußischen Verfassung hatte der König das Recht zur Ministerernennung und Entlassung (Artikel 65 belgische Verfassung, Artikel 45 S. 2 preußische Verfassung). Ein sogenannter Religionsminister, wie im Osmanischen Reich, war aber weder im Königreich Belgien noch im Königreich Preußen vorhanden. Auch das Deutsche Reich hatte keinen Religionsminister oder ein Ministeramt in dieser Form. Diese Verfassungen der Staaten oder Königreiche mit christlicher Tradition waren also insoweit säkularer geprägt. Sie besaßen zwar Kultusministerien, doch die Verfassungen waren nicht in dem Maße von einer Staatsreligion durchdrungen wie die osmanische, was unter anderem

553 *Devereux*, S. 67; *Davison*, Ottoman Empire, S. 364; *Karakoç*, S. 131; *Karal*, Osmanlı Tarihi, S. 218.

554 *Koçak*, S. 238.

in der expliziten Nennung der islamischen Staatsreligion in Artikel 11 zum Ausdruck gebracht wurde.

Wie wichtig der Ministerrat („Heyet-i Vükelā") war, wurde durch seine Einstufung in Artikel 28 als Verfassungsorgan unterstrichen. Denn danach trat der „Ministerrat unter dem Vorsitz des Großwesirs zusammen und war das Organ für alle wichtigen inneren und äußeren Angelegenheiten". Die zustimmungsbedürftigen Beschlüsse seiner Beratungen wurden durch sultanischen Erlass („iradei"/Irade) in Kraft gesetzt.[555] Eine dieser „wichtigen" Angelegenheiten war das Initiativrecht des Ministerrats bei dem Erlass neuer Gesetze nach Artikel 53.[556] Dieses Recht artikulierte den Prozess der Entscheidungsfindung und war somit von Bedeutung im Staatsgefüge und im Sinne der Gewaltenteilung, nur der Legislative zu eigen und nicht der Exekutivgewalt. Hier durchbrach die osmanische Verfassung das Gewaltenteilungsprinzip, indem sie das Initiativrecht für Gesetzentwürfe in der Exekutive beließ, wobei auch dem Senat und dem Abgeordnetenhaus Initiativrechte gewährt wurden, aber nur für ihre Angelegenheiten (Artikel 53 S. 2). Dieses originär beim Ministerrat belassene erste Initiativrecht zum Erlass neuer Gesetze wirkte einer Demokratisierung des Verfassungsrechts entgegen, zumal im Ministerrat neben der Stimme des Sultans, insbesondere vertreten durch den Großwesir, auch der oberste Mufti einen Platz hatte. Auch dies zeigt, dass das religiöse Recht grundsätzlich nicht von der Gestaltung des weltlichen Rechts abgekoppelt wurde.

Ein Blick auf das Deutsche Reich, auf Belgien und Preußen zeigt, dass dort klarere Abgrenzungen galten. Das Gesetzesinitiativrecht im Deutschen Reich hatte der „Bundesrath" gemäß Artikel 7 Nr. 1 und damit die Vertreter der Mitglieder des Bundes (Artikel 6), aber auch der Reichstag gemäß Artikel 23. Er konnte Gesetze vorschlagen und an ihn gerichtete Petitionen dem „Bundesrathe" respektive

---

555 Aus: *Hirsch*, Die Verfassung der Türkischen Republik, S. 197. Der Begriff „sultanisch" ersetzt wieder den Begriff „kaiserlich".

556 Artikel 53: *Das Vorschlagsrecht zur Schaffung neuer* [im Original: kanun tanzimi; aufschlussreich, da das Wort „tanzim" enthalten ist] *oder zur Abänderung bestehender Gesetze steht dem Ministerrat zu. Aber auch der Senat und das Abgeordnetenhaus haben das Recht, in Sachen, die zu ihren festbestimmten Wirkungs-/Amtsbereich gehören, ein neues Gesetz oder die Abänderung eines bestehenden Gesetzes zu verlangen. Im letzteren Falle wird dieses Anliegen über den Großwesir dem Sultan unterbreitet und, falls ein sultanischer Erlaß ergeht, die Ausarbeitung der Entwürfe auf der Grundlage der von den zuständigen Ressorts zu gebenden Erklärungen und Einzelheiten dem Staatsrat zugewiesen.* Aus: *Hirsch*, Die Verfassung der Türkischen Republik, S. 199 und *von Kraelitz-Greifenhorst*, S. 40, teilweise mit eigener Interpretation.

Reichskanzler überweisen. Der Bundesrat war jedoch kein starkes Verfassungsorgan, was sich unter anderem darin äußerte, dass Gesetzentwürfe zumeist aus den preußischen Ministerien kamen und die Führungsrolle des Reichskanzlers, der Staatssekretäre und der preußischen Minister verstärkt wurde.[557] In Belgien lag das Vorschlagsrecht für Gesetze bei der gesetzgebenden Gewalt, die aus dem König, der Kammer der Volksvertreter und des Senats bestand (Artikel 26, Artikel 27); ähnlich verhielt es sich in Preußen (Artikel 62).

Der osmanische Ministerrat konnte nach Artikel 28 durch Beschluss entscheiden, und der Sultan konnte diesen Beschlüssen per Erlass Rechtskraft zukommen lassen. Der Ministerrat war damit lediglich dem Sultan gegenüber verantwortlich. Die Staatsminister waren nicht die Minister des Parlamentes, sondern die Minister oder vielmehr die Beamten des Sultans, so wie es auch im Wortlaut zum Abschnitt „Vukelâyı devlet memuriyetine" zum Tragen kommt. So hatte der Sultan seine Hand über diesem wichtigen gesetzgeberischen Initiativrecht. Damit hatte er neben seiner Rechtskraftbefugnis aus Artikel 7 ein weiteres wichtiges Legislativrecht.

Obwohl Artikel 30 besagte, dass die Minister für die Akte und Handlungen ihrer Amtsführung verantwortlich waren, war damit keine Verantwortung gegenüber dem Parlament und insbesondere dem Abgeordnetenhaus gemeint, da der Sultan derjenige war, dem sie ihre Stellung zu verdanken hatten.[558] Die Staatsminister waren vielmehr dem Sultan für ihre Handlungen verantwortlich.[559] Der Sultan hatte das letzte Wort in der Sache, ob eine Ministeranklage gemäß Artikel 31[560]

557 *Nipperdey*, S. 89, 90, 91.

558 *Devereux*, S. 67–68; *Okandan*, S. 162.

559 *Karakoç*, S. 130.

560 Artikel 31: *Wenn ein oder mehrere Abgeordnete gegen einen Minister auf Grund seiner Verantwortlichkeit eine Klage erheben in Angelegenheiten, die in den Wirkungskreis des Abgeordnetenhauses fallen, so wird zunächst der die Klage enthaltende Akt dem Präsidenten des Abgeordnetenhauses übergeben, und dieser leitet ihn innerhalb dreier Tage an jene Kommission, welche die Klage zu prüfen und zu entscheiden hat, ob derartige Klagen nach der Geschäftsordnung des Abgeordnetenhauses demselben vorzulegen sind oder nicht. Nachdem diese Kommission die notwendigen Untersuchungen durchgeführt und der geklagte Minister genügende Aufklärungen abgegeben hat, wird der von ihr mit Stimmenmehrheit gefaßte Beschluß, wonach die Klage Gegenstand einer Verhandlung bilden kann, im Abgeordnetenhause verlesen. Wird nun dieser Kommissionsbeschluß, nach einer nötigenfalls erfolgten Vorladung des beschuldigten Ministers und durch ihn oder einen Vertreter erteilten Aufklärungen im Abgeordnetenhause mit einer Zweidrittelmehrheit der anwesenden Mitglieder angenommen, so wird der Bericht, der den Antrag auf Eröffnung des Verfahrens enthält, dem Großwesir unterbreitet. Dieser unterbreitet*

zu einem Verfahren vor dem Hohen Gerichtshof führen sollte. Die Sultansloyalität der Minister setzte sich weiter in Artikel 35[561] durch. Der Sultan hatte das ausschließliche Recht, bei Meinungsverschiedenheiten zwischen dem Abgeordnetenhaus und den Ministern die Minister auszuwechseln oder das Abgeordnetenhaus aufzulösen. Die Loyalität der Minister gegenüber dem Sultan war durch die Machtfülle, die er innehatte, gesichert.[562] Die Möglichkeit der Ministeranklage nach Artikel 31 bedeutete nicht, wie teilweise in der türkischen Fachliteratur vertreten,[563] eine juristische Verantwortlichkeit („hukuki sorumluluk") und verneinte bzw. „entfernte sich" („uzak olup") gleichzeitig von einer politischen Verantwortlichkeit („siyasî sorumluluk") der Staatsminister bzw. der Staatsbeamten. Gerade dieser Artikel involvierte neben der juristischen Verantwortlichkeit, deren Beurteilung in den Kompetenzbereich des Hohen Gerichtshofes gemäß Artikel 92 folgende fiel, gleichzeitig auch eine politische Verantwortlichkeit der Minister. Diese zwei Sphären zu unterscheiden, ist plausibel. Doch können sie unterschiedlich bewertet werden. Der juristischen Verantwortlichkeit nach Artikel 31, und 92 folgende stand auch eine politische Verantwortlichkeit gegenüber. Die Tatsache, dass der eigentliche Inhaber der Macht der Sultan war und somit alle Handlungen seiner Minister, wie ihre Verantwortlichkeit, auf ihn zurückzuführen waren, ändert hieran nichts.

4. Memurin: die Beamten des Sultans

Die Beamtenregelungen umfassen lediglich drei Artikel (Artikel 39–41). Die Einstellung der Beamten richtete sich nach Eignung und Befähigung – nicht nach ethnischer Herkunft oder religiösem Bekenntnis. Diese Behandlung entsprach

---

die Angelegenheit der Sanktion des Sultans und leitet sie, auf Grund eines sultanischen Erlaßes („iradei"/Irade), *an den Hohen Gerichtshofolgend* Aus: *Hirsch*, Die Verfassung der Türkischen Republik, S. 197 und *von Kraelitz-Greifenhorst*, S. 35, 36, teilweise mit eigener Interpretation.

561 Artikel 35: *Wenn die Minister auf der Annahme einer Gesetzesvorlage, über die zwischen ihnen und den Abgeordneten Meinungsverschiedenheit besteht, beharren, die Abgeordneten aber diese mit Stimmenmehrheit und genauer Motivierung unbedingt und wiederholt zurückweisen, so ist es ausschließlich das Recht des Sultans, die Minister zu wechseln oder das Abgeordnetenhaus aufzulösen, welches dann innerhalb der gesetzlich vorgesehenen Frist neu gewählt wird.* Aus: *von Kraelitz-Greifenhorst*, S. 36, teilweise mit eigener Interpretation.

562 So auch *Okandan*, S. 215, 216.

563 *Okandan* sieht in Artikel 31 die Schaffung einer juristischen Verantwortlichkeit und verneint eine politische Verantwortlichkeit, *Okandan*, S. 162.

der gesetzlichen Gleichstellung aller osmanischen Untertanen und bildete daher eine logische Konsequenz der eingeleiteten Tanzimât-Reformen durch die Erlasse (Handschreiben) von 1839 und 1856.

Eine Absetzung oder Entlassung eines Beamten war grundsätzlich nur in Ausnahmefällen möglich. Absetzungsgründe waren pflichtwidriges Betragen, das einen gesetzlichen Grund zur Absetzung bildete, ein Rücktritt oder ein zwingender Grund für die Regierung zur Absetzung des Beamten (Artikel 39[564]).

Die Gehorsamspflicht der Beamten beschränkte sich auf die ihnen obliegenden Gesetze. Mit anderen Worten: Die Beamten waren an „Recht und Gesetz" gebunden.[565] Der Begriff „Recht" kam im osmanischen Verfassungswerk zwar nicht vor. Jedoch hatte der Beamte Anordnungen, die innerhalb der vom Gesetz gezogenen Grenzen lagen, zu befolgen. Damit ist der Vorrang des Gesetzes, das heißt der Grundsatz, wonach das Handeln der Exekutive nicht gegen geltende Gesetze verstoßen darf,[566] im osmanischen Grundgesetz verankert. Der Beamte war verantwortlich für sein Handeln (Artikel 40 a.E.).[567] Dies galt insbesondere bei Gehorsamsverweigerung gegenüber dem Vorgesetzten (Artikel 41 S. 2).[568] Die Verantwortung des osmanischen Beamten bestand demnach gegenüber dem Sultan bzw. dem Osmanischen Reich. Eine Verantwortung der Beamten gegenüber dem Parlament gab es nicht.

---

564 Artikel 39: *Sämtliche Beamten werden für jene Ämter ernannt, für die sie nach Maßgabe der gesetzlich festgestellten Bedingungen tauglich und geeignet sind. Die auf diese Weise ernannten Beamten können, solange ihr Betragen keinen gesetzlichen Grund zu ihrer Absetzung bildet und sie nicht selbst zurücktreten oder für die Regierung ein zwingender Grund zu ihrer Absetzung nicht besteht, weder abgesetzt noch entlassen werden. Beamte, die sich durch tadelloses Betragen und Rechtschaffenheit auszeichnen, sowie jene, deren Absetzung der Staat für unerläßlich hält, werden befördert und erhalten dementsprechend eine Entlohnung für die Beförderung, eine Pension oder ein Ruhegehalt.* Aus: *Hirsch*, Die Verfassung der Türkischen Republik, S. 198 und *von Kraelitz-Greifenhorst*, S. 37, teilweise mit eigener Interpretation/Übersetzung.

565 Ähnlich der Formulierung in Artikel 20 Abs. 3 des Grundgesetzes für die Bundesrepublik Deutschland.

566 *Schmidt*, Rn. 236.

567 Artikel 40: *Die Pflichten eines jeden Amtes werden in besonderen Gesetzen geregelt. Jeder Beamte ist innerhalb seiner Befugnisse verantwortlich.* Aus: *von Kraelitz-Greifenhorst*, S. 37, 38, teilweise mit eigener Interpretation/Übersetzung.

568 Artikel 41: *Wenn auch jeder Beamte seinem Vorgesetzten gegenüber zu Achtung und Ehrerbietung verpflichtet ist, so beschränkt sich sein Gehorsam auf den gesetzlich festgelegten amtlichen Pflichtenkreis. In gesetzwidrigen Fällen kann ihn der Gehorsam gegenüber dem Vorgesetzten nicht von seiner Verantwortlichkeit befreien.* Aus: *Hirsch*, Die Verfassung der Türkischen Republik, S. 198.

Die Verantwortung der Beamten war keine Verantwortung, wie sie im Sinne des Artikel 34 des Grundgesetzes für die Bundesrepublik Deutschland i.V.m. § 839 BGB zu verstehen ist, derzufolge ein Beamter bzw. jemand in Ausübung eines öffentlichen Amtes schadensersatzpflichtig wird, wenn er schuldhaft die ihm einem Dritten gegenüber obliegende Amtspflicht verletzt und daraus ein Schaden entsteht.[569] Die Ausgestaltung einer Staatshaftung im osmanischen Verfassungstext ist nicht zu erkennen.

In Anbetracht der Tatsache, dass die Bekämpfung der Willkür und der damit verbundenen Korruption ebenfalls wichtige Aspekte der Reformen der Tanzimât waren,[570] erscheinen die Beamtenregelungen unzureichend. Insbesondere gab es aus dem Verfassungstext heraus keine erkennbare Regelung, die die Bezahlung der Beamten regelte, wie es bei den Abgeordneten (Artikel 76[571]) und den Senatsmitgliedern (Artikel 63[572]) der Fall war. Einerseits wäre das nur angemessen gewesen, da eine der Hauptursachen für die bestehende Korruption die miserable finanzielle Situation der Beamten war.[573] Andererseits gehört die Regelung der Bezahlung von Beamten nicht zwangsläufig in eine Verfassung.

Insgesamt gilt also: Unabhängig von den tatsächlichen persönlichen Eigenschaften des Sultans gab die osmanische Verfassung dem Sultan eine dominante Stellung. Der Großwesir, der oberste Mufti und die anderen Staatsbeamten standen verfassungsrechtlich unter dem Sultan. Auch konnten ihre Kompetenzen weder im Einzelnen noch in der Summe die Kompetenzen des Sultans übertreffen. Die sultanische Macht wurde von der religiösen und staatsrechtlichen Machtfülle flankiert.

---

569 *Maurer*, § 26, Rn. 6, 7–9, 11 folgende.

570 *Marcinkowski*, S. 53; *Scheben*, S. 51–54, S. 55 folgende, zur „Korruption als strukturellem Problem“: S. 153–156.

571 Artikel 76: *Jeder Abgeordnete erhält für jedes Sitzungsjahr aus der Staatskasse den Betrag von 20.000 Kuruş. Die Reisekosten für Hin- und Rückfahrt werden auf der Grundlage eines Monatsgehalts von 5.000 Kuruş nach den Vorschriften für die Beamten der Zivilverwaltung gezahlt.* Aus: *Hirsch*, Die Verfassung der Türkischen Republik, S. 201.

572 Artikel 63: *Die monatlichen Bezüge eines Mitglieds des Senats betragen 10.000 Kuruş. Wenn das unter einem anderen Titel angestellte Mitglied aus der Staatskasse ein Gehalt von weniger als 10.000 Kuruş erhält, wird der Unterschied zugezahlt, und wenn es 10.000 Kuruş oder mehr erhält, wird ihm dieser Betrag belassen.* Aus: *Hirsch*, Die Verfassung der Türkischen Republik, S. 200.

573 *Marcinkowski*, S. 53.

V. Şurâ-yı Devlet: der Staatsrat

Die Bestimmungen zum Staatsrat finden sich in den Artikeln 53, 54 und 117 der osmanischen Verfassung. Der folgende Abschnitt untersucht, wie es zur Gründung dieses Verfassungsorgans kam, und insbesondere, welche Funktionen es im osmanischen Staatsrecht innehatte.

1. Der Staatsrat: Herkunft und Aufgaben

Der Conseil d'État, der Staatsrat, ist eine französische Institution und geht auf Napoleon zurück.[574] Er hatte eine „Doppelfunktion" als Verwaltungsbehörde und Gericht.[575] Die Regelungen zum Conseil d'Etat finden sich in der französischen Verfassung vom 13. Dezember 1799.[576] Artikel 52: „Der Staatsrat(h) beschäftigt sich, unter der Leitung der Consuln, mit Abfassung der Vorschläge zu Gesetzen und Verordnungen der öffentlichen Verwaltung, und mit Auflösung der Schwierigkeiten, die im Verwaltungsfache sich erheben."[577] Dem Staatsrat kam damit große Macht zu, er war Teil der Regierung. Die systematische Stellung des Conseil d'Etat im Abschnitt „Von der Regierung" (Vierter Titel der Verfassung vom 13. Dezember 1799) und seine Befugnisse aus Artikel 52 sprechen für diese rechtliche Einordnung. Allerdings hatte auch in der damaligen französischen Republik „kein Act der Regierung Kraft, wenn er nicht von einem Minister unterzeichnet ist".[578] Insofern findet sich eine Ähnlichkeit zum osmanischen Grundgesetz, da die Gesetzesentwürfe die Gesetzeskraft nach Artikel 54 S. 1 erst durch eine sultanische Vollstreckung erlangten. In der Funktionsbeschreibung des osmanischen Staatsrates ist eine Parallele zu der Bestimmung der Verfassung der französischen Republik aus dem Jahre 1799 zu erkennen. Der französische Staatsrat änderte jedoch seinen Charakter im Laufe der Jahre und durch die Verfassung von 1852, und zwar insbesondere bei der „Entscheidungsgewalt über die Änderungsvorschläge der Abgeordneten".[579]

Der Şurâ-yı Devlet (= der Staatsrat) wurde mit Erlass vom 04./05. März 1868 nach dem Vorbild des französischen Conseil d'Etat gegründet und übernahm die

574 *Pejko*, S. 1, 17, 18; *Pause*, S. 23, 30.

575 *Pause*, S. 31 m.w.N.

576 *Pause*, S. 30.

577 Übersetzung aus *Gosewinkel*; *Masing*, Verfassungen, Artikel 53 der Verfassung vom 13. Dezember 1799, S. 247.

578 Übersetzung aus *Gosewinkel*; *Masing*, Verfassungen, Artikel 55 der Verfassung vom 13. Dezember 1799, S. 247.

579 Näheres bei *Pejko*, S. 117–125.

Rolle des Ju-stizrates im Gesetzgebungsverfahren.[580] In Preußen wurde 1781 der Staatsrat als „Kollegium von Spitzenbeamten zur Unterstützung des Monarchen konzipiert", um wie der französische Conseil d'Etat „zur Beratung wichtiger Gesetze" zu dienen.[581] Die gedachte Rolle eines obersten Exekutivorgans wurde verworfen und der Staatsrat „umgewidmet zum Beratungsorgan für Gesetzgebung und wichtige Angelegenheiten", wobei seine Bedeutung im Laufe der Jahre abnahm und sogar verschwand.[582] Auch in der preußischen Verfassung wurde der Staatsrat nicht als Staatsorgan aufgeführt, was ihm Kritik einbrachte.[583] Letztlich fand der Staatsrat - im Gegensatz zum Staatsministerium (Artikel 57, 58, 63) - gar keine Erwähnung in dieser Verfassung. 1852 wurde der preußische Staatsrat dem Staatsministerium unterstellt, womit er seine Vorrangstellung einbüßte.[584] Die belgische Verfassung von 1831 und die Deutsche Reichsverfassung von 1871 sahen keinen Staatsrat vor. Der heutige belgische Staatsrat wurde erst 1946 - und damit über ein Jahrhundert später (von 1831 an gerechnet) - eingerichtet.

Der osmanische Staatsrat hatte außer in den Artikeln 53, 54 und 117 der osmanischen Verfassung keinen eigenen, wenn auch noch so kleinen, Teil oder Abschnitt im Verfassungstext inne. Dies ist beachtlich, da der Staatsrat die Gesetzesentwürfe beriet, ausarbeitete und damit eine essentielle Aufgabe im Gesetzgebungsverfahren übernahm.

Dem osmanischen Staatsrat oblag nach Artikel 117 die Interpretation von Gesetzesartikeln der Verfassung in administrativen Angelegenheiten.[585] Im osmanischen Rechts- und Staatssystem war zuvor kein entsprechendes Staatsorgan vorhanden gewesen. Die systematische Stellung der Artikel über den Staatsrat in

580 *Kreiser*, S. 42; *Plagemann*, S. 90: Gründung am 04. März 1868 nach den Angaben bei *Plagemann*; *Canatar*; *Baş*, S. 113: Gründung am 05. März 1868 gemäß den Angaben bei *Canatar*; *Baş*.

581 *Stolleis*, Geschichte des öffentlichen Rechts, 2. Band, S. 113.

582 *Stolleis*, Geschichte des öffentlichen Rechts, 2. Band, S. 113.

583 *Conring*, HRG IV, Sp. 1834.

584 *Conring*, HRG IV, Sp. 1834; *Stolleis*, Geschichte des öffentlichen Rechts, 2. Band, S. 113.

585 Die Übersetzung von *Hirsch* spricht von *„Angelegenheiten der Zivilverwaltung"*, in: Die Verfassung der Türkischen Republik, S. 206. *von Kraelitz-Greifenhorst* wiederum schreibt von „administrativen Angelegenheiten", S. 52. Der Originalwortlaut des Artikel 117 besagt: *„Bir Maddei kanuniyenin tefsiri lâzım geldikte umuru adliyeyi müteallik ise tâyini manası Mahkemei Temyize ve idarei mülkiyeyi dair ise Şurâ-yı Devlete* ve işbu Kanunu Esasiden ise Heyeti Âyana aittir." aus: *Gözübüyük*; *Kili*, Md. 117, S. 42. Der Originalwortlaut spricht von *Angelegenheiten der Verwaltung*. Damit passt die Übersetzung von *von Kraelitz-Greifenhorst* recht gut.

den Artikeln 53 und 54[586] im Abschnitt über „das Parlament" sprechen für eine Einordnung in den Legislativbereich. Die in Artikel 117[587] niedergelegte zusätzliche Funktion des Staatsrats, in Verwaltungsangelegenheiten eine Verfassungsinterpretation durchführen zu dürfen und zu können, hebt den Staatsrat zugleich als obersten Richter in Verwaltungsangelegenheiten empor. Hier vermischte sich die Legislativgewalt des Staatsrats mit der Judikativgewalt in Verwaltungsangelegenheiten. Die oben zitierte „Doppelfunktion" des französischen Staatsrates bestand auch beim osmanischen Staatsrat,[588] allerdings verbunden mit einer Durchbrechung des Gewaltenteilungsprinzips.

2. Zusammensetzung und Funktion des Staatsrats

Die Zusammensetzung des osmanischen Staatsrats ging nicht direkt aus dem Verfassungstext hervor. Bis zur Verkündung der Verfassung im Jahre 1876 und auch darüber hinaus änderte sich seine Zusammensetzung mehrmals.[589] 1869 bestand der Staatsrat aus insgesamt 41 Mitgliedern, wovon 28 Muslime und 13 Nichtmuslime waren.[590] Somit entfielen 68 Prozent der Sitze auf Muslime und 32 Prozent auf Nichtmuslime. Ursprünglich setzte sich der Staatsrat aus fünf Abteilungen zusammen, bestehend aus einer politischen Abteilung, einer Finanzabteilung, einer Justizabteilung, einer Bauabteilung und einer Kulturabteilung, wobei auch die Anzahl der Mitarbeiter dieser Abteilungen variierte.[591] Im Rahmen der neuen Verfassung von 1876 fanden ebenfalls Veränderungen in der Zusammensetzung und der Aufgabenverteilung des Staatsrats statt.[592] Er bestand nunmehr aus drei Abteilungen, der Abteilung für die „Neuordnung" („Tanzimât dairesi"), der

586 Artikel 53: bereits oben dargelegt, siehe Fn. 556;
Artikel 54: *Die im Staatsrat beratenen und ausgearbeiteten Gesetzentwürfe werden zuerst im Abgeordnetenhaus und dann im Senat geprüft. Sie* [die ausgearbeiteten Gesetzentwürfe] *erlangen Gesetzeskraft, wenn sie nach ihrer Annahme von den beiden Kammern durch einen sultanischen Erlass* [Irade] *sanktioniert worden sind.* Aus: *von Kraelitz-Greifenhorst*, S. 40.

587 Artikel 117: *Muss eine gesetzliche Bestimmung ausgelegt werden, so steht die Bestimmung des Gesetzessinnes, soweit es sich um Justizangelegenheiten handelt, dem Kassationshof, soweit es sich um Angelegenheiten der Verwaltung handelt, dem Staatsrat und soweit es sich um dieses Grundgesetz handelt, dem Senat zu.* Aus: *Hirsch*, Die Verfassung der Türkischen Republik, S. 206 und *von Kraelitz-Greifenhorst*, S. 52.

588 *Pause*, S. 31 m.w.N.

589 *Canatar*; *Baş*, S. 120 folgende.

590 *Tanör*, S. 104.

591 *Canatar*; *Baş*, S. 120 folgende: insbesondere S. 122, 123, 124, 127, 128.

592 *Canatar*; *Baş*, S. 128.

Abteilung für innere Angelegenheiten („Dâhiliye dairesi") und aus der Justizabteilung („Muhâkemât dairesi").[593] Das Initiativ- und Beratungsrecht für Gesetzentwürfe wurde beim Staatsrat belassen, dieser erfuhr aber eine Einschränkung seines Aufgaben- und Kompetenzbereiches in seiner Gesetzgebungshoheit durch das neue Mitspracherecht der zwei Parlamentskammern und durch die Abgabe der Streitverfahren zwischen Bürger und Staat an die staatlichen Gerichte nach Artikel 85.[594] Damit war der Staatsrat gemäß Artikel 54 neben dem Abgeordnetenhaus und dem Senat in den Legislativprozess miteinbezogen. Seine ursprüngliche Justizrolle wurde eingeschränkt. Er war für die Strafverfahren wegen Bestechung gegen hohe Beamte und für die Kontrolle in lokalen Verwaltungsangelegenheiten zuständig,[595] was sich aber nicht aus dem Verfassungstext ergab. Artikel 117 der osmanischen Verfassung erweiterte die Befugnis des Staatsrats. Der Staatsrat war dadurch de facto oberstes Verwaltungsgericht, da er gemäß Artikel 117 der osmanischen Verfassung die Möglichkeit innehatte, Verfassungsartikel in administrativen Angelegenheiten zu interpretieren. Es war allerdings nicht konsequent, die grundsätzlichen Aufgaben des Şurâ-yı Devlet im Abschnitt über „Das Parlament" in Artikel 54 S. 1 und in Artikel 117 im Abschnitt „Verschiedene Bestimmungen" zu erwähnen, insbesondere aus Perspektive der Gewaltenteilung, da der Staatsrat zunächst ein Legislativorgan darstellte und durch letzere Bestimmung, aufgrund der Interpretationsfunktion in Verwaltungsangelegenheiten, gleichzeitig zu einem Judikativorgan mutierte.

3. Bedeutung des Staatsrats

Die Verfassung schwieg über die Zusammensetzung des Staatsrats. Insofern war sie nicht transparent, und zwar auf Kosten der einzelnen Rechtssubjekte und zu Gunsten des Sultans, der durch den Staatsrat starken Einfluss auf den Legislativprozess sowie auf den Judikativprozess in Verwaltungsfragen nehmen konnte. De facto kontrollierte der Sultan den Staatsrat. Wie in den deutschen Staaten vor 1848, in denen die Staatsräte „ein weiteres Instrument des Monarchen zur Beratung der Gesetzgebung und gegebenenfalls zur Zügelung der Gesetzgebung in den Zweiten Kammern" darstellten,[596] war dies auch der Staatsrat im osmanischen

593 *Canatar*; *Baş*, S. 128.

594 *Canatar*; *Baş*, S. 128; Artikel 85: *Jeder Prozess wird vor dem zuständigen Gericht verhandelt. Auch Prozesse zwischen Privatpersonen und Regierung gehören zur Zuständigkeit der allgemeinen Gerichte.* Aus: *Hirsch*, Die Verfassung der Türkischen Republik, S. 202.

595 *Plagemann*, S. 90.

596 *Stolleis*, Öffentliches Recht in Deutschland, S. 59 m.w.N.

Verfassungsrecht. Er wurde in Diplomatenkreisen nicht „Şurâ-yı Devlet", sondern „Şurâ-yı Evvet",[597] also „Ja-sagender-Staatsrat", genannt. Damit stellten die ausländischen Gesandten seine Belanglosigkeit fest. Gleichzeitig bedeutete dies, dass der Staatsrat kein Gegengewicht zum Sultan darstellte, sondern vielmehr als dessen Instrument zu verstehen war. Insoweit war der Staatsrat de facto die zentrale Institution des osmanischen Staatsapparates,[598] aber angesichts der starken Herrscherstellung des Sultans auch ohne Eigengewicht. Der Mischcharakter des Staatsrats aus Legislativ- und Judikativorgan machte ihn besonders wichtig und belegt ein weiteres Mal die Durchbrechung des Gewaltenteilungsprinzips im osmanischen Verfassungsrecht, und zwar von Exekutive zu Legislative und Judikative.

VI. Legislative oder Scheinparlament

Die gewählte Volksvertretung spiegelte die Verfassung wider und war daher ihr sichtbarster Beleg.[599] An Zusammensetzung und Wirkungsweise des zweiteiligen Parlamentes kann der Grad der Demokratisierung und Säkularisierung des Rechts abgelesen werden. Es („Meclis-i Umumî") bestand aus zwei Häusern, dem Abgeordnetenhaus („Heyet-i Mebusan") und dem Senat („Heyet-i Âyan"). Hierin folgte die Verfassung dem in Europa üblichen Zweikammersystem.[600]

Bereits die systematische Stellung der Bestimmungen zu den zwei Parlamentskammern in der osmanischen Verfassung zeigte, dass der Sultan, die Garantie der Einheit des Osmanischen Reichs, die Staatsminister und die Beamten dem Parlament an Wichtigkeit und Relevanz vorgelagert waren. Die Bestimmungen über das Abgeordnetenhaus wiederum sind den Bestimmungen über den Senat nachgelagert. Daraus zeigt sich, trotz des zunächst angeführten Grundrechtekatalogs, die Prädominanz der monarchischen bzw. sultanischen Souveränität.

Den jeweiligen Bestimmungen über den Senat und das Abgeordnetenhaus waren allgemeine und insbesondere den Gesetzgebungsprozess betreffende Regelungen über „Das Parlament" in den Artikeln 42–59 vorangestellt. Diese vor die Klammer gezogenen 18 Artikel werden daher zunächst behandelt.

---

597 *Tanör*, S. 105.

598 *Plagemann*, S. 90.

599 *Shaw*; *Shaw*, S. 181: "*[...] if the new Parliament, the most visible evidence of the Constitution, [...]*".

600 *Stolleis*, Zweikammersystem, in: HRG V, Sp. 1833–1835; grundlegend dazu *von Wedel*, Zweikammersystem.

1. Meclis-i Umumî: das Parlament

Die Bestimmungen zum Parlament umfassen 18 Artikel, beginnend mit Artikel 42. Dieser stellt klar, dass das Parlament aus zwei getrennten Kammern besteht, dem Senat und dem Abgeordnetenhaus. Die jeweiligen Sitzungsperioden, die wiederum durch sultanischen Erlass eröffnet („Beginn des Monats November") und geschlossen wurden („Beginn des Monats März"), waren terminlich in Artikel 43 fixiert.[601] Artikel 44 sah jedoch vor, dass der Sultan nach seinem eigenen freien Ermessen – im offiziellen Sprachgebrauch: „aus Gründen der Staatsräson" – die Eröffnung des Parlamentes vorziehen und die festgelegte Sitzungsdauer verkürzen oder verlängern konnte.[602] Auch die belgische Verfassung bestimmte in Artikel 70, dass die Kammern ihre Sitzungsperiode Anfang November eröffnen, wobei der König das Recht hatte, die Kammern „in außerordentlichen Fällen" zusammenzurufen. Diese Bestimmung findet sich sinngemäß in Artikel 76 der preußischen Verfassung. In formalen Abläufen folgt die osmanische Verfassung der preußischen und belgischen Konstitution.

Artikel 47[603] schützte die Mitglieder des Parlamentes hinsichtlich der Abgabe ihrer Stimmen und Meinungen. Sie waren an keinerlei Versprechungen und Weisungen gebunden. Die Parlamentsmitglieder genossen Indemnität,[604] da sie weder wegen ihrer Stimmabgabe noch wegen ihrer Meinungsäußerungen während der Parlamentssitzungen „irgendwie verfolgt" werden durften. Artikel 79 schützte die Abgeordneten grundsätzlich vor Strafverfolgung während der Sitzungsperiode

601 Artikel 43: *Beide Kammern* [Abgeordnetenhaus und Senat] *des Parlaments treten alljährlich am Beginn des Monats November zusammen, werden durch sultanischen Erlaß* [„iradei"/Irade] *eröffnet und am Beginn des Monats März wieder durch sultanischen Erlaß* [„iradei"/Irade] *geschlossen. Beide Kammern dürfen nur gleichzeitig tagen.* Mit leichten Anpassungen aus: *Hirsch*, Die Verfassung der Türkischen Republik, S. 198.

602 Artikel 44: *Der Sultan kann aus Gründen der Staatsräson das Parlament auch vor dem gesetzlich bestimmten Zeitpunkt eröffnen und die festgelegte Sitzungsdauer verkürzen oder verlängern.* Mit leichten Anpassungen aus: *Hirsch*, Die Verfassung der Türkischen Republik, S. 198.

603 Artikel 47: *Die Mitglieder des Parlaments sind hinsichtlich der Abgabe ihrer Stimmen und Meinungen unabhängig, dürfen an keinerlei Versprechungen und Weisungen gebunden sein und weder wegen ihrer Stimmabgabe noch wegen ihrer Meinungsäußerungen während der Parlamentsberatungen irgendwie verfolgt werden, es sei denn, dass sie gegen die Geschäftsordnung* [„meclisin nizamnamei"] *des Parlaments verstoßen haben. In diesem Fall wird nach der Maßgabe der genannten Geschäftsordnung* [„meclisin nizamnamei"] *verfahren.* Aus: *Hirsch*, Die Verfassung der Türkischen Republik, S. 199.

604 *Schmidt*, Rn. 510.

(Immunität).[605] Artikel 47 schränkte den verfassungsrechtlichen Schutz allerdings ein, indem den Parlamentsmitgliedern der Schutz bei Verstößen gegen die Geschäftsordnung des Parlaments versagt blieb. Betrachtet man die Zeit, in der das osmanische Verfassungswerk erlassen wurde, und berücksichtigt zugleich, dass die Rechtstradition des Osmanischen Reiches eine solche Freiheit in diesem Rahmen nicht kannte, ist der neue Verfassungsgehalt erstaunlich modern im Sinne eines liberalen Parlamentarismus. Auf dieser Linie lag auch die saubere Trennung der Kammern.

Artikel 50[606] sah vor, dass niemand gleichzeitig Mitglied beider Kammern sein durfte, genauso wie die ältere belgische Verfassung in Artikel 35: „On ne peut être à la fois membre des deux chambres."

Die Parlamentarier hatten gemäß Artikel 46[607] einen Eid auf die Verfassung zu leisten, der lautete: „Ich schwöre, meinen Sultan, mein Land und die Verfassungsgesetze in Ehren zu halten und keine Tat zu begehen, die gegen sie verstoßen könnte."[608] Der Eid war einer auf die Verfassung, aber er enthielt implizit mehr. Es war ein Verfassungsschwur auf den Sultan und aufgrund seiner Doppelstellung als Souverän und Kalif laut Artikel 4 damit zugleich ein Verfassungsschwur auf den Kalifen als religiöses Oberhaupt. Daher stand der Schwur einer

605 Die Regelung in Artikel 47 weist eine Parallele zu Artikel 46 Abs. 1 S. 1 des Grundgesetzes für die Bundesrepublik Deutschland auf, wonach der einzelne Abgeordnete zu keiner Zeit wegen seiner Abstimmung oder wegen einer Äußerung, die er im Bundestage oder in einem seiner Ausschüsse getan hat, gerichtlich oder dienstlich verfolgt oder sonst außerhalb des Bundestages zur Verantwortung gezogen werden darf. Gerade die Unabhängigkeit der Stimmabgabe, wie auch die Nichtbindung an Weisungen lassen wiederum Parallelen zu der Regelung des sogenannten „freien Mandates" (siehe *Schmidt*, Rn. 510) nach Artikel 38 Abs. 1 S. 2 des Grundgesetzes für die Bundesrepublik Deutschland erkennen. Das freie Mandat des Grundgesetzes für die Bundesrepublik Deutschland gewährt jedoch eine sachliche und persönliche Unabhängigkeit von jeglicher staatlicher Beeinträchtigung (siehe *Schmidt*, Rn. 510). Das osmanische Grundgesetz war in seinem Inhalt nicht so weit gegangen.

606 Artikel 50: *Niemand kann gleichzeitig Mitglied beider Kammern sein.* Aus: *Hirsch*, Die Verfassung der Türkischen Republik, S. 200.

607 Artikel 46: *Die gewählten und ernannten Mitglieder des Parlaments werden am Eröffnungstage in Gegenwart des Großwesirs und, wenn sie an diesem Tage abwesend sind, in Gegenwart des Präsidenten beim Zusammentritt jener Kammer, der sie angehören, beeidigt. Sie schwören, dem heiligen Sultan und ihrem Land treu zu dienen, alle Pflichten zu erfüllen, die ihnen die Verfassung/das Grundgesetz und ihr Mandat auferlegen, und sich aller Handlungen zu enthalten, die diesen Pflichten zuwiderlaufen.* Mit eigenen leichten Anpassungen aus: *von Kraelitz-Greifenhorst*, S. 38, 39.

608 *Zaffi*, S. 150 m.w.N.

Säkularisierung des (Verfassungs)Rechts entgegen; denn durch den Kalifatstitel war die religiöse Machtfülle immer gegenwärtig und hatte verfassungsmäßige Bedeutung.

Ein wichtiges Mittel der Staatskontrolle durch die Parlamentarier war das Recht, Untersuchungsausschüsse einzusetzen, so etwa in der belgischen (Artikel 40) und preußischen Verfassung (Artikel 82). Ein solches Recht sah die osmanische Verfassung nicht vor. Damit war das Parlament gegenüber dem Sultan deutlich schwächer und gewann keinen eigenen Aktionsraum.

2. Heyet-i Âyan: der Senat

Der Senat (Artikel 60–64) als erste Kammer im Zweikammersystem bestand aus Notabeln, also großen Lokalherrschern,[609] und Würdenträgern aus dem Kreise des Sultans.[610] Der Sultan ernannte den Präsidenten und die Mitglieder des Senats (Artikel 60,[611] Artikel 61[612]). Artikel 62 S. 1 führte als „geeignete Persönlichkeiten" für die Mitgliedschaft im Senat ehemalige Minister, Gouverneure, Korpskommandanten, Heeresrichter, Botschafter, Patriarchen und Oberrabbiner an, Personen aus der Generalität des Heeres und der Marine sowie auch andere Personen, welche die erforderlichen Eigenschaften besaßen.[613] Die Aufzählung von Partriarchen und Oberrabbinern mag der konsequenten Fortführung des Gleichstellungsgedankens gedient haben, aber nicht zwangsläufig der

---

609 *Scheben*, S. 66, 67.

610 *Plagemann*, S. 91.

611 Artikel 60: *Der Präsident und die Mitglieder des Senats, dessen Mitgliederzahl höchstens ein Drittel der Zahl der Mitglieder des Abgeordnetenhauses betragen darf, werden unmittelbar vom Sultan ernannt.* Aus: *Hirsch*, Die Verfassung der Türkischen Republik, S. 200.

612 Artikel 61: *Um zum Mitglied des Senats ernannt werden zu können, muss man zu dem Kreis derjenigen Persönlichkeiten gehören, welche dank ihres Wirkens und ihrer Tätigkeit allgemein als zuverlässig und vertrauenswürdig anerkannt sind und in Angelegenheiten des Staates lobenswerte Dienste geleistet haben und mindestens 40 Jahre alt sind.* Aus: *Hirsch*, Die Verfassung der Türkischen Republik, S. 200.

613 Artikel 62: *Die Mitgliedschaft im Senat ist lebenslänglich. In diese Stellung sind geeignete Persönlichkeiten aus dem Kreis der ehemaligen Minister, Gouverneure, Korpskommandanten, Heeresrichter, Botschafter, Patriarchen und Oberrabbiner, aus der Generalität des Heeres und der Marine sowie auch andere Personen, welche die erforderlichen Eigenschaften besitzen, zu berufen. Diejenigen, die auf eigenen Antrag vom Staat in eine andere Stellung berufen werden, verlieren ihre Mitgliedschaft im Senat.* Aus: *Hirsch*, Die Verfassung der Türkischen Republik, S. 200.

Verwirklichung demokratisierender Elemente, da mit dieser Besetzung weder inhaltliche noch politische Vielfalt erzeugt wurde.

Artikel 61 gab eine Mindestaltersgrenze vor, der zufolge die Senatsmitglieder mindestens 40 Jahre alt zu sein hatten. Die Mitgliedschaft im Senat war gemäß Artikel 62 S. 1 des Grundgesetzes lebenslang. Aus diesem Grund musste der Sultan ein besonderes Interesse an der Berufung seiner Gefolgsleute und der loyalen Lokalherrscher in diese Kammer gehabt haben.

Nach den vergleichbaren Regelungen in der preußischen Verfassung bestand die erste Kammer aus den großjährigen Königlichen Prinzen (Artikel 65 lit. a), aus den Häusern wichtiger Familien (Artikel 65 lit. b), aus solchen Mitgliedern, die der König auf Lebenszeit ernannte (Artikel 65 lit. c), aus neunzig Mitgliedern nach der höchsten direkten Staatssteuerklasse (Artikel 65 lit. d) und aus dreißig von den Gemeinderäten gewählten Mitgliedern aus den größeren Städten (Artikel 65 lit. e). Die Legislaturperiode der ersten Kammer in Preußen betrug nach Artikel 67 hingegen sechs Jahre.

Die belgische Regelung war vergleichsweise liberaler. Um als Senator gewählt zu werden, musste man nach Artikel 56 kein Würdenträger, Lokalherrscher, Adliger oder eine diesen vergleichbare Person sein. Die belgische Staatsbürgerschaft und weitere in der Verfassung genannte Voraussetzungen (im Genuss seiner (staats) bürgerlichen Rechte sein; in Belgien wohnhaft; mindestens 40 Jahre alt sein; 1.000 Florin direkte Steuern zahlen) reichten für die Wahl in den belgischen Senat aus. Die Wahlperiode betrug acht Jahre (Artikel 55).

Die Zusammensetzung des osmanischen Senats lehnte sich also eher an die der ersten preußischen Kammer an, mit der wichtigen Abweichung, dass der osmanische Senat vollständig und ausnahmslos vom Sultan direkt besetzt wurde. Im Osmanischen Reich waren keine Wahlen für den Senat vorgesehen. Der Sultan beherrschte durch sein Monopol den Senat. Es erlaubte ihm rigide zu herrschen.

Der (osmanische) Senat bestand in der ersten Parlamentsperiode vom 19./20. März 1877 bis 28. Juni 1877 aus 26 Mitgliedern, von denen 21 Muslime waren.[614] Das heißt, circa 20 Prozent der Senatsmitglieder waren Nichtmuslime. In der zweiten Parlamentsperiode, die vom 13. Dezember 1877–14./16. Februar 1878 andauerte, bestand der Senat aus 38 Mitgliedern.[615]

---

614 *Akşin*, Birinci Meşrutiyet (I), S. 21; *Fendoğlu*, S. 13, 17; *Okandan*, S. 176, 182; *Karal*, Osmanlı Tarihi, S. 235.

615 *Karal*, Osmanlı Tarihi, S. 237, 240, auf S. 240 geht *Karal* vom 14. Februar 1878 aus. Auf S. 237 hingegen geht er vom 16. Februar 1878 als Auflösungsdatum beider

In Artikel 63 wurden die monatlichen Bezüge der Senatsmitglieder bestimmt. Diese Bestimmung war abschließend, da zu Einzelheiten hinsichtlich des monatlichen Geldbezuges nicht auf ein Einzelgesetz verwiesen wurde. Die monatlichen Bezüge dienten nicht der Erhaltung der Unabhängigkeit der Senatsmitglieder. Sie stellten vielmehr ein geeignetes Mittel dar, die Senatsmitglieder an den Sultan zu binden. Die Abhängigkeit vom Sultan und die Loyalität zum Herrscherhaus wurden sowohl durch die lebenslange Mitgliedschaft im Senat als auch mit einer entsprechend lebenslangen Gehaltszahlung erkauft. Dieses Verhältnis war für beide Seiten, die Senatsmitglieder und den Sultan, profitabel. In einem anderen Zusammenhang – der Bezahlung der osmanischen Staatsminister – beschreibt *Karal* die Einstellung von Sultan *Abdül-Hamid II.* zur Treue. Sultan *Abdül-Hamid II.* sei davon ausgegangen, dass kein Gewissen existiere, welches nicht mit Geld gekauft werden könne („Abdülhamit II.'ye göre para ile satın alınmayan vicdan yok idi").[616]

Hierin lag auch ein wesentlicher Unterschied zu vergleichbaren Verfassungen. So bestimmte Artikel 57 der belgischen Verfassung, dass die Senatoren weder Besoldung noch Vergütung erhielten. Ebenso untersagte die deutsche Reichsverfassung von 1871 in ihrem Art. 32 eine Besoldung oder Entschädigung für Abgeordnete.[617]

Schließlich legte Artikel 64 die Aufgabe des Senats fest. Er sollte die von dem Abgeordnetenhaus vorgelegten Gesetzentwürfe und Haushaltsvorschläge prüfen. Aber Gesetzentwürfe und Haushaltsvorschläge, die grundsätzlich gegen die grundlegenden religiösen Angelegenheiten, Souveränitätsrechte des Sultans, die Freiheit, die Bestimmungen des Grundgesetzes, die territoriale Integrität des Staates, die innere Sicherheit des Landes, die Maßnahmen zum Schutz und zur Verteidigung des „Mutterlandes" oder die guten Sitten verstießen, waren gemäß Art 64 S. 2 definitiv vom Senat abzulehnen oder zur Abänderung und Verbesserung an das Abgeordnetenhaus zurückzugeben.

Die vom Senat angenommenen Entwürfe waren zu genehmigen und dem Großwesir zu unterbreiten. Der Senat hatte auch die eingereichten Petitionen zu prüfen und, falls für erforderlich erachtet, unter Beifügung seiner (eigenen) Ansicht dem Großwesir zu übergeben (Artikel 64 a.E.). Hier hörte die Kompetenz des Senats aber nicht auf. Vielmehr war er nach Artikel 117 befugt, in Verfassungsfragen den oder die jeweiligen Verfassungsartikel zu interpretieren.

Kammern aus. Eine genaues Verhältnis von Muslimen zu Nichtmuslimen konnte quantitativ nicht festgestellt werden.

616 *Karal*, Osmanlı Tarihi, S. 273.

617 Dies wurde später geändert. Siehe *Urban*, Einleitung (S. 1–45): insbesondere S. 1–3, S. 6–7, S. 33–34.

Dieses Interpretationsrecht vermischte sich mit den Kompetenzen einer unabhängigen Justiz, bedeutete also eine Schwächung des Gewaltenteilungsprinzips. Auch wenn das eingeräumte Interpretationsrecht für das 19. Jahrhundert ein weiser Gedanke gewesen sein mochte, so war doch der Senat kein Verfassungsgericht. Nur diesem hätte eine solche Zuständigkeit konsequenterweise zukommen sollen.

3. Heyet-i Mebusan: das Abgeordnetenhaus

a) *Allgemeine Charakterisierung*

Die Regelungen über das Abgeordnetenhaus finden sich in den Artikeln 65–80. Für die Wahl im Abgeordnetenhaus waren geheime (Artikel 66 S. 1), allgemeine (Artikel 69) und – nur bis zu einem bestimmten Maße – gleiche Wahlen vorgesehen,[618] da Frauen, wie fast überall, kein Wahlrecht hatten. Die Dauer der Wahlperiode betrug vier Jahre, wobei Wiederwahl gemäß Artikel 69 Halbsatz 2 zulässig war.[619] Die Abgeordneten erhielten, wie die Mitglieder des Senats, Bezüge aus der Staatskasse, allerdings nur pro Sitzungsperiode und nicht monatlich. Ebenso wurden nach Artikel 76 S. 2 die Reisekosten erstattet.

Die Aufgaben des Abgeordnetenhauses waren auf reine Legislative im Rahmen des Grundgesetzes beschränkt. Nach Artikel 80 S. 1[620] beriet das Abgeordnetenhaus die ihm vorgelegten Gesetzentwürfe, lehnte diejenigen Artikel, welche

---

618 Artikel 65: *Die Mitgliederzahl des Abgeordnetenhauses wird in der Weise bestimmt, dass auf je 50.000 osmanische Untertanen ein Sitz entfällt.* Artikel 66: *Die Wahl beruht auf dem Grundsatz der geheimen Stimmabgabe. Die Durchführung erfolgt nach Maßgabe eines besonderen Gesetzes.* Artikel 69: *Die allgemeinen Abgeordnetenwahlen finden alle vier Jahre einmal statt. Die Dauer der Abgeordneteneigenschaft beträgt vier Jahre, wobei die Wiederwahl zulässig ist.* Aus: *Hirsch*, Die Verfassung der Türkischen Republik, S. 201.

619 Zum Vergleich: Belgien 1831: vier Jahre (Artikel 51); Preußen 1850: drei Jahre (Artikel 73); Deutsches Reich 1871: drei Jahre (Artikel 24 S. 1).

620 Artikel 80: *Das Abgeordnetenhaus berät die ihm vorgelegten Gesetzentwürfe, lehnt diejenigen Artikel, welche sich auf die Finanzangelegenheiten oder das Grundgesetz beziehen, ab oder nimmt sie an oder ändert sie ab. Die im Haushaltsgesetz aufgeführten allgemeinen Ausgaben werden im Abgeordnetenhaus bis in die Einzelheiten geprüft; alsdann wird hinsichtlich der Höhe im Einvernehmen mit dem Minister eine Entscheidung getroffen* [„karar verilür“]; *die zur Deckung erforderlichen Einnahmen werden nach Gattung und Höhe und der Art und Weise ihrer Verteilung und Beschaffung gleichfalls im Einvernehmen mit dem Minister festgesetzt.* Aus: *Hirsch*, Die Verfassung der Türkischen Republik, S. 202.

sich auf die Finanzen oder das Grundgesetz bezogen, ab, nahm die übrigen an oder änderte sie ab.

Artikel 73[621] ermöglichte dem Sultan, mittels eines Erlasses das Abgeordnetenhaus aufzulösen. Dieses Recht war gleichzeitig an die Pflicht des Sultans geknüpft, innerhalb von sechs Monaten, und zwar von dem Tage der Auflösung an gerechnet, eine durch Neuwahlen herbeigeführte Abgeordnetenversammlung zu ermöglichen.

Das Abgeordnetenhaus hatte einen Präsidenten und zwei Vizepräsidenten, die in einem in Artikel 77[622] vorgesehenen Wahlverfahren bestimmt und durch sultanischen Erlass zur Ausübung ihrer Tätigkeiten ermächtigt wurden. Wieder lag es an dem Sultan, eine Person seiner Wahl zu ernennen. Diesmal handelte es sich um den Präsidenten des Abgeordnetenhauses. Dadurch kontrollierte der Sultan zwar nicht das Abgeordnetenhaus, aber er war zumindest sehr gut über dessen Tätigkeit informiert. Der Sultan „wählte" – oder besser gesagt bestimmte – gleich in der ersten Parlamentsperiode (1877) einen Präsidenten für das Abgeordnetenhaus, der einen etwas raueren Umgang mit den Abgeordneten pflegte, indem er einzelnen Abgeordneten ins Wort fiel, diese unterbrach oder dem Abgeordnetenhaus seine seiner Ansicht nach eigentliche Funktion als „lokales Beratungsorgan" vor Augen führte („Meclisler yalnızca istişare mahallidir").[623] Das Abgeordnetenhaus widersprach beim ersten Mal nur mit wenigen Mitgliedern der Berufung des Präsidenten des Abgeordnetenhauses.[624]

---

621 Artikel 73: *Wird das Abgeordnetenhaus durch einen sultanischen Erlaß aufgelöst, so ist mit der Neuwahl aller Abgeordneten so zu beginnen, dass sie spätestens sechs Monate nach der Auflösung zusammentreten können.* Aus: *Hirsch*, Die Verfassung der Türkischen Republik, S. 201; Anpassung: „sultanisch" statt „kaiserlich".

622 Artikel 77: *Für das Amt des Präsidenten des Abgeordnetenhauses werden vom Plenum drei und für das Amt des zweiten und dritten Präsidenten je drei, zusammen also neun Persönlichkeiten mit Mehrheit gewählt. Von diesen werden durch sultanischen Erlaß einer zum Präsidenten und zwei weitere zu Vizepräsidenten ausgewählt und zur Ausübung ihrer Ämter ermächtigt.* Aus: *Hirsch*, Die Verfassung der Türkischen Republik, S. 201, 202; Anpassung: „sultanisch" statt „kaiserlich".

623 *Akşin*, Birinci Meşrutiyet (I), S. 23–26; *Akşin* beschreibt über mehrere Seiten den im Abgeordnetenhaus vorherrschenden Diskurs, insbesondere S. 23–29; Die Meinung von *Devereux* über den ersten Präsidenten des Abgeordnetenhauses ist eine bessere und fällt zu dessen Gunsten aus: siehe *Devereux*, S. 157–159.

624 *Devereux*, S. 156, S. 157.

Die Abgeordneten hatten nach Artikel 79[625] ein Recht auf Immunität, da während der Sitzungsperiode des Abgeordnetenhauses grundsätzlich kein Mitglied verhaftet oder verurteilt werden durfte. Hiervon gab es Ausnahmen, da zum einen das Abgeordnetenhaus und der Senat per Mehrheitsbeschluss entscheiden konnten, ob hinreichende Gründe für eine (An)Klage vorlagen und zum anderen eine Festnahme des Abgeordneten bei dem Vergehen oder Verbrechen oder unmittelbar nach der Tatbegehung erfolgen konnte („hiç biri heyet tarafından ithama sebebi kâfi bulunduğuna ekseriyetle karar verilmedikçe veyahut bir cünha veya cinayet icra eder iken veya icrayi müteakip tutulmadikça tevkif ve muhakeme olunamaz").[626] An der Mitbestimmung des Senats ist wieder der starke Einfluss des Sultans und die Gewichtung zu seinen Gunsten erkennbar.

b) Wahlregelungen

Die folgenden Ausführungen sollen Aufschluss darüber geben, wie demokratisch und repräsentativ die konstituierenden Wahlen zum Abgeordnetenhaus waren. Da gemäß Artikel 66 S. 2 die Art und Weise der Durchführung der Wahlen in einem besonderen Gesetz geregelt werden sollte, aber das noch nicht tagende Parlament (Abgeordnetenhaus und Senat) nach Artikel 55[627] ein solches Gesetz weder verlesen noch annehmen konnte, bestand eine Gesetzeslücke.[628] Infolgedessen erließ Sultan *Abdül-Hamid II.* auf Grundlage des Entwurfs von Großwesir *Midhat Paşa* eine Anordnung („Talimat-nâme")[629] vom 28. Oktober 1876, wonach insgesamt 130 Abgeordnete – davon 80 muslimische und 50 nichtmuslimische Osmanen – unter bestimmten in der Anordnung genannten Voraussetzungen für

625 Artikel 79: *Während der Sitzungsperiode des Abgeordnetenhauses darf kein Mitglied verhaftet oder verurteilt werden, solange nicht von dem Plenum mit Mehrheit darüber Beschluss gefasst worden ist, dass hinreichende Gründe für eine Anklage vorliegen oder dass das Mitglied bei Begehen eines Verbrechens oder Vergehens oder unmittelbar nach der Tat festgenommen worden ist.* Aus: *Hirsch*, Die Verfassung der Türkischen Republik, S. 202.

626 *Gözübüyük*; *Kili*, Md. 79, S. 37.

627 Artikel 55: *Gesetzentwürfe werden zunächst im Abgeordnetenhaus und alsdann im Senat Artikel für Artikel beraten. Über jeden Artikel wird abgestimmt. Wird keine Stimmenmehrheit erzielt und auch nachher bei der Abstimmung über die gesamte Vorlage keine Mehrheit dafür erreicht, so ist der Entwurf nicht angenommen.* Aus: *Hirsch*, Die Verfassung der Türkischen Republik, S. 199, 200.

628 *Akşin*, Birinci Meşrutiyet (I), S. 21.

629 *Plagemann*, S. 122.

das Abgeordnetenhaus gewählt werden durften.[630] Diese sechs Voraussetzungen für die Wahl zum Abgeordnetenhaus wichen von den in Artikel 68 niedergelegten Voraussetzungen ab. Insbesondere ist hierbei zu beobachten, dass die Verfassung in Artikel 68 zehn Voraussetzungen nannte und die Anordnung von 1876 lediglich sechs Voraussetzungen vorschrieb, wie etwa gut vermögend und nicht unter 25 Jahren alt zu sein - Artikel 68[631] hingegen verlangte eine Altershürde von 30 Jahren - die Staatssprache Türkisch zu beherrschen, aus der jeweiligen Wahlregion zu entstammen, zu keiner schweren Gefängnisstrafe verurteilt worden zu sein und etwas Grundvermögen zu besitzen.[632] Es handelte sich um indirekte Wahlen, so dass Wahlmänner zum Einsatz kamen.[633] Für die (damalige) Hauptstadt Istanbul, die in 20 Wahlbezirke unterteilt wurde, war eine abweichende Wahlregelung mit weniger hohen Anforderungen vorgesehen, die für männliche Personen ab 25 Jahren mit etwas Grundbesitz jeweils ein Wahlrecht für die Wahl von zwei Wahlmännern vorsah.[634] Diese Wahlmänner konnten wiederum zehn Abgeordnete, die paritätisch aus fünf Muslimen und fünf Nichtmuslimen bestanden, wählen.[635] Es handelte sich aber auch in Istanbul um indirekte Wahlen über Wahlmänner.[636] Die Gleichstellung der Nichtmuslime mit den Muslimen wurde konsequent umgesetzt und blieb damit kein leeres Versprechen der Verfassung,

630 *Akşin*, Birinci Meşrutiyet (I), S. 21; genaue Ergebnisse siehe *Armağan*, S. 157–159; a.a.O. ausführlichere Erläuterungen insbesondere zur ersten Parlamentswahl im Osmanischen Reich.

631 Artikel 68: *Zum Abgeordneten können Personen nicht gewählt werden: 1. die nicht Untertanen des Staates sind; 2. die nach besonderen Bestimmungen zeitweilig die Privilegien des ausländischen Dienstes besitzen; 3. die nicht Türkisch können; 4. die das 30. Lebensjahr nicht vollendet haben; 5. die im Augenblick der Wahl in einem Dienstverhältnis zu einem anderen stehen; 6. die als Gemeinschuldner noch nicht rehabilitiert sind; 7. die wegen ihres sittlosen Lebenswandels bekannt sind; 8. die entmündigt worden sind, solange die Entmündigung noch nicht aufgehoben ist; 9. die ihre politischen Rechte verloren haben; 10. die nach ihrer Angabe Angehörige eines fremden Staates sind. Diese Personen können nicht Abgeordnete werden. Um bei den vier Jahre später stattfindenden Wahlen Abgeordnete zu werden, ist Bedingung, dass man Türkisch lesen und so gut als möglich auch schreiben kann.* Aus: *Hirsch*, Die Verfassung der Türkischen Republik, S. 201.

632 *Akşin*, Birinci Meşrutiyet (I), S. 21.

633 *Plagemann*, S. 91; *Akşin*, Birinci Meşrutiyet (I), S. 21.

634 *Akşin*, Birinci Meşrutiyet (I), S. 21.

635 *Akşin*, Birinci Meşrutiyet (I), S. 21.

636 *Akşin*, Birinci Meşrutiyet (I), S. 21.

sondern erlangte Realität. Damit wurde die Demokratisierung und Säkularisierung des Rechts nicht nur rechtlich, sondern auch tatsächlich vorangetrieben.[637]

Die Wahlhürden für die erste Wahl wurden durch *Midhat Paşa* per Anordnung („Talimat-nâme") vom 28.10.1876 heruntergesetzt.[638] Dies war möglicherweise dadurch motiviert, den europäischen Mächten am Tage der Eröffnung der internationalen Balkankonferenz eine osmanische Verfassung und damit einhergehend einen starken osmanischen Staat zu präsentieren.[639] Eine Einmischung der europäischen Staaten in innere Angelegenheiten sollte möglichst vermieden werden. Diese (Wahl)Anordnung wurde in dem Grundgesetztext selbst als provisorische Instruktion deklariert und gemäß Artikel 119 zum Schluss der ersten Sitzungsperiode des Abgeordnetenhauses außer Kraft gesetzt.

Artikel 71 bestimmte, dass jeder Abgeordnete nicht bloß den Bezirk repräsentierte, der ihn gewählt hatte, sondern die Gesamtheit aller Osmanen. Das entsprach allen europäischen Vorbildern. Der Abgeordnete sollte sich ideell an den Bindungen von Herkunft, Religion, Partei, Provinz oder Millet befreien und im Sinne der volonté générale sich für das „Ganze" verantwortlich fühlen und einsetzen. Dieser idealistische Anspruch, der empirisch nicht überprüft werden kann, liegt allen repräsentativ-parlamentarischen Systemen zugrunde.

Vergleicht man das osmanische Modell mit denen von Belgien, Preußen und dem Reich, dann zeigen sich Übereinstimmungen, was die normative Orientierung auf das Wohl des Ganzen angeht, im Übrigen aber Unterschiede. Die zweite preußische Kammer bestand aus 350 Mitgliedern, die gemäß Artikel 69, 71 nach dem Dreiklassenwahlrecht gewählt wurden. Dieses Wahlrecht begünstigte den politischen Einfluss der ökonomisch stärksten Gruppe.[640] Nach Artikel 49 S. 1 der belgischen Verfassung bestimmte das Wahlgesetz die Zahl der Abgeordneten nach der Bevölkerung. Die belgische Verfassung legte in Artikel 50 ebenfalls die Konditionen für das passive Wahlrecht fest. Dabei waren explizit keine Sprachkenntnisse gefordert, aber es war Voraussetzung, das Bürgerrecht zu haben oder Belgier von Geburt zu sein und unter anderem im Genuss der bürgerlichen und staatsbürgerlichen Rechte zu stehen. Der Reichstag von 1871 hatte eine Gesamtanzahl von 382 Abgeordneten, wobei der Reichstag gemäß Artikel 20 aus allgemeinen und direkten Wahlen mit geheimer Abstimmung hervorging. Die Anforderungen der Wahlregelungen sind schwer vergleichbar. Die Wahlregelungen des osmanischen

637 Entgegen der Auffassung von *Kili* kann immerhin von einer Teil-Demokratisierung gesprochen werden, siehe: *Kili*, S. 206.

638 *Akşin*, Birinci Meşrutiyet (I), S. 21.

639 *Majoros*; *Rill*, S. 343; *Akşin*, Birinci Meşrutiyet (I), S. 20.

640 *Willoweit*, S. 268, 269 (Rn. 8).

Parlaments verdeutlichten den Umgang des Staates mit dem vielschichtigen Charakter der osmanischen Gesellschaft, der sich auch in der Sprachenvielfalt äußerte. Die polyglotte Gesellschaft sollte parlamentarisch gesehen monoglott arbeiten und dennoch, wie bereits zu lesen war und zu lesen sein wird, allen religiösen oder ethnischen Gruppen offenstehen.

c) Parlamentsperioden und Zusammensetzung des Abgeordnetenhauses

Die erste Parlamentsperiode umfasste den Zeitraum vom 19. / 20. März bis zum 28. Juni 1877.[641] Die ersten Wahlen ergaben ein Abgeordnetenhaus mit 115 oder 116 Mitgliedern, wobei die Anzahl der Muslime 67, 68, 69 oder 71 und die der Nichtmuslime 48 (44 Christen und 4 Juden) oder 46 betrug.[642] Die Angaben zu den exakten Sitzverhältnissen weichen voneinander ab. Damit lag ein Sitzverhältnis im Abgeordnetenhaus von Nichtmuslimen zu Muslimen von circa 40 zu 60 Prozent zugrunde.[643] Die versprochene Gleichstellung von Muslimen und Nichtmuslimen wurde auf diese Weise sichtbar. Die sogenannte „Wohltätigen Verordnungen" schienen damit keine Farce gewesen zu sein. *Vámbéry* hob in seiner Schrift über „Die orientalische Frage als Culturfrage" von 1878 nicht nur die „brüderliche Einigkeit" der muslimischen und christlichen Osmanen hervor,[644] sondern betonte auch, „daß sie alle insgesammt durchdrungen sind von der Nothwendigkeit eines Zusammengehens für die politische Existenz des ottomanischen Staates!".[645] Ein Korrespondent der englischen Presse soll nach der Teilnahme an einer der ersten Sitzungen des Abgeordnetenhauses „von dem multinationalen Charakter der Meclis-i mebusan beeindruckt" gewesen sein und mitgeteilt haben: „Wir haben Angehörige zehn verschiedener Nationalitäten in der Kammer gezählt, die vierzehn

641 *Okandan*, S. 176; *Akşin*, Birinci Meşrutiyet (I), S. 21; *Gözler*, Türk Anayasa Hukuku Dersleri (2007), S. 23.

642 Die Angaben weichen voneinander ab. Vgl. *Akşin*, Birinci Meşrutiyet (I), S. 21; *Fendoğlu*, S. 13; *Okandan*, S. 176; siehe auch *Jäschke*, Die Entwicklung des osmanischen Verfassungsstaates, in: Die Welt des Islams Band V (1917), S. 16; *Palmer*, S. 218; *Karal*, Non-Muslim Representatives, in: Christians and Jews in the Ottoman Empire, Vol. I, S. 394.

643 Die Ergebnisse wurden bei ungeraden Ergebnissen aufgerundet; Vgl. auch *Akşin*, Birinci Meşrutiyet (I), S. 21, 22 verwendet aufgerundete Zahlen.

644 Jüdische Osmanen bleiben unerwähnt.

645 *Vámbéry*, Die orientalische Frage als Culturfrage, in: Die Türken in Europa, Einleitung, S. XXXIV, XXXV; siehe auch *Vámbéry*, Ueber die Reformfähigkeit der Türkei, S. 34–37, S. 38.

Sprachen sprachen."[646] Nach *Hacısalihoğlu* waren insbesondere die orthodoxen Bevölkerungsteile, Bulgaren, Griechen und Serben, im Abgeordnetenhaus vertreten.[647] Nach *Devereux* bildeten die Abgeordneten jede soziale und ökonomische Schicht des Reiches, fast jede religiöse Gemeinschaft und jede ethnische und sprachliche Gruppe ab, so dass das Abgeordnetenhaus das Mosaik des Osmanischen Reiches in einer Kleinausgabe darstellte.[648] Das Abgeordnetenhaus spiegelte somit tatsächlich eine komplexe Realität wider. Solange die osmanische Verfassung in Kraft war und die von ihr vorgesehenen Rechtsmechanismen funktionierten, konnte von einer Rechtsordnung gesprochen werden, die alle Osmanen erfasste. Ob diese osmanische Verfassung nun weniger säkular zu charakterisieren war als andere Verfassungsordnungen, wie die Belgiens von 1830 oder Preußens von 1850 oder gar des Deutschen Reiches von 1871, ist insofern ohne Belang. Wie verhielt es sich aber mit den gemeinsamen Werten der Osmanen? Das Ziel – unter Ausklammerung der nach außen genannten Gründe – war es, wieder ein starkes Osmanisches Reich zu schaffen. Doch dieses Reich bestand aus vielen gesellschaftlichen, religiösen, kulturellen und sprachlichen Einheiten, ähnlich wie heute in der Europäischen Union. Diese Vielfalt zeigte sich in der Zusammensetzung des osmanischen Parlaments, insbesondere des Abgeordnetenhauses. Es bildete somit die osmanische Identität in ihrer Komplexität ab. Dies hielt auch in der zweiten Sitzungsperiode an. Sie umfasste den Zeitraum vom 13. Dezember 1877 bis zum 14. Februar 1878, wobei die Anzahl der Abgeordneten auf 106 sank, bestehend aus 59 Muslimen und 47 Nichtmuslimen.[649] Es herrschte damit ein Sitzverhältnis von etwa 56 Prozent an Muslimen zu 44 Prozent an Nichtmuslimen.[650] Dies stellte unter Gleichberechtigungs- und Säkularisierungsgesichtspunkten einen Fortschritt dar, da nicht die religiöse Ausrichtung des Osmanischen Reiches als Maßstab genommen, wohl aber berücksichtigt wurde.

---

646 *Palmer*, S. 218 m.w.N. unter anderem auf *Devereux*; so auch *Özbudun*, S. 3 m.w.N.

647 *Hacısalihoğlu*, S. 58.

648 *Devereux*, S. 147.

649 *Akşin*, Birinci Meşrutiyet (I), S. 22.

650 *Akşin*, Birinci Meşrutiyet (I), S. 22; Nach *Karal* umfasste die zweite Parlamentsperiode den Zeitraum vom 13. Dezember 1877 bis zum 16. Februar 1878, in dem sich das Abgeordnetenhaus aus 96 Abgeordneten (56 Muslimen und 40 Nichtmuslimen) zusammensetzte, so dass ein aufgerundetes Sitzverhältnis von 58 Prozent zu 42 Prozent gegeben war, *Karal*, Osmanlı Tarihi, S. 237; auf S. 240 wiederum geht *Karal* vom 14. Februar 1878 als Datum für die Parlamentsauflösung aus, daher besteht ein Widerspruch in diesen Angaben; Aufführung der nichtmuslimischen Abgeordneten des 1878 aufgelösten Abgeordnetenhauses siehe: *Ortaylı*, Milletlerin Temsili, S. 177–178, in: Armağan, Kanun-u Esasî.

d) *Der Gesetzgebungsprozess*

(aa) *Im Allgemeinen*

Gesetzesinitiativen standen nach Artikel 53 S. 1 grundsätzlich dem Ministerrat unter Vorsitz des Großwesirs zu. Die Angabe von *Matuz*, dass „allein der Sultan das Recht hatte, Gesetzesinitiativen einzubringen",[651] wird vom Wortlaut der Verfassung nicht getragen. Da jedoch die Zusammensetzung des Ministerrats und die Besetzung des Großwesirpostens vom Sultan bestimmt wurden, war der Sultan faktisch entscheidend. Doch trotz der ausgeprägten Sultansmacht sah die Verfassung auch gewisse Einschränkungen dieser Autorität vor. Artikel 53 S. 2 des Grundgesetzes sah vor, dass auch der Senat und das Abgeordnetenhaus für Angelegenheiten, die zu ihrem festgelegten Arbeitsbereich gehörten, befugt waren, den Erlass neuer Gesetze oder Abänderungen eines bereits in Kraft befindlichen Gesetzes zu verlangen. Was zum festgelegten Arbeitsbereich gehörte, wurde im Verfassungstext allerdings nicht bestimmt. Nach Artikel 53 S. 3 musste das Anliegen durch Vermittlung des Großwesirs dem Sultan vorgelegt werden. Doch letztlich musste bereits hier ein Erlass des Sultans (ein Irade) vorliegen, um einen durchgebrachten Gesetzentwurf durch den Staatsrat ausarbeiten zu lassen. Bei außergewöhnlichen Umständen griff eine andere Bestimmung. Artikel 116[652] gab dem Ministerrat, wie auch dem Senat und dem Abgeordnetenhaus, ein Initiativrecht, nach „Lage des Falles und den entsprechenden Zeitumständen" einige Artikel der Verfassung zu ändern. Die Gesetzesinitiativmacht einfach dem Sultan zuzuschreiben, stellt daher auch dem Wortlaut nach eine zu verkürzte Wiedergabe der rechtlichen und tatsächlichen Gegebenheiten dar.

---

651 *Matuz*, S. 236.

652 Artikel 116: *Wenn einige Bestimmungen des Grundgesetzes* [der Verfassung] *nach Lage des Falles und den entsprechenden Zeitumständen unbedingt ergänzungs- und abänderungsbedürftig erscheinen, ist eine Änderung unter den folgenden Bedingungen zulässig: Der Ministerrat oder der Senat oder das Abgeordnetenhaus bringen einen entsprechenden Abänderungsantrag ein, der zunächst vom Abgeordnetenhaus mit Zweidrittelmehrheit der Gesamtzahl der Mitglieder anzunehmen ist. Wird die Annahme durch den Senat ebenfalls mit Zweidrittelmehrheit bestätigt und ergeht ein entsprechender sultanischer Erlass, so erlangt die Abänderung Gesetzeskraft. Ein Artikel des Grundgesetzes, dessen Abänderung vorgeschlagen worden ist, bleibt während der Dauer des vorstehenden Verfahrens bis zum Ergehen des sultanischen Erlasses* [„iradei"] *in Geltung, ohne seine Kraft und Wirkung zu verlieren.* Mit leichten Änderungen aus: *Hirsch*, Die Verfassung der Türkischen Republik, S. 205, 206.

Vergleicht man wiederum mit dem Ausland, so zeigen sich Unterschiede. In Preußen konnten Gesetzesinitiativen von jeder Kammer und vom König vorgeschlagen werden (Artikel 64). Die belgische Verfassung gewährte das Gesetzesinitiativrecht grundsätzlich jedem Teil der gesetzgebenden Gewalt (Artikel 27 S. 1), welche sich aus dem König, der Kammer der Volksvertreter und dem Senat zusammensetzte (Artikel 26). Allerdings musste gemäß Artikel 27 S. 2 bei Gesetzen, die die Einnahmen oder Ausgaben des Staates oder das Kontingent des Heeres betrafen, zuerst eine Abstimmung in der Kammer der Volksvertreter erfolgen.

Eine so genaue und differenzierte Unterscheidung der Kompetenzen der einzelnen Verfassungsorgane war in der osmanischen Verfassung nicht zu finden. Damit war die Sultansmacht weniger eingeschränkt als die Macht des belgischen Königs. Auch die preußische Verfassung sprach die gesetzgebende Gewalt dem König und den Kammern gemeinschaftlich zu (Artikel 62 S. 1), wobei auch hier der zweiten Kammer Finanzgesetzentwürfe und Staatshaushaltsetats vorgelegt werden mussten, jedoch mit der teilweisen Einschränkung im Vergleich zu der belgischen Konstitution, dass Letztere von der ersten Kammer nur im Ganzen angenommen oder abgelehnt werden konnten (Artikel 62 S. 3). Im Deutschen Reich besaßen der Bundesrat (Artikel 7) und der Reichstag (Artikel 23) das Initiativrecht für Gesetze. Tatsächlich gingen aber alle Gesetzesvorschläge von der Reichsleitung und dem Reichskanzler, über Vermittlung der faktischen Macht Preußen aus.[653]

Im Osmanischen Reich mussten alle Gesetze, deren Beratung und Ausarbeitung die Aufgabe des Staatsrats („Şurâ-yı Devlet") blieb (Artikel 53, 54), zunächst durch das Abgeordnetenhaus und den Senat beraten und angenommen werden (Artikel 54, 55).[654] Artikel 80 bestimmte in Finanzangelegenheiten ebenfalls kurz das Recht des Abgeordnetenhauses, die ihm vorgelegten Gesetzesentwürfe abzulehnen, anzunehmen oder abzuändern.

Was den Modus der Beschlussfassung angeht, zeigt der Vergleich deutliche Übereinstimmungen. In Belgien war die Beschlussfassung nach absoluter Stimmenmehrheit die Regel (Artikel 38), ebenso in Preußen (Artikel 80) und im Deutschen Reich (Artikel 28). Auch die osmanische Verfassung bestimmte in Artikel 51, dass alle Beschlüsse, für welche nicht die Zweidrittelmehrheit erforderlich war, mit der absoluten Stimmenmehrheit der anwesenden Mitglieder gefasst

653 *Nipperdey*, S. 88.

654 *Plagemann*, S. 91; zum technischen Prozess der Gesetzgebung siehe: *Devereux*, S. 176 folgende.

werden musste, wobei grundsätzlich die Mehrheit der Mitglieder anwesend zu sein hatte.

Für vom Abgeordnetenhaus vorgelegte Gesetzesentwürfe und Haushaltsvorschläge hatte der Senat das Prüfungsrecht und konnte unter bestimmten Voraussetzungen diese endgültig ablehnen oder sie gemäß Artikel 64 zur Abänderung und Verbesserung an das Abgeordnetenhaus zurückverweisen.[655] Der Senat fungierte somit als Kontrollorgan zum Abgeordnetenhaus, und es oblag ihm gemäß Artikel 117 die Auslegung der Bestimmungen des Grundgesetzes.[656] Somit kontrollierte das Abgeordnetenhaus in Teilen die Staatsakte des Sultans, der über den Ministerrat agierte, und umgekehrt kontrollierte der Sultan durch den Senat die parlamentarischen Prozesse und Entscheidungsfindungen des Abgeordnetenhauses. Dies führt zu dem Schluss, dass entweder das Misstrauen gegenüber den jeweiligen Staatsakteuren groß war oder dass nun von vornherein eine Balance zwischen Autokoratie und Parlamentarismus suchte.

Der Ministerrat hatte zusätzliche Befugnisse. Ein solches Recht war das Notverordnungsrecht gemäß Artikel 36,[657] wonach im Falle der Notwendigkeit zum Schutze des Staates vor einer Gefahr oder einer Störung der öffentlichen Sicherheit zu einem Zeitpunkt, in dem das Parlament nicht tagte,[658] und die Zeit nicht

---

655 Artikel 64: *Der Senat hat die von dem Abgeordnetenhaus vorgelegten Gesetzentwürfe und Haushaltsvorschläge zu prüfen. Stellt er fest, dass sie gegen grundlegende religiöse Angelegenheiten, Souveränitätsrechte des Sultans, die Freiheit, die Bestimmungen des Grundgesetzes* [der Verfassung], *die territoriale Integrität des Staates, die innere Sicherheit des Landes, die Maßnahmen zum Schutz und zur Verteidigung der Heimat oder die guten Sitten verstoßen, so lehnt er sie mit Begründung entweder endgültig ab oder gibt sie zur Abänderung und Verbesserung an das Abgeordnetenhaus zurück. Die angenommenen Entwürfe unterbreitet er mit seiner Zustimmung dem Großwesir. Ferner prüft er die beim Senat eingereichten Petitionen, die er erforderlichenfalls unter Beifügung seiner Ansicht dem Großwesir unterbreitet.* Leicht abgeändert aus: *Hirsch*, Die Verfassung der Türkischen Republik, S. 200.

656 *Plagemann*, S. 92.

657 Artikel 36: *Wenn zu einem Zeitpunkt, an dem das Parlament nicht tagt, sich die dringende Notwendigkeit zum Schutze des Staates vor einer Gefahr oder einer Störung der öffentlichen Sicherheit ergibt und die Zeit nicht ausreicht, um zur Beratung der erforderlichen Gesetze das Parlament zur Sitzung einzuberufen, so besitzen die vom Ministerrat ergangenen Beschlüsse, soweit sie nicht gegen die Bestimmungen des Grundgesetzes verstoßen, kraft sultanischen Erlasses* [„iradei"] *vorläufig die Wirkung und Kraft von Gesetzen bis zu einem in einer Sitzung des Abgeordnetenhauses gefassten Beschluss.* Leicht abgeändert aus: *Hirsch*, Die Verfassung der Türkischen Republik, S. 197, 198.

658 Nach dem Umkehrschluss aus Artikel 43, wäre dies der Zeitraum von März bis Oktober.

ausreichte, eine Parlamentssitzung zu eröffnen, die vom Ministerrat ergangenen Beschlüsse kraft sultanischen Erlasses – und soweit sie nicht gegen Bestimmungen des Grundgesetzes verstoßen – vorläufig die Wirkung und Kraft von Gesetzen besaßen, und zwar bis zu einem in einer Sitzung des Abgeordnetenhauses gefassten Beschluss. Ein solcher Notverordnungsartikel schloss denkbare Lücken im Gesetzgebungsprozess, war aber auch ein Einfallstor für Missbrauch.[659] Als prominentes Beispiel hierfür ist das Dreiklassenwahlrecht in Preußen zu nennen, das der preußische König über Notverordnung nach Artikel 105 Abs. 2 der preußischen Verfassung[660] einführte.[661]

Wie auch im ausländischen Notverordnungsrecht mussten die Notmaßnahmen im Osmanischen Reich den Kammern zur (nachträglichen) Genehmigung vorgelegt werden. An die Verweigerung der (nachträglichen) Genehmigung war keine Rechtsfolge geknüpft. Genauso verhält es sich mit Artikel 36 der osmanischen Verfassung. Nach Artikel 63 der preußischen Verfassung vom 30. Januar 1850 hatte der preußische König immer noch und weiterhin ein Notverordnungsrecht zur Beseitigung eines ungewöhnlichen Zustandes. In beiden Regelwerken war demnach normiert, dass die getroffenen Bestimmungen (nachträglich) durch die Kammern zu genehmigen seien. Und in beiden Verfassungen fehlte es an den Rechtsfolgen, wenn eine solche Genehmigung durch die Kammern ausbliebe. Was würde passieren? Bei der Interpretation eines Verfassungsartikels war nach Artikel 117 der osmanischen Verfassung für die Feststellung des Sinnes in Angelegenheiten, die sich auf Verfassungsfragen bezogen, der Senat zuständig. Der Senat war durch seine Besetzung wiederum an den Sultan gebunden. Diese starke Stellung des Sultans entsprach der Tradition.[662]

Jeder osmanische Minister hatte gemäß Artikel 37[663] das Recht, jederzeit, wenn er es wünschte, in beiden Kammern zugegen zu sein und mit Vorrang vor den

659 *Stolleis*, HRG III, Sp. 1091–1095 m.w.N.

660 Artikel 105 Abs. 2 der preußischen Verfassung vom 05. Dezember 1848 besagte: „*Wenn die Kammern nicht versammelt sind, können in dringenden Fällen, unter Verantwortlichkeit des gesammten Staatsministeriums, Verordnungen mit Gesetzeskraft erlassen werden, dieselben sind aber den Kammern bei ihrem nächsten Zusammentritt zur Genehmigung sofort vorzulegen.*“

661 *Kotulla*, S. 24.

662 *Burbank*; *Cooper*, Empires in World History, S. 139.

663 Artikel 37: *Jeder der Minister besitzt das Recht, jederzeit, wenn er es wünscht, in beiden Kammern zugegen zu sein oder sich durch einen höheren Beamten seines Ressorts vertreten zu lassen und mit Vorrang vor den Mitgliedern der Kammern das Wort zu ergreifen.* Aus: *Hirsch*, Die Verfassung der Türkischen Republik, S. 198.

Mitgliedern der Kammern das Wort zu ergreifen. Inwieweit dies den Gesetzgebungsmechanismus betroffen hat, bleibt offen. Doch drückte ein solches Vorrecht der Meinungsäußerung in Artikel 37 das Verhältnis zwischen der Staatsmacht und der Volksvertretung deutlich aus. Auch die preußische Verfassung sah in Artikel 60 vor, dass die Minister Zutritt zu jeder Kammer hatten, und dass sie auf Verlangen zu jeder Zeit gehört werden mussten. Darin lag, wie im osmanischen Grundgesetz, eine Prärogative der Staatsmacht, aber auch die Anerkennung, dass die zentralen Fragen im Parlament zu verhandeln seien. Die genannte Regel hat sich bis heute gehalten (Artikel 43 Abs. 2 GG).

Gesetzeskraft erlangten die jeweiligen Gesetzesentwürfe nach Artikel 54 Satz 2 der osmanischen Verfassung nur „auf Grund der Sanktion durch sultanischen Erlass" („Irade").[664] Nach der preußischen Verfassung hatten der König und die beiden Kammern gemäß Artikel 62 Abs. 2 ihre (jeweilige) Übereinstimmung zu jedem Gesetze zu erklären. Auch die belgische Verfassung teilte die gesetzgebende Gewalt dem König und den Kammern gemeinsam zu (Artikel 26). Aufgrund der föderalen Struktur im Deutschen Reich war auch hier die Reichsgesetzgebung Domäne des „Bundesrathes" und des „Reichstages" (Artikel 5, Artikel 2). Die osmanische Verfassung verlangte nach Artikel 7 und 54 hingegen für die Inkraftsetzung der Gesetze jeweils einen sultanischen Erlass. Der Sultan hatte somit die vollkommene Handhabe darüber, ob Parlamentsbeschlüsse auch Gesetz wurden. Damit hatte das osmanische Parlament nicht die uneingeschränkte Gesetzgebungshoheit.[665] Der Sultan war neben Exekutivgewalt auch Legislativgewalt und damit das Maß fast aller Dinge gemäß der neugeschaffenen Verfassung von 1876. Ausnahmen gab es nur im Haushaltsteil der Verfassung.

(bb) In Finanzangelegenheiten

Der Abschnitt „Die Finanzen" im osmanischen Grundgesetz (Artikel 96 bis Artikel 107) ist relativ umfangreich. Die Artikel enthalten keine speziell osmanischen Identitätsmerkmale, sondern entsprechen dem Duktus anderer zeitgenössischer Verfassungen.

---

664 Nach *von Kraelitz-Greifenhorst*, S. 40 handelt es sich um Artikel 54 S. 2. In der Übersetzung von *Hirsch*, Die Verfassung der Türkischen Republik, S. 199 findet sich die kommentierte Stelle im ersten Halbsatz.

665 Zu diesem Ergebnis kommt auch *Plagemann*, S. 92.

Die Einführung einer (staatlichen) Steuer konnte gemäß Artikel 96[666] der osmanischen Verfassung nur aufgrund eines Gesetzes erfolgen.[667] Danach war hier ein (einfacher) Gesetzesvorbehalt gegeben. Artikel 98[668] der osmanischen Verfassung bestimmte, dass der Staatshaushalt im Parlament artikelweise zu prüfen und anzunehmen war. Das Abgeordnetenhaus konnte nämlich Gesetzesentwürfe, die sich auf die Finanzangelegenheiten des Osmanischen Reiches bezogen, gemäß Artikel 80 ablehnen, annehmen oder abändern. Steuererhebungen nach Artikel 96 und budgetmäßige Ausgaben von Staatsvermögen gemäß Artikel 100[669] fielen unter den Vorbehalt des Haushaltsgesetzes.[670] Die osmanische Verfassung regelte in Artikel 100 ausdrücklich, dass nicht budgetmäßige Ausgaben aus dem Staatsvermögen, sobald sie nicht in einem speziellen Gesetze bestimmt waren, nicht gestattet werden konnten.[671] Eine Gebührenregelung zu Gunsten des Staates wiederum

666 Artikel 96: *Eine staatliche Steuer kann nur auf Grund eines Gesetzes eingeführt, veranlagt und eingezogen werden.* Aus: *Hirsch*, Die Verfassung der Türkischen Republik, S. 203; *von Kraelitz-Greifenhorst*, S. 48.

667 Zum Vergleich: Die belgische Verfassung statuierte ebenfalls diese Anforderung in Artikel 110, wie auch die preußische Verfassung in ihrem Artikel 100.

668 Zur Vervollständigung zunächst auch Artikel 97: *Der Staatshaushalt ist das Gesetz, das die Einnahmen und Ausgaben aufweist. Auf diesem Gesetz beruhen die Einführung, Veranlagung und Erhebung der staatlichen Abgaben.* Artikel 98: *Der Staatshaushalt [das Budget] ist das Gesetz über das allgemeine Gleichgewicht im Staatshaushalt, ist im Parlament artikelweise zu prüfen und anzunehmen. Die beigefügten Tabellen, die die einzelnen Posten der geschätzten Einnahmen und Ausgaben umfassen und nach dem gesetzlich festgelegten Muster in Abschnitte, Kapitel und Einzelartikel eingeteilt sind, werden kapitelweise beraten.* Mit leichten Änderungen aus: *Hirsch*, Die Verfassung der Türkischen Republik, S. 203; *von Kraelitz-Greifenhorst*, S. 48.

669 Artikel 100: *Nicht budgetmäßige Ausgaben aus dem Staatsvermögen können, sobald sie nicht in einem speziellen Gesetz bestimmt sind, nicht gestattet werden*; aus: *von Kraelitz-Greifenhorst*, S. 48. *Hirsch*, Die Verfassung der Türkischen Republik, S. 204: *Soweit es nicht durch besonderes Gesetz bestimmt ist, darf Staatsvermögen außerhalb des Haushalts nicht ausgegeben werden.*

670 *Plagemann*, S. 93.

671 Übersetzung aus: *von Kraelitz-Greifenhorst*, S. 48; Wie im Falle der Budgetlosigkeit zu verfahren sei, war weder in der belgischen noch in der preußischen Verfassung explizit geregelt, *Smend* diskutiert die rechtlichen Folgen, die für diese Untersuchung nicht relevant sind: *Smend*, S. 61 folgende; Im Falle der Budgetüberschreitung forderte die preußische Verfassung in Artikel 104 die nachträgliche Genehmigung der Kammern. Dasselbe galt nach *Smend* – ohne die Angabe von Artikeln hierzu – für Belgien, *Smend*, S. 66 m.w.N.; Eine ähnliche Regelung in Bezug auf die (nachträgliche) Genehmigung in Finanzangelegenheiten war ebenfalls in der osmanischen Verfassung zu finden.

kannte die osmanische Verfassung nicht und unterschied sich in diesem Punkt von der belgischen (Artikel 113) und der preußischen (Artikel 100, 109).

Artikel 101 der osmanischen Verfassung bestimmte, dass, wenn in Zeiten, in denen das Parlament nicht tagte, wegen außergewöhnlicher zwingender Gründe sich die dringende Notwendigkeit von Ausgaben außerhalb des Haushalts ergab, Budgetausgaben durch die Minister beschlossen werden konnten, abgesegnet durch einen sultanischen Erlass, unter der Bedingung, dass der Ministerrat die Verantwortung trägt und unverzüglich nach der Eröffnung des Parlamentes diesem ein jeweiliger Gesetzentwurf unterbreitet werde.[672] Der Sultan war dadurch „gegenüber der Volksvertretung" gebunden.[673] Diese Bindung äußerte sich ebenfalls in der einjährigen Gültigkeit des Haushaltsplans nach Artikel 102[674] des osmanischen Grundgesetzes. Die zeitliche Komponente dieser einjährigen Haushaltsbindung konnte auch nicht durch eine Notstandsgesetzgebung ausgehebelt werden. Jedoch erblickte *Devereux* in Artikel 101[675] des osmanischen Grundgesetzes eine Lücke im Gesetz („loophole"), da keine Rechtsfolge daran geknüpft war, was bei einer Ablehnung durch das Parlament geschehen sollte.[676] Die Verfassung schrieb aber auch

672 Übersetzung siehe: *von Kraelitz-Greifenhorst*, S. 48, 49 und *Hirsch*, Die Verfassung der Türkischen Republik, S. 204.

673 Auch die Könige waren gebunden: *Smend* konstatiert dies für die belgische und die preußische Verfassung, siehe *Smend*, S. 66.

674 Artikel 102: *Das Haushaltsgesetz gilt für ein Jahr. Seine Geltung darf nicht über dieses Jahr hinausgehen. Wenn jedoch wegen einiger außergewöhnlicher Umstände das Abgeordnetenhaus, ohne den Staatshaushalt beschlossen zu haben, aufgelöst wird, so erstrecken die Minister aufgrund eines sultanischen Erlasses* [„iradei"] *durch eine Verfügung die Gültigkeitsdauer des Staatshaushalts bis zur nächsten Tagung des Abgeordnetenhauses, jedoch nicht über die Dauer eines Jahres hinaus.* Aus: *Hirsch*, Die Verfassung der Türkischen Republik, S. 204.

675 Artikel 101: *Wenn zu einem Zeitpunkt, in dem das Parlament nicht tagt, wegen außergewöhnlicher zwingender Gründe sich die dringende Notwendigkeit von Ausgaben außerhalb des Haushalts ergibt, ist unter der Voraussetzung, dass der Ministerrat die Verantwortung trägt und unverzüglich nach der Eröffnung des Parlaments eine entsprechende Gesetzesvorlage dem Parlament zuleiten lässt, die Beschaffung und Ausgabe des zur Begleichung dieser Kosten erforderlichen Betrags mit ausdrücklicher Genehmigung von dem Sultan aufgrund eines sultanischen Erlasses* [„iradei"] *zulässig.* Aus: *Hirsch*, Die Verfassung der Türkischen Republik, S. 204.

676 *Devereux*, S. 72; nach *Devereux* enthielt die osmanische Verfassung zwei weitere „Schlupflöcher" im Budgetrecht (Artikel 99 und Artikel 104: siehe *Devereux*, S. 72). Hier nicht angeführt und diskutiert, da sie der Beantwortung der Fragestellungen (Säkularisierung, Demokratisierung, Konstitutionalisierung) nicht weiter dienlich sind.

nicht vor, dass das Parlament diesen Haushalt nachträglich genehmigen solle, sondern nur, dass die Gesetzesvorlage dem Parlament zugeleitet werden müsse. Die zunächst ausgemachte Budgetstärke des osmanischen Parlaments, als tatsächliches Gegengewicht zur Sultansmacht, kommt damit ins Wanken. Zumindest eine Aufweichung der osmanischen Verfassung in diesem Punkt ist an Artikel 102 zu erkennen. Demnach galt das Haushaltsgesetz grundsätzlich für ein Jahr. Wenn aufgrund „außergewöhnlicher Umstände" das Abgeordnetenhaus, ohne den Staatshaushalt beschlossen zu haben, aufgelöst wurde, so verlängerten die (Staats)Minister auf Grund eines sultanischen Erlasses („Irade") durch eine Verfügung die Gültigkeitsdauer des Staatshaushalts bis zur nächsten Tagung des Abgeordnetenhauses, jedoch nicht über die Dauer eines Jahres hinaus (Artikel 102).[677] Damit konnte für ein Jahr das Budgetrecht des Parlaments und insbesondere des Abgeordnetenhauses stark beeinflusst und manipuliert werden. Dieses Tauziehen zwischen der Sultansmacht und der Zuständigkeit des Abgeordnetenhauses wurde in Finanzangelegenheiten und demnach auch an Artikel 102 deutlich. Natürlich gab dieses Recht dem Sultan wieder eine Möglichkeit, seinen Willen ohne verfassungsrechtliche Widerstände zumindest für eine gewisse Zeit durchzusetzen, da insbesondere der Begriff der „außergewöhnlichen Umstände" nicht legal definiert und somit offen für Interpretationen war.

Zum Vergleich hierzu knüpfte Artikel 104 der preußischen Verfassung ebensowenig eine Rechtsfolge an eine Weigerung der nachträglichen Genehmigung durch die zwei Kammern, dies ist der Grund für den berühmten Verfassungskonflikt von 1862, den *von Bismarck* einseitig durchstand, und in der belgischen Verfassung fand sich überhaupt keine ausdrückliche Bestimmung zu dieser Frage, so dass nicht abschließend davon gesprochen werden kann, dass es in der belgischen Verfassung explizit kein solches Schlupfloch gab, das der Machterweiterung des Königs dienen könnte. Die Bestimmung in Artikel 69 der Verfassung des Deutschen Reiches sah hingegen vor, dass alle Einnahmen und Ausgaben für jedes Jahr veranschlagt und auf den Haushaltsetat gebracht werden mussten.[678] Damit hatte der Reichstag das Budgetrecht inne, und zwar jährlich. Die Debatte über den Reichshaushalt wurde ebenso zu einer Debatte über alle Bereiche der Reichspolitik.[679] Trotz einiger Machteinbußen in diesem Bereich kam dem Reichstag insbesondere in Finanzkrisen eine starke Machtstellung zu.[680]

677 Verfassungstext von Artikel 102 siehe Fn. 674.

678 *Nipperdey*, S. 103.

679 *Nipperdey*, S. 103.

680 *Nipperdey*, S. 104.

Wenn die Frage der (nachträglichen) Genehmigung des Staatshaushalts im osmanischen Verfassungsrecht weitergedacht worden wäre, hätte Artikel 117 herangezogen werden müssen, da eine Interpretation eines Verfassungsartikels notwendig gewesen wäre. In solch einer Verfassungsfrage wäre verfassungsrechtlich gemäß Artikel 117 der Senat zuständig gewesen, und eine Entscheidung zum Nachteil oder zu Lasten des Sultans und seiner Minister, aufgrund der Senatsbesetzung mit loyalen Anhängern des Sultans, wäre damit ausgeblieben. Die Verfassung bot damit wenig demokratische Kontrolle des Abgeordnetenhauses – des Staatsvolkes – gegenüber dem Herrscher. Die Beurteilung von *Plagemann*, wonach „das [osmanische *Anm. d. Verf.*] Parlament über das klassische Instrument zur Kontrolle der Exekutive" verfüge,[681] ist in Teilen zu optimistisch, und zwar auch aufgrund fehlender Rechtsfolgen für die Handlungen der Exekutive. Das osmanische Abgeordnetenhaus verfügte nur partiell über die tatsächliche und rechtliche Budgethoheit (siehe Artikel 80, 96–107). Der Sultan war sogar bei Budgetfragen essentiell mit eingebunden in den verfassungsrechtlichen Entscheidungsprozess. Einige Punkte in den Finanzbestimmungen, die offen gelassen wurden oder oberflächlich verfasst waren, ließen Raum für Interpretation, wobei der Vorteil in der Sphäre des Herrschers lag. Unter Demokratisierungsgesichtspunkten lagen dennoch kleinere Fortschritte vor, da zumindest der göttlichen, alles durchdringenden Sultansmacht teilweise durch säkulare Verfassungsbestimmungen entgegengewirkt werden konnte. Die Budgethoheit des Abgeordnetenhauses als Druckmittel zu verneinen – wie es in der türkischen Literatur teilweise vertreten wird[682] – verkennt den für damalige Verhältnisse erreichten Fortschritt in einer staatsrechtlich konservativen und stark religiös geprägten Gesellschaft, für die die Verfassung von 1876 die erste weltliche Verfassung darstellte. Dennoch bleibt es richtig, dass der Sultan im Gesetzgebungsprozess über eine fast unbegrenzte Macht verfügte.[683] Der Wille des Gesetzgebers war nicht der Wille des Abgeordnetenhauses oder gar des osmanischen Volkes, sondern zu einem großen Teil immer noch der Wille des Sultans. Jedoch hatte die einzige und absolute Herrschaftskompetenz des Sultans („biricik ve mutlak sahibi") erstmals in Teilen Einschränkungen erfahren.[684] In der „Gesetzgebungs- und Finanzhoheit" erfuhr der Sultan Verluste seiner Souveränitätsrechte.[685] Gleichzeitig wurde „seine durch Tradition und Religion" bestehende

681 *Plagemann*, S. 92.
682 *Okandan*, S. 154 folgende, insbesondere S. 159.
683 *Okandan*, S. 154 folgende, 161, 164, 165.
684 *Tanör*, S. 149.
685 *Plagemann*, S. 94; *Tanör*, S. (148), 149.

Position „legalisiert und legitimiert und unter den Schutz" dieser neuen Rechtsordnung gestellt.[686]

Ein weiteres wichtiges Element zur Emanzipation vom Sultan und dem ihm zugeschriebenen göttlichen Recht war die Errichtung eines Rechnungshofes gemäß der Artikel 105, 106 und 107 der Verfassung. Die weitere Abgabe von Machtbefugnissen führte den säkularen Weg der kleinen Schritte fort. Der osmanische Rechnungshof hatte nach Artikel 105 S. 1[687] die Aufgabe, die Geschäftsführung der mit den Einnahmen und Ausgaben des Staatsvermögens betrauten Beamten zu überwachen, die von den verschiedenen ministeriellen Departements/Ressorts aufgestellten Jahresrechnungen zu prüfen und das Ergebnis seiner Prüfungen und Wahrnehmungen jährlich in einem besonderen Bericht dem Abgeordnetenhaus zu unterbreiten. Gemäß Artikel 105 S. 2[688] übermittelte der Rechnungshof alle drei Monate über den Großwesir an den Sultan einen finanziellen Lagebericht. Die Zusammensetzung des Rechnungshofes wurde durch den Sultan bestimmt, der zwölf Mitglieder durch einen sultanischen Erlass („Irade") auf Lebenszeit ernannte (Artikel 106 S. 1).[689] Die Mitglieder des osmanischen Rechnungshofes konnten gemäß Artikel 106 S. 2 mit Stimmenmehrheit des Abgeordnetenhauses abgesetzt werden.[690] Daher lag hier ein echtes demokratisches Verfassungsinstrument vor, das die starke Exekutivgewalt in Personifizierung des Sultans verfassungsrechtlich in ihre Schranken weisen konnte, zumindest theoretisch.

Die ausländische Rechtslage war unterschiedlich. „Die preußische Verfassung übernahm aus dem absoluten Staat die Oberrechnungskammer als unmittelbar

---

686 *Plagemann*, S. 94; siehe auch die Beurteilungen von *Tanör*, S. 148 folgende, 164 folgende mit weiteren dargelegten Ansichten.

687 Artikel 105 S. 1: *Es wird ein Rechnungshof gebildet werden, der die Geschäftsführung der mit den Einnahmen und Ausgaben des Staatsvermögens betrauten Beamten zu überwachen, die von den verschiedenen ministeriellen Departements aufgestellten Jahresrechnungen zu prüfen und das Ergebnis seiner Prüfungen und Wahrnehmungen jährlich in einem besonderen Berichte dem Abgeordnetenhause zu unterbreiten hat.* Aus: *von Kraelitz-Greifenhorst*, S. 49.

688 Artikel 105 S. 2: *Dieser Rechnungshof richtet auch alle drei Monate durch Vermittlung des Großwesirs an Seine Majestät den Sultan einen Bericht über die finanzielle Lage.* Aus: *von Kraelitz-Greifenhorst*, S. 50.

689 Artikel 106 S. 1: *Der Rechnungshof soll aus zwölf Mitgliedern bestehen, die durch einen sultanischen Erlass [„iradei"] auf Lebenszeit ernannt werden.* Aus: *von Kraelitz-Greifenhorst*, S. 50.

690 Artikel 106 S. 2: *Sie können, solange nicht die Notwendigkeit ihrer Absetzung vom Abgeordnetenhause mit Stimmenmehrheit beschlossen wird, nicht abgesetzt werden.* Aus: *von Kraelitz-Greifenhorst*, S. 50.

dem König unterstehende Behörde."[691] Die preußische Verfassung von 1850 versprach in Artikel 104 ein besonderes Gesetz zur Regelung der Oberrechnungskammer und dieses preußische „Gesetz betreffend die Einrichtung und die Befugnisse der Oberrechnungskammer vom 27. März 1872" statuierte in seinen ersten beiden Paragraphen, dass die dem König unmittelbar untergeordnete Behörde den Ministern gegenüber unabhängig sei, die Prüfung des gesamten Staatshaushalts innehabe und aus einem Präsidenten, mehreren Direktoren und Räten bestehe.[692] Diese wurden vom König ernannt, wobei nach § 2 des Gesetzes der Präsident [der Oberrechnungskammer *Anm. d. Verf.*] auf den Vorschlag des Staatsministeriums, die Direktoren und Räte auf den Vorschlag des Präsidenten der Oberrechnungskammer unter Gegenzeichung des Vorsitzenden des Staatsministeriums bestimmt wurden.[693]

Die Mitglieder des belgischen Rechnungshofes hingegen wurden nach Artikel 116 von der Kammer der Volksvertreter für eine festgesetzte Zeit gewählt. Die preußische Regelung und die belgische Regelung unterschieden sich hier.[694] Die osmanische Bestimmung gab ebenfalls dem Sultan das Recht zur Errichtung des Rechnungshofes, was insoweit mit der preußischen Verfassung vergleichbar war, aber das Absetzungsrecht der Rechnungshofmitglieder wurde im Osmanischen Reich dem Abgeordnetenhaus, und damit der Kammer der Volksvertreter, überlassen. Insofern ähnelte die osmanische Regelung eher der Bestimmung in Artikel 116 der belgischen Verfassung, wobei diese nur die Ernennung der Mitglieder bestimmte und nicht deren Absetzung.

e) Schutz der Verfassung

Das Grundgesetz als Verfassungswerk und sein immanenter Gesetzgebungsmechanismus waren de jure geschützt. Artikel 115[695] sah nämlich vor, dass kein Artikel des Grundgesetzes bzw. der Verfassung aus irgendwelchen Gründen oder Vorwänden suspendiert oder außer Kraft gesetzt werden durfte. Diesen Artikel

691 *Erler*, in: HRG III, Sp. 1160–1162; *Smend*, S. 67.

692 Gesetz-Sammlung Preußen, 1872, Oberrechnungskammer, §§ 1, 2, S. 278.

693 Gesetz-Sammlung Preußen, 1872, Oberrechnungskammer, § 2, S. 278.

694 So auch *Smend*, S. 67.

695 Artikel 115: *Kein einziger Artikel des Grundgesetzes/der Verfassung darf unter irgendeinem Grund oder Vorwand suspendiert oder außer Kraft gesetzt werden.* Aus: *Hirsch*, Die Verfassung der Türkischen Republik, S. 205.

ließ Sultan *Abdül-Hamid II.* allerdings unbeachtet, als er das Parlament im Februar 1878 beurlaubte, um der parlamentarischen Kritik zu entgehen.[696]

Ein Verfassungseid durch den Sultan war nicht vorgesehen. Das wurde kritisiert, da der Vorrang der Verfassung damit unterminiert worden sei.[697] Ob ein Schwur auf die Verfassung gegen ihre Suspendierung geholfen hätte, muss offen bleiben. Die europäischen Verfassungen verzichteten jedenfalls nicht auf solche Sicherungen. So bestimmte etwa die belgische Verfassung in Artikel 80, dass der König „erst dann vom Throne Besitz nimmt, wenn er in der Mitte der vereinten Kammern vorher feierlichst" den Verfassungseid geleistet habe.[698] Die preußische Verfassung verlangte nach Artikel 58 „einen Eid des Regenten bzw. des Königs, die Verfassung des Königreichs fest und unverbrüchlich zu halten und in Übereinstimmung mit derselben und den Gesetzen zu regieren". Einen entsprechenden Schwur des Deutschen Kaisers im Bundesrath oder im Bundestag gab es allerdings, wie im Osmanischen Reich, nicht.

Theoretisch hätte ein solcher Eid die osmanische Verfassung schützen können. Ob dieser Schwur den Sultan zu einem „funktionalen Bestandteil"[699] der osmanischen Verfassung hätte machen können, und ob bei dieser Einordnung eine höhere rechtliche Verbundenheit gegenüber dem Staatsgrundgesetz entstanden wäre, ist fraglich. Denn der Sultan stand außerhalb der Verfassung. Angesichts der verfassungsrechtlichen und faktischen Machtfülle des Sultans hätte eine solche Regelung die „Beurlaubung" des Parlamentes und damit seine Absetzung bzw. Abschaffung sowie die Auflösung des neu gestarteten Verfassungslebens wahrscheinlich nicht verhindern können. Damit war das Gesetzgebungsverfahren aus demokratischer Sicht betrachtet ineffektiv, da kein starkes Parlament als Gegengewicht zum Sultan existierte. Daran änderte auch die Kritik der Parlamentarier an der Amtsführung des Sultans nichts. Eine demokratische Verfassungsentwicklung hin zu mehr Gewaltenteilung wurde von Beginn an durch die Verfassungsstruktur selbst, an der

---

696 *Gözler*, Türk Anayasa Hukuku Dersleri (2007), S. 23; *Tunaya*, S. 123; *Fortna*, S. 46; siehe auch S. 61 dieser Arbeit.

697 *Ünal Özkorkut*, S. 176; siehe auch *Tanör*, S. 143.

698 Auszug aus Artikel 80 der Verfassung vom 07. Februar 1831 nach *Gosewinkel; Masing*, Verfassungen, S. 1316: *„Ich schwöre, die Verfassung und die Gesetze des belgischen Volkes zu beobachten [es muss „beachten" heißen], die Unabhängigkeit der Nation und die Unverletzbarkeit des Staatsgebiets aufrecht zu erhalten"*; der Text ist nicht ganz korrekt übersetzt worden, da statt „beobachten", das Verb „beachten" = « …d'observer la Constitution ») hätte gebraucht werden müssen.

699 *Binder-Iijima*, S. 46.

die führenden Köpfe der Tanzimât mitwirkten, unter dem Einfluss des Sultans verhindert.

Artikel 116[700] sah vor, dass eine Änderung der Verfassung nur möglich sei, wenn zunächst das Abgeordnetenhaus mit einer Zweidrittelmehrheit die Annahme einer Abänderung bestätigte und dies im Anschluss gleichfalls mit einer Zweidrittelmehrheit durch den Senat erfolgen müsste. Auch in diesem Fall wäre die Rechtskraft dieser parlamentarischen Bestätigung nur durch einen sultanischen Erlass erwachsen. Der Sultan war damit zum einen an der Gesetzgebung *praktisch* immer beteiligt und zum anderen *theoretisch* an das Grundgesetz gebunden. Der Mechanismus des Verfassungsartikels fügt sich in das bisher gezeichnete Bild der osmanischen Verfassung ein. Ein verfassungsrechtlich starker Sultan entspricht oder widerspricht den Gesetzesänderungswünschen des Ministerrats, des Abgeordnetenhauses oder des Senats. Dabei war, im Gegensatz zum Ministerrat und dem Senat, nur das Abgeordnetenhaus tatsächlich nicht direkt vom Sultan abhängig. Die Verfassung konzipierte die starke Machtstellung des Sultans so, dass auch „schwächere" Herrscher durchaus die Kontrolle des gesamten Staatsapparates und des Staatslebens hätten behalten können, da sie immer, bis auf die kleineren Ausnahmen im Finanzbereich, ihr Vetorecht hätten nutzen können.

4. Auszüge aus dem Parlamentsleben

Neben dem theoretischen und rechtlichen Grundgerüst kann auch die praktische Umsetzung des Verfassungsrechts in das öffentliche Leben des Parlaments anhand einiger Beispiele verdeutlicht werden. Das erste osmanische Parlament setzte sich aus Regierungsfunktionären und Vertretern von kaufmännischen, agrarischen sowie anderen Gruppen zusammen.[701] Die Parlamentsdebatten spiegelten die Gegensätze zwischen diesen Gruppen wider.[702] Die Forderungen der Abgeordneten zielten vor allem auf ein effizientes Steuersystem, die Pressefreiheit, die juristische Sicherung des Privateigentums, die Währungsgesetze, die Unternehmensfreiheit und die Abschaffung der Willkür in der Verwaltung.[703]

Angesichts der Macht des Sultans mussten sich diese Forderungen direkt oder indirekt an ihn richten. Politische Parteien gab es (noch) nicht. Dennoch findet sich rege Kritik der Parlamentarier an den Ministern oder an der Außenpolitik.[704]

700 Wortlaut Artikel 116: siehe Fn. 652.

701 *Kürşat*, S. 280.

702 *Kürşat*, S. 280.

703 *Kürşat*, S. 280.

704 *Karakoç*, S. 130.

Die Parlamentssitzungen wurden grundsätzlich „in konstruktiver Arbeitsatmosphäre abgehalten".[705] Muslime und Nichtmuslime nahmen unabhängig von ihrer konfessionellen Zugehörigkeit Stellung zu den Regierungsvorlagen.[706] Kritische Stellungnahmen der Abgeordneten gegenüber dem Sultan und seinen Ministern, die die zu Kriegszeiten fehlende Opferbereitschaft der Herrschenden wie auch die Erfolglosigkeit des Sultans im russisch-osmanischen Krieg 1877 rügten, blieben nicht aus und verstärkten sich sogar.[707] Im Parlament selbst prallten damit die Sultanswelt, nach Artikel 77 vertreten durch den Präsidenten des Abgeordnetenhauses, der durch den Sultan bestimmt wurde, und die Welt der Abgeordneten aufeinander.[708] Wer der Präsident war, hatte insofern eine herausgehobene Bedeutung, weil diesem nach den Vorschriften über das Parlament gemäß Artikel 51 S. 2 HS 2[709] ein doppeltes Stimmrecht zukam. Das gleiche galt gemäß Artikel 51 S. 2 HS 2 für den Präsidenten des Senats. In wichtigen und strittigen Fällen konnten sie als Zünglein an der Waage eine ausschlaggebende Bedeutung zugunsten des Sultans haben. Der Sultan setzte sich damit auch bei (streitigen) Abstimmungen fast immer durch.

Der Präsident des Abgeordnetenhauses verheimlichte seine Sicht der Lage nicht. Er machte den Abgeordneten gegenüber deutlich, dass das Abgeordnetenhaus nur ein lokales Beratungsgremium sei („Meclisler yalnız istişare mahallidir").[710] Er verspottete Abgeordnete aufgrund ihrer provinziellen Herkunft („Siz de Istanbul gibi bir şehir yaparsanız olsun"),[711] oder er machte keinen Hehl daraus, die Pressefreiheit einschränken zu wollen („Bazı adamlar vardır ki, gökden inmiş olsa, ona matbaa izni vermemelidir").[712]

---

705 *Zaffi*, S. 150.

706 *Davison*, The Impact of the West, S. 107; *Zaffi*, S. 150.

707 *Okandan*, S. 181–184, 219.

708 *Akşin*, Birinci Meşrutiyet (I), S. 23–29; *Akşin* beschreibt über mehrere Seiten den im Abgeordnetenhaus vorherrschenden Diskurs und fängt damit die Stimmung in Teilen auf; *Shaw*; *Shaw*, S. 182.

709 Nach der Übersetzung von *von Kraelitz-Greifenhorst*, S. 39, 40: Artikel 51: *In beiden Kammern des Parlaments kann, solange nicht ein Mitglied mehr als die Hälfte der sie bildenden Mitglieder anwesend ist, zu Beratungen nicht geschritten werden. Alle Beschlüsse über Verhandlungsgegenstände, für welche nicht eine Zweidrittelmehrheit erforderlich ist, werden mit absoluter Stimmenmehrheit der anwesenden Mitglieder gefasst; bei Stimmenmehrheit zählt die Stimme des Präsidenten doppelt.*

710 *Akşin*, Birinci Meşrutiyet (I), S. 26.

711 *Akşin*, Birinci Meşrutiyet (I), S. 26.

712 *Akşin*, Birinci Meşrutiyet (I), S. 27.

Die bevorzugt diskutierten Themen waren zum einen die Beziehung zwischen den verschiedenen (religiösen) Gemeinden untereinander und zum anderen die vorherrschende Willkür der Beamten, die gegen jeden gerichtet schien.[713] Aus den Protokollen der Parlaments- und Abgeordnetensitzungen geht hervor, dass die nichtmuslimischen Abgeordneten ihrem Sultan gegenüber loyal waren – zumindest in der Öffentlichkeit – und dies in ihren jeweiligen Stellungnahmen zum Ausdruck gebracht haben.[714] Als es zum Beispiel darum ging, die Anzahl der Mitglieder von lokalen Parlamenten von sechs Mitgliedern um weitere sechs auf zwölf Mitglieder zu erhöhen, wurde eine paritätische Besetzung von sechs Muslimen und sechs Nichtmuslimen vorgeschlagen und diskutiert.[715] Eine Diskussion, die – im Lichte der Konstitutionalisierung und Säkularisierung betrachtet – eine Verfestigung des Tanzimâtgeistes aufzeigt. Die nichtmuslimischen Abgeordneten waren für die nun erreichte verfassungsrechtliche Gleichstellung „dankbar“ und blieben sich ihrer Verantwortung bewusst.[716]

Auch der Krieg mit Russland 1877 einte die Abgeordneten und bestärkte sie in ihrer Überzeugung, Osmanen zu sein.[717] Insbesondere die nichtmuslimischen Abgeordneten äußerten sich äußerst positiv über die erste Verfassung und die damit einhergehende Meinungsfreiheit.[718] Ein weiterer Diskussionspunkt war das bereits im Hatt-ı Şerif-î von Gülhane von 1839 und im Hatt-ı Hümâyûn von 1856 gegebene Versprechen einer Militärreform. Da die Wehrpflicht bisher nur von den Muslimen wahrgenommen wurde und die Nichtmuslime sich gegen Bezahlung einer Steuer davon befreien konnten, hatte der Sultan gemäß Artikel 45 in seiner Thronrede entsprechend den Leitlinien seiner Politik die Wehrpflicht für alle Osmanen in den Blickpunkt gerückt.[719] Es gab verschiedene Ansichten der Abgeordneten über die Aufnahme von Nichtmuslimen in die osmanische und bis dahin ausschließlich muslimische Armee, die jedoch offen dargelegt und besprochen wurden.[720]

Sowohl über die Konfessionsgrenzen als auch über die Wertegrenzen (konservativ versus fortschrittlich) hinweg einte die Abgeordneten die allen gegenwärtige

713 *Akşin*, Birinci Meşrutiyet (II), S. 101–106, S. 106–110.
714 *Akşin*, Birinci Meşrutiyet (II), S. 101, 102, 103.
715 *Akşin*, Birinci Meşrutiyet (II), S. 102.
716 *Akşin*, Birinci Meşrutiyet (II), S. 102.
717 *Akşin*, Birinci Meşrutiyet (II), S. 102, 103.
718 *Akşin*, Birinci Meşrutiyet (II), S. 103.
719 *Matuz*, S. 112; *Akşin*, Birinci Meşrutiyet (II), S. 103.
720 *Akşin*, Birinci Meşrutiyet (II), S. 103, 104.

Beamtenwillkür.[721] Die niedergeschriebenen Regeln stünden lediglich auf dem Papier, bemerkte ein Abgeordneter.[722] Andere prangerten das Fehlverhalten der Beamten an, die nicht nur den Individuen, sondern auch dem Osmanischen Reich mit ihrem Verhalten schadeten und zu stoppen seien.[723] Die Abgeordneten hatten unabhängig von ihrer Herkunft und Weltanschauung zumindest in diesen Lebensbereichen ähnliche Erfahrungen gesammelt und forderten gemeinsam die Beseitigung dieser Missstände. Dies unterstreicht den grundsätzlich konstruktiven Charakter des gelebten Parlamentarismus, so dass von hier aus Impulse in Richtung Säkularisierung und Demokratisierung ausgingen. Die Verfassung ermöglichte zum Beispiel durch die hart umkämpfte und in Artikel 12 niedergelegte Freiheit der Presse eine Belebung des öffentlichen Diskurses.[724] Die Pressefreiheit wurde von der Presse konstruktiv aufgenommen, so dass im Exil lebende oder zuvor im Gefängnis sitzende Journalisten an ihre Wirkungsstätte zurückkehren konnten.[725] Ein für 1877 vorgesehenes Pressegesetz von *Midhat Paşa*, das unter anderem humoristischen Veröffentlichungen den Weg eröffnen sollte, blieb aufgrund der ablehnenden Haltung des Sultans unverwirklicht.[726]

Die rückblickende Bewertung von Verfassung und Parlamentspraxis ist durchweg positiv.[727] *Barkey* etwa unterstreicht, aufgrund der rechtlichen Pluralität des Osmanischen Reiches – die ihren Anfang im Millet-System nahm – habe sich eine politische Kultur der Vielfalt und Toleranz entwickelt.[728] Der respektvolle Umgang im Wissen um die Andersartigkeit der Individuen, nicht nur aufgrund ihrer Persönlichkeit, sondern auch aufgrund ihrer religiösen Gruppierung und der damit einhergehenden Identitifizierung, zeichnet auch das Bild vom Miteinander im Abgeordnetenhaus bzw. Parlament. *Burbank* und *Cooper* stellen fest, dass die osmanische Rechtspluralität „stark" war, und zwar im Sinne der Bewahrung der Staatsgewalt unter gleichzeitiger Gewährung anderer Rechtsauffassungen.[729]

---

721 *Akşin*, Birinci Meşrutiyet (II), S. 106.

722 Süleyman Refik Bey am 07. April 1877, siehe *Akşin*, Birinci Meşrutiyet (II), S. 106.

723 Ahmet Efendi am 14. April 1877 und Simon Efendi am 17. April 1877, siehe *Akşin*, Birinci Meşrutiyet (II), S. 106, 107.

724 *Uzun*, S. 158; *Devereux*, S. 56.

725 *Uzun*, S. 158.

726 *Uzun*, S. 158.

727 Siehe die Bewertung von *Miras*, S. 39.

728 *Barkey*, S. 85, S. 104: "*[...] legal pluralism [...] was a successful tool for social management of diversity*".

729 *Burbank*; *Cooper*, Rules of Law, Politics of Empire, in: Legal Pluralism and Empires, S. 286, dort auch die entgegengesetzte Ansicht dargestellt: "*weak* legal pluralism" nach *Ross* und *Stern*, a.a.O.

Dieser Feststellung entspricht auch die gelebte Vielfalt im Parlament. Die verfassungsrechtlich verankerten Tanzimâtgedanken der Gleichberechtigung fanden ihren stärksten Ausdruck im Parlamentsleben. Die Belassung der religiösen Identität, die durch das Millet-System eingeführt und lange aufrechterhalten wurde, führte offensichtlich zu keiner gesellschaftlichen oder politischen Spaltung im Verfassungsleben. Die Balkanaufstände stehen natürlich im Kontrast hierzu. Aber die osmanische Rechtspluralität war insgesamt konstruktiv und förderlich in Bezug auf eine schrittweise Säkularisierung und Demokratisierung.

5. Zwischenergebnis

Nicht das osmanische Volk war also Souverän, und die Verfassung war auch nicht darauf angelegt, eine repräsentative Demokratie nach heutigem Verständnis zu schaffen. Die Besetzung der Ministerämter und des Staatsrates oblag dem Sultan. Der Ministerrat hatte gemäß Artikel 53 das Initiativrecht für Gesetzesentwürfe. Die Beschlüsse des Ministerrates mussten vom Sultan in Kraft gesetzt werden. Damit beherrschte der Sultan sowohl seine Minister als auch das Legislativrecht. Die Exekutivgewalt des Sultans war stark ausgedehnt und umfasste in Teilen die Legislative. Gegen die Konzentration der Macht beim Sultan gab es weder Checks-and-Balances noch eine Legitimierung durch das Volk. Eine klare Gewaltenteilung war nicht vorhanden.[730] Das osmanische Grundgesetz hat demnach das wichtigste Prinzip der konstitutionellen Monarchie, die in Artikel 5 der "Virginia Bill of Rights"[731] und in Artikel 16 der französischen Deklaration der Menschenrechte[732] verankerte Gewaltenteilungslehre, nicht übernommen.[733] Dem osmanischen Grundgesetz lagen zwar eine europäische Idee und ein europäisches Konzept zugrunde, aber das blieb im Kern „absolutistisch".[734] Dennoch wurden Institutionen zum ersten Mal eingeführt, die zumindest bei einer

---

730 *Uzun*, S. 155 („*Çünkü 1876 Anayasası'nin icerdigi sistemde gerçek egemen ne halktır, ne meclis ve ne de Heyet-i Vükelâ gerçek egemen padişahin kendisidir*"); *Kili* verwendete bereits 1978 diese Formulie-rung, die *Uzun* zitierte: *Kili*, S. 194; *Abadan*, S. 358; vgl. *Davison*: "*Sovereignty, in short, still resided in the sultan, and not in the nation.*", in: *Davison*, Ottoman Empire, S. 387.

731 Virginia Declaration of Rights vom 12. Juni 1776, Artikel 5: "*That the legislative and executive powers of the state should be separate and distinct from the judicative; […]*".

732 Déclaration des Droits de l'Homme et du Citoyen vom 26. August 1789, Artikel 16: « *Toute société dans laquelle la garantie des droits n'est pas assurée, ni la séparation des pouvoirs déterminée, n'a pas de Constitution.* »

733 *Abadan*, S. 358.

734 *Rumpf*, Rezeption und Verfassungsordnung, Beispiel Türkei, S. 9.

entsprechenden weiteren Reform doch zu einer Demokratisierung des Osmanischen Reiches hätten beitragen können. Der Verfassungstext bildete sozusagen einen ersten Rohbau einer teilweise säkularen Demokratie. Die tatsächlich fehlende Gewaltenteilung manifestierte den Sultan als einzigen Inhaber der Macht, auch wenn der Herrscher einigen Beschränkungen unterworfen war.[735] Die Ansicht von *Karal*, die eine klare Aufteilung der Gewaltenteilung voraussetzt, mit der Ausnahme der Nennung von drei Organen, denen eine Verfassungsinterpretation zustehe (Ministerrat, Staatsrat und das hohe Gericht),[736] entspricht nicht der Verfassung und ihrer Realisierung, da die Machtinstrumente des Sultans, wie der Senat, der Staatsrat, der Ministerrat und insbesondere seine Inkraftsetzungsbefugnis darin, keinen entsprechenden Niederschlag gefunden haben.

Die Aussage, dass mit dem ersten osmanischen Verfassungstext „im Sinne des europäischen Konstitutionalismus des 19. Jahrhunderts die theokratische Legitimation staatlicher Herrschaftsgewalt erstmals durch ein demokratisches Legitimationselement relativiert wurde, ohne allerdings dadurch ersetzt zu werden",[737] ist zutreffend, da die Verfassung eine Legitimation für den Herrscher bildete und gleichzeitig aufgrund der Machtfülle des Sultans kein demokratisches Gleichgewicht zwischen Exekutive und Legislative erlaubte.

Trotz der relativ großen Machtfülle des Sultans ist von einer konstitutionellen Monarchie auszugehen,[738] da ungeachtet der weiter bestehenden Souveränität des Sultans eine wirksame Verfassung vorliegt, die seine Machtausübung zumindest in Teilen rechtlich beschränkte. Die Charakteristika einer konstitutionellen Monarchie liegen in der Verbindung der Elemente Monarchie und Verfassung und der Beschränkung des Sultans bei seiner Machtausübung. Das Machtelement des Herrschers kann dabei überwiegen. Diese Staats- und Verfassungselemente sind im Rahmen des osmanischen Grundgesetzes gegeben.[739] Der Sultan gab einen Teil seiner Machtfülle ab. Er konnte nicht mehr vollumfänglich herrschen, und zwar auch nicht, wie noch zu zeigen ist, im Bereich der Justiz und bei den Grundrechten.

---

735 Vgl. *Uzun*, S. 155; *Plagemann*, S. 118, 119; *Ünal Özkorkut*, S. 178 folgend; *Aldikaçtı* spricht von despotischer Herrschaft: *Aldikaçtı*, S. 64; vgl. auch in *Uzun*, S. 155.

736 *Karal*, Osmanlı Tarihi, S. 231.

737 *Rumpf*, Rezeption und Verfassungsordnung, Beispiel Türkei, S. 8.

738 *Üçok*; *Mumcu*; *Bozkurt*, S. 338: „*anayasal monarşi*"; *Plagemann*, S. 117, 118; *Rumpf*, Rezeption und Verfassungsordnung, Beispiel Türkei, S. 8; *Uzun*, S. 145 folgende, 157; a.A. *Gözler*, Türk Anayasa Hukuku Dersleri (2007), S. 22, 23, wonach nicht zwingend von einer konstitutionellen Monarchie zu sprechen sei.

739 Anders *Gözler*, in: *Gözler*, Türk Anayasa Hukuku Dersleri (2007), S. 22, 23.

Das Abgeordnetenhaus nahm seine Aufgaben wahr und kritisierte die (Staats) Minister wegen ihrer Amtsführung.[740] Das war die Konsequenz der Kontrollbefugnis des Parlaments bzw. des Abgeordnetenhauses über die verantwortlichen (Staats)Minister.

Insbesondere in Fragen der Außenpolitik war das Parlament aktiv und übte offen Kritik an der Amtsführung der Regierung.[741] Damit kann nur die des Sultans gemeint sein, da die Lenkung des Staates einzig in seiner Hand lag (Artikel 7). Das Parlament hatte zwar de lege lata nur ein begrenztes Mitspracherecht, bis auf die Budgethoheit, aber de facto war das Parlament in Teilbereichen der Politik, trotz der Machtzentrierung des Sultans, nicht unbedingt eine schwache Volksvertretung. Dass diese Kritik dem Sultan zu weit gehen konnte, zeigt die „Beurlaubung" des Parlamentes während des osmanisch-russischen Krieges im Februar 1878.

Das Parlament, bestehend aus Abgeordnetenhaus und Senat, der Ministerrat und der Staatsrat stellten die neuen Verfassungsorgane dar. Alle waren mit ihren Aufgaben und Befugnissen in dem neuen Verfassungstext benannt, wenngleich die Regelungen über den Staatsrat etwas versteckt und nicht ganz systematisch dargestellt waren.

Eine Qualifizierung des Großwesirs und Scheich-ül-Islams als weitere Verfassungsorgane ist schwierig, da ihre Funktionen und Befugnisse nicht eindeutig aus der Verfassung hervorgehen und sie aufgrund ihrer totalen Beherrschung durch den Sultan als verlängerter Arm des Souveräns zu werten sind. Die Qualifizierung des Sultans als Verfassungsorgan fällt schwierig aus, da der Sultan zwar nicht über dem Grundgesetz stand, aber in Legislative und Exekutive eine entscheidende Machtfülle in seiner Person als Herrscher hatte, die nur de jure ihre Grenzen fand. Das Grundgesetz benannte die Kernkompetenzen des Sultans (unter anderem Artikel 7). Seine Stellung und seine Befugnisse waren somit im Rahmen des Verfassungswerkes weitgehend ausdrücklich dargelegt. Daher kann der Sultan neben dem Parlament, bestehend aus Abgeordnetenhaus und Senat, dem Ministerrat und dem Staatsrat als ein weiteres Verfassungsorgan des ersten osmanischen Grundgesetzes angesehen werden.

Die erste osmanische Verfassung schuf also die Voraussetzungen für eine künftige Demokratisierung der osmanischen Gesellschaft. Dieser Prozess wurde aber bald durch die Suspendierung der Verfassung gestoppt. Für die Entwicklung eines nachhaltigen Parlamentslebens und einer daraus resultierenden parlamentarischen

---

740 *Karakoç*, S. 130.
741 *Karakoç*, S. 130.

Kultur war die Zeit zu knapp. Die erste Verfassung blieb in Fragen der Gleichstellung und dem gerechten Umgang des Staatsapparats mit den eigenen Staatsbürgern, trotz der deutlich herausstechenden säkularen Elemente, somit mehr Theorie als Realität.

VII. Deutscher Konstitutionalismus in der osmanischen Verfassung

Inwieweit das osmanische Verfassungsrecht vom deutschen Konstitutionalismus durchdrungen war, soll dieser Abschnitt zeigen.

Das osmanische Verfassungsdenken war stark auf den Sultan abgestellt. Dieses Denken spiegelte, jedenfalls im ersten Zugriff, das deutsche Verfassungsverständnis wider, da auch das „deutsche Verfassungsdenken im 19. Jahrhundert auf den Monarchen bezogen" war.[742] Insbesondere in Preußen galt, dass der Träger der Staatsgewalt der König selbst war und nicht die Nation.[743] Die preußische Verfassung übernahm damit, anders als die belgische Verfassung,[744] nicht das Prinzip der „Volkssouveränität".[745] Vielmehr war ein weiteres Kennzeichen der deutschen konstitutionellen Monarchie fast ausnahmslos die Verfassungsgebung durch Oktroi.[746] Weiterhin war durchgängig die gesetzgebende Gewalt gesamthänderisch dem König und der Volksvertretung übertragen, so auch in Preußen (Artikel 62).[747] Regierung und Verwaltung bildeten den Kernbereich der Monarchie.[748] Die vollziehende Gewalt unterstand dem König. Er ernannte und entließ die Minister, die nur ihm gegenüber verantwortlich waren. Ein System der „parlamentarischen" Regierung bestand nicht, und es gab keine „politischen", sondern „beamtenmäßige" Minister,[749] die sich als Diener des Monarchen verstanden. Schließlich verfügte der

742 *Stolleis*, Geschichte des öffentlichen Rechts, 2. Band, S. 100.

743 *Willoweit*, S. 269, 270 (Rn. 10); *Böckenförde*, S. 73, 74; *Gosewinkel*; *Masing*, Verfassungen, S. 28 verweist auf Artikel 57 der Wiener Schlussakte vom 15. Mai 1820, worin das monarchische Prinzip zum Ausdruck kommt: „*Da der deutsche Bund [...] aus souveränen Fürsten besteht, [...] so muss ... die gesamte Staatsgewalt in dem Oberhaupte des Staats vereinigt bleiben, und der Souverain kann durch eine landständische Verfassung nur in der Ausübung bestimmter Rechte an die Mitwirkung der Stände gebunden werden.*"

744 *Smend*, S. 11, 14, 49.

745 *Willoweit*, S. 269 (Rn. 10).

746 *Böckenförde*, S. 75.

747 *Böckenförde*, S. 76, 77.

748 *Böckenförde*, S. 78.

749 *Böckenförde*, S. 79.

König über den Oberbefehl über das Heer.[750] Er konnte alle Stellen im Heer besetzen (Artikel 47) und hatte das Recht, Krieg zu erklären und Frieden zu schließen (Artikel 48).

All dies findet sich auch im osmanischen Grundgesetz. Ausgangs- und Zurechnungspunkt der Staatsgewalt war der jeweilige Souverän. Verfassungen konnten nur die Grenze der monarchischen Gewalt aufzeigen, nicht aber ihre Grundlage bilden.[751]

Das hatte in beiden Verfassungen Konsequenzen für die Stellung der Legislative. Sie wurde sowohl im Osmanischen Reich als auch im Preußischen Staat von dem Souverän und den Kammern gemeinsam ausgeübt. Die Legislative war damit kein „Herrschaftsbereich der demokratischen" Gesetzgebung, „sondern" die Grundlage „der Begegnung und Vermittlung zwischen Königtum und der Freiheit des Volkes".[752] Weder der Sultan des Osmanischen Reiches noch der König von Preußen haben zugelassen, dass die Regierung und Verwaltung anderen Einflüssen und Befehlen unterworfen waren als den ihren. Letztlich hatten beide Souveräne jeweils die alleinige Befehlsgewalt über ihre Heere.

Ob diese strukturelle Ähnlichkeit auf einer bewussten Übernahme in das osmanische Verfassungswerk beruhte, ist den Quellen und der Fachliteratur nicht zu entnehmen. Es liegt näher anzunehmen, dass die Architekten des osmanischen Grundgesetzes aufgrund der Eilbedürftigkeit der Verfassungserstellung – da Krieg mit Russland herrschte und die Balkankonferenz unmittelbar bevorstand – sich der Aufnahme dieser Prinzipien womöglich nicht gegenwärtig und bewusst waren. Was ihnen aber bekannt und bewusst sein konnte, war die in ganz Europa verbreitete Struktur eines Übergangs von einer absoluten Monarchie zu Rechtsstaat, Gewaltenteilung und vorsichtige Partizipation der Volksvertretungen an der Gesetzgebung. Die Distanz zu Prinzipien moderner Demokratie bliebt weiterhin groß, in Berlin wie in Istanbul.

VIII. Die osmanischen Untertanen und ihre Grundrechte

Die osmanische Verfassung enthielt einen Grundrechtekatalog, vergleichbar den Katalogen anderer europäischer Verfassungen. Die Reformen der Tanzimâtzeit gaben diesen Katalogen ein besonderes Gewicht, zumal ihnen die Staatsräson der Macht des Sultans gegenüberstand.

---

750 *Böckenförde*, S. 80.
751 *Böckenförde*, S. 73.
752 *Böckenförde*, S. 77.

1. Der Grundrechtekatalog

Die Verfassung garantierte in ihrem Grundrechtsteil, der die allgemeinen Rechte der osmanischen Untertanen beschrieb und neunzehn Artikel umfasste (Artikel 8 bis Artikel 26) zunächst gem. Artikel 8[753] allen Osmanen, also ausnahmslos allen Untertanen, unabhängig von Religion und Bekenntnis die Eigenschaft als Osmanen: „*Devleti Osmaniye tabiyetinde bulunan efradın cümlesine herkangi din ve meshepten olur ise olsun bila istisna Osmanlı tabir olunur ve osmanlı sıfatı kanunen muayyen olan ahvale göre istihsal ve izae edilir*". Garantiert wurden persönliche Freiheitsrechte (Artikel 9, 10)[754] sowie eine auf die „anerkannten Religionen" beschränkte positive Religions- (Artikel 11),[755] die Presse- (Artikel 12),[756] Handels-, Gewerbe- und Landwirtschaftsfreiheit (Artikel 13),[757] ein Petitionsrecht

---

753 Artikel 8: *Alle Untertanen des Osmanischen Reiches, welcher Religion oder Sekte sie auch angehören mögen, heißen ohne Ausnahme Osmanen. Die Eigenschaft eines Osmanen wird in den gesetzlich bestimmten Fällen erworben und verloren.* Aus: *Hirsch*, Die Verfassung der Türkischen Republik, S. 195 und *von Kraelitz-Greifenhorst*, S. 32; zum Freiheits- und Gleichheitsbegriff als solchem siehe *Faridzadeh*, Vom Mensch-Sein zum Person-Sein (unveröffentlicht), im Manuskript: S. 412–421, insbesondere S. 412–417; grundlegend jedoch zur politischen Terminologie: *Doğanalp-Votzi; Römer*, S. 99–107 (Freiheitsbegriff), S. 113–123 (Gleichheitsbegriff).

754 Artikel 9: *Sämtliche Osmanen besitzen die Freiheit der Person und sind verpflichtet, die Freiheitsrechte der anderen nicht zu verletzen.* Artikel 10: *Die Freiheit der Person ist vor jedem Eingriff geschützt. Niemand darf bestraft werden, soweit das Gesetz nicht Grund und Art bestimmt hat.* Aus: *Hirsch*, Die Verfassung der Türkischen Republik, S. 196.

755 Artikel 11: [S. 1]: *Die Religion des Osmanischen Reiches ist der Islam.* [S. 2] *Unter Wahrung dieses Grundsatzes steht die freie Ausübung aller in den osmanischen Ländern anerkannten Religionen, soweit sie nicht gegen die öffentliche Ordnung und die guten Sitten verstoßen, sowie die unveränderte Fortdauer der den verschiedenen Glaubensgemeinschaften gewährten Religionsprivilegien unter dem Schutz des Staates.* Aus: *Hirsch*, Die Verfassung der Türkischen Republik, S. 196.

756 Artikel 12: *Die Presse ist innerhalb der Schranken des Gesetzes frei.* Aus: *von Kraelitz-Greifenhorst*, S. 32.

757 Artikel 13: *Die osmanischen Untertanen sind berechtigt, innerhalb der Gesetze und Vorschriften allerlei Vereine zu kommerziellen, gewerblichen und landwirtschaftlichen Zwecken zu gründen.* Aus: *von Kraelitz-Greifenhorst*, S. 33.

(Artikel 14[758] unter anderem i.V.m. Artikel 52[759] zu lesen), Unterrichtsfreiheit (Artikel 15),[760] das Eigentum und die Unverletzlichkeit der Wohnung (Artikel 22).[761] Es galten der Gleichbehandlungsgrundsatz (Artikel 17),[762] das Prinzip der Steuergerechtigkeit (Artikel 20),[763] sowie das Prinzip der Steuer- und Abgabenerhebung nur auf der Grundlage eines Gesetzes (Artikel 25).[764] Artikel 23 gewährleistete ein weiteres Justizgrundrecht, neben dem Grundsatz „nulla poena sine lege" in Artikel 10 Satz 2, das Recht auf den gesetzlichen Richter.

Die Deutsche Reichsverfassung, ein Organisationsstatut ohne Grundrechtekatalog, kannte nur Grundpflichten, nämlich Wehr- und Steuerpflicht.[765] Mit Recht ist aber darauf hingewiesen worden, dass die im Reich vereinten Länder Grundrechtekataloge hatten und dass einzelne Grundrechte (Presse-, Vereins-, Versammlungs- und Gewerbefreiheit) auf der Ebene der Gesetzgebung

---

758 Artikel 14: *Die osmanischen Untertanen sind allein oder zu mehreren befugt, wegen eines Sachverhalts, den sie als Verstoß gegen die ihre Person oder Allgemeinheit betreffenden Gesetze und Vorschriften betrachten, sich bei der zuständigen Stelle zu beschweren, auch an das Parlament als Beschwerdeführer unterschriebene Petitionen einzureichen und sich über das Vorgehen von Beamten zu beklagen.* Aus: *Hirsch*, Die Verfassung der Türkischen Republik, S. 196.

759 Artikel 52: *Hat sich jemand wegen einer seine Person betreffenden Sache beschwerdeführend an eine der beiden Kammern des Parlaments gewandt, so wird die Beschwerde zurückgewiesen, wenn sich herausstellt, dass der Beschwerdeführer sich nicht zunächst an die zuständigen Staatsbeamten oder an die Behörde, der diese Beamten unterstehen, gewandt hat.* Aus: *Hirsch*, Die Verfassung der Türkischen Republik, S. 199.

760 Artikel 15: *Der Unterricht ist frei. Unter der Bedingung, dass die gesetzlichen Bestimmungen eingehalten werden, ist jeder Osmane berechtigt, öffentlichen oder privaten Unterricht zu erteilen.* Aus: *von Kraelitz-Greifenhorst*, S. 33.

761 Artikel 22: *In den osmanischen Ländern ist jedermanns Wohnung vor Eingriffen geschützt. Mit Ausnahme der gesetzlich bestimmten Fälle darf keine Wohnung von der Behörde gewaltsam betreten werden.* Aus: *Hirsch*, Die Verfassung der Türkischen Republik, S. 196.

762 Artikel 17: *Alle Osmanen sind vor dem Gesetz gleich und haben, abgesehen von ihrem religiösen Status, die gleichen Rechte und Pflichten gegenüber dem Land.* Aus: *Hirsch*, Die Verfassung der Türkischen Republik, S. 196 und *von Kraelitz-Greifenhorst*, S. 33.

763 Artikel 20: *Die fixierten Steuern werden gemäß den diesbezüglichen speziellen Vorschriften allen osmanischen Untertanen im Verhältnis zu ihrem Vermögen auferlegt.* Aus: *von Kraelitz-Greifenhorst*, S. 33.

764 Artikel 25: *Ohne Grundlage in einem Gesetz darf von niemandem Geld als Steuer oder Gebühr oder unter einer anderen Bezeichnung erhoben werden.* Aus: *Hirsch*, Die Verfassung der Türkischen Republik, S. 196.

765 *Nipperdey*, S. 85.

gewährt wurden, einer Ebene, die sich nicht prinzipiell vom Verfassungsrecht unterschied.[766]

Der Grundrechtekatalog der belgischen Verfassung („Von den Belgiern und ihren Rechten") umfasste 21 Artikel. Er war nicht universell ausgestaltet, sondern an die Belgier adressiert. Ihnen standen die Grundrechte zu, nicht Ausländern. Dennoch ging die belgische Konstitution von einer umfassenden „egalitären Gesellschaftsvorstellung" aus, erfüllte diese aber nicht immer.[767] Ebenso sprach die preußische Verfassung „Von den Rechten der Preußen". Die Staatsangehörigen waren also die Grundrechtsadressaten. Grundrechte (und -pflichten) richteten sich an die preußischen Staatsbürger, nicht an die Menschheit.[768]

Diesen Kreis von Adressaten hatten alle der drei mit Grundrechtsteilen ausgestatteten Konstitutionen somit gemeinsam. Die Grundrechte hatten keinen universellen Anspruch und Adressaten. Im Osmanischen Reich zielten sie ausschließlich auf die osmanischen Untertanen ab. Damit sind sie textlich allein als Rechte und Pflichten der osmanischen Staatsbürger und nicht als universelle Menschenrechte ausgewiesen. Ein universalistischer Anspruch lag dem Verfassungswerk somit nicht zugrunde. Die Reformen und das daraus resultierende umfassende Staatsgrundgesetz sollten schließlich das Osmanische Reich retten,[769] aber nicht die Welt außerhalb der Reichsgrenzen.

Vergleicht man damit die belgischen und preußischen Grundrechtskataloge, dann zeigen sich wiederum Übereinstimmungen und Differenzen. Jeder dieser Kataloge bildet spezifische Notlagen ab, denen nun „von Verfassungs wegen" abgeholfen werden soll. Während die osmanische Verfassung einen bisher absolutistisch regierten Vielvölkerstaat vor Augen hatte, konnten Belgien und Preußen von einer relativ homogenen Struktur ausgehen. Zwar war das Sprachenproblem Belgiens seit der Schaffung des Staates 1831 stets virulent, zwar gab es auch in Preußen die sprachliche Minderheit der Polen, aber sie konnten doch zusammenfassend als „Belgier" oder „Preußen" angesprochen und mit entsprechenden Grundrechten ausgestattet und mit Grundpflichten belegt werden. Die Grundrechtstexte reagierten dann freilich auf Besonderheiten des einzelnen Staates. In Belgien und Preußen wurde die als überholt angesehene Nebenstrafe des „bürgerlichen Tods"[770] abgeschafft. In Preußen musste man, wie schon im Allgemeinen Landrecht von

766 *Huber*, Grundrechte, S. 163–181, insbesondere S. 163–166.
767 *Koll*, S. 507– 509, 528–529.
768 *Heun*, S. 378.
769 *Devereux*, S. 21–22, 28.
770 Die Rechtlosstellung einer Person, wie nach dem tatsächlichen Tod: siehe *Schmoeckel*, HRG I, Sp. 751, 752.

1794, auf die Existenz fest organisierter „Religionsgemeinschaften" reagieren und den Status des Staatsbürgers vom religiösen Bekenntnis klar trennen. Auch wer ganz ohne religiöse Bindung leben wollte, sollte vollberechtigter Staatsbürger sein dürfen. Deshalb garantierte man in Westeuropa, sozusagen als Erbe der Aufklärung, die „negative" Religionsfreiheit". Das war ein ganz anderes Problem als es sich im Osmanischen Reich stellte, wo in einem mehrheitlich muslimischen Kontext die nichtmuslimischen Bevölkerungsteile erstmals als Vollbürger des Staats anerkannt und im Parlament repräsentiert werden sollten. Für eine Regelung der Freiheit von „Atheisten" bestand kein Bedarf. Das gleiche galt für eine Regelung der Wissenschafts- und Lehrfreiheit (Artikel 20 der preußischen Verfassung), die in Preußen auf der seit dem 18. Jahrhundert begonnenen und Anfang des 19. Jahrhunderts durchgesetzten Autonomie der Hochschulen beruhte.

So gewannen die Freiheitsrechte Religionsfreiheit, Wissenschaftsfreiheit, Pressefreiheit, Auswanderungsfreiheit, Versammlungs- und Vereinigungsfreiheit, Eigentumsgarantie oder Gewerbefreiheit in den unterschiedlichen westeuropäischen und osmanischen

Kontexten verschiedene Bedeutungen. Zwar war man sich in allen Staaten einig, an der Todesstrafe festzuhalten, aber die Praxis entwickelte sich sehr unterschiedlich, indem etwa in Deutschland während des 19. Jahrhunderts immer weniger Hinrichtungen vollzogen wurden.[771] Wenn etwa die osmanische Verfassung in Artikel 26 ein Folterverbot betonte, und zwar „endgültig und ausnahmslos", wie es schon 1856 versprochen worden war, dann zeigt dies, dass es jedenfalls eine nun zu unterdrückende Praxis gegeben haben musste. In Westeuropa war die Folter offiziell schon spätestens um 1800 durch den Übergang vom alten Inquisitions- zum modernen öffentlichen Strafprozess abgeschafft worden.[772]

Was in Westeuropa gerade in der ersten Hälfte des 19. Jahrhunderts eine überragende Bedeutung gewonnen hatte, nämlich die Selbstorganisation der Gesellschaft durch öffentliche Versammlungen und durch sogenannte Assoziationen, also das vielfältige Vereinswesen, verlangte deshalb auch nach verfassungsrechtlichen Sicherungen. Die bürgerliche Gesellschaft wollte gerade diese Rechte garantiert sehen: Keine Bespitzelung durch die Geheimpolizei, Briefgeheimnis, Unantastbarkeit der Privatwohnung, keine Verfolgung von Redakteuren der wirkungsvoll agierenden Presse, keine Entlassung von Hochschullehrern wegen regierungskritischer Äußerungen, ungehinderte Auswanderung. Gerade letztere war vom Absolutismus in jeder Weise behindert worden, weil man eine Entvölkerung des Landes durch

771 *Evans*, S. 305–321 zur „Abolition of Public Executions 1851–1863".

772 Siehe *Schmoeckel*, Humanität und Staatsräson.

Auswanderung wegen religiöser Bedrückung und vor allem wegen der Armut auf jeden Fall verhindern wollte. Entsprechende Regelungen in der osmanischen Verfassung zu schaffen, erschien offenbar vergleichsweise unwichtig, da es dort eine breite, auf politische Partizipation drängende, bürgerliche Gesellschaft erst ansatzweise gab und auch das Problem der Auswanderung keine für den osmanischen Staat bedrohliche Rolle spielte.

Entsprechend unterschiedlich sind die in den Verfassungen niedergelegten Pflichten der Staatsbürger ausgebildet. In Westeuropa hatten die Verfassungen grundsätzlich eine gegen den ehemaligen absolutistischen Staat gerichtete Tendenz. Sie legten also den Hauptakzent auf die Rechte der Staatsbürger, während Pflichten nur ausnahmsweise geregelt wurden, etwa die Wehrpflicht in Preußen (Artikel 34 folgende), oder in einfachen Gesetzen niedergelegt wurden wie die Steuerpflicht, also die Verfassungsebene gar nicht erreichten.

Allen hier verglichenen Verfassungen ist eigen, dass die Grundrechte unter Gesetzesvorbehalt gestellt wurden. Dies lag einmal daran, dass Grundrechte im 19. Jahrhundert generell weniger als durchsetzbare Rechte angesehen wurden – eine Verfassungsgerichtsbarkeit gab es nicht. Sie waren vielmehr politische Willenserklärungen auf dem höchsten denkbaren Niveau, dem der Verfassung. Ihre Ausgestaltung und Konkretisierung sollte dem Parlament obliegen, von denen man etwa Pressegesetze, Vereinsgesetze, Pressegesetze oder Gesetze zur Regelung der Auswanderung erwartete. Im Osmanischen Reich war dies nicht anders. Die wichtigsten Grundrechte waren mit einem Gesetzesvorbehalt vorgesehen. Hierzu gehörten die Gesetzesvorbehalte in Artikel 10 (Freiheit der Person), Artikel 13 (Gründung von Gesellschaften), Artikel 21 (Garantie des Vermögens), Artikel 22 (Unverletzlichkeit der Wohnung) und Artikel 25 (Abgabenregelung). Damit war die mögliche Grundrechtseinschränkung grundsätzlich dem Parlament – dem Abgeordnetenhaus und dem Senat – vorbehalten. Der Einfluss des Sultans war, zumindest im Verfassungstext, insoweit geschmälert. In Anbetracht der Zusammensetzung des osmanischen Parlamentes und der eingeschränkten Gesetzgebungskompetenz des Abgeordnetenhauses, als ein Teil des zweiteiligen Parlamentes, kann nicht von einer vollen Bestimmung über das Maß der jeweiligen Grundrechtseinschränkung gesprochen werden. Die konstitutionelle Monarchie stärkte die Sultanskompetenzen und hielt die des Abgeordnetenhauses gering.

2. Das „Osmanentum" – Identitätsbildende Faktoren? – Rechte von Gleichen?

Die Ankündigungen aus den Handschreiben von 1839 und 1856, eine Gleichberechtigung zwischen Muslimen und Nichtmuslimen herbeizuführen, äußerte sich insbesondere in einigen Grundrechten der osmanischen Verfassung. Deshalb sollen die jeweiligen Verfassungsbestimmungen, die empfindliche Punkte der Identität wie Religion und Sprache behandeln, noch einmal genauer betrachtet werden.

a) Überblick

Die osmanische Gesellschaft war aufgrund ihrer Multiethnizität und -konfessionalität pluralistisch. Ein Novum der ersten osmanischen Verfassung war – in konsequenter Fortführung der Handschreiben von 1839 und 1856 – die Einführung des sogenannten Osmanentums in und durch Artikel 8 der Verfassung. Das Gesetz über die osmanische Staatsangehörigkeit war bereits vor der Verfassung in der amtlichen osmanischen Gesetzessammlung veröffentlicht worden.[773] Es machte aus allen Personen im Osmanischen Reich gleichberechtigte Staatsbürger, überging insbesondere die religiösen und ethnischen Unterschiede und beschritt den Weg hin zu einer einheitlichen Nation. „Alle Personen, welche Untertanen des Osmanischen Reiches" waren, waren „nun Osmanen, welchem religiösen Bekenntnis sie auch angehörten, wobei die Eigenschaft als Osmane in den gesetzlich bestimmten Fällen erworben und entzogen wurde".[774] Der in den Erlassen von 1839 und 1856 noch verwendete Millet-Begriff entfiel nun in der Verfassung. Der unmittelbare Herrschaftszugriff auf alle Untertanen setzte das Ende der Millet-Strukturen voraus. In der Tanzimât-Periode wurde die Gesellschaftsordnung neu geregelt, wobei neue Termini im Sinne der westeuropäischen Entwicklungen geprägt wurden.[775] Die Begrifflichkeiten „Tebaai osmaniye" (osmanischer Staatsangehöriger) oder einfach nur „Osmanlı" (Osmane) wie zum Beispiel in den Artikeln 8, 13, 14, 16, 17 und 18 fanden Eingang in den

---

773 *Plagemann*, S. 123: geht von dem Jahr 1860 aus. *Karpat*, S. 162: geht vom Jahr 1869 aus; so auch *Serbestoğlu*, S. 193, 205.

774 Madde 8 [Artikel 8]: „*Devleti Osmaniye tabiyetine bulunan efradın cümlesine herhangi din ve meshepten olur ise olsun bila istisna Osmanlı tabir olunur ve osmanlı sıfatı kanunen muayyen olan ahvale göre istihsal ve izae edilir*", in: *Gözübüyük*; *Kili*, Md. 8, S. 28; deutscher Wortlaut Art. 8: siehe *Hirsch*, Die Verfassung der Türkischen Republik, S. 195 und *von Kraelitz-Greifenhorst*, S. 32.

775 *Doğanalp-Votzi*; *Römer*, S. 180.

Verfassungstext.[776] Das „Osmanentum" galt als Fortsetzung der Gleichstellungsreformen.[777]

Die „Jungosmanen", wie *Namık Kemal*, verwendeten den Begriff „Ümmet", der zwar vor der Tanzimât-Zeit ebenfalls Anwendung fand, aber in der Tanzimât-Ära neu verwendet wurde, um den Begriff der Nation („Ümmet") von der Religionszugehörigkeit zu lösen und ihr eine politische und rechtliche Bedeutung zuzuschreiben und die Osmanen als Ganzes zu erfassen.[778] In der osmanischen Verfassung hatte der „Ümmet"-Begriff aber keine Bedeutung. Doch die Idee der „Begründung eines gesamtosmanischen Patriotismus, der alle ethnischen, sprachlichen und religiösen Spaltungen überwand und sich auf die säkularen Wahrheiten der (französischen) Aufklärung des 18. Jahrhunderts"[779] berief, stellte ein Novum für das Osmanische Reich dar, da die Pluralität nicht aufgehoben oder gebrochen werden sollte, aber sich einer weiteren, größeren Identität, der des Osmanentums, bediente. Charakteristisch war deshalb eine starke Abkehr vom Millet-System und eine gesellschaftliche Neuorientierung des Individuums, das einem großen Ganzen und allumfassenden Kollektiv, dem Osmanentum, zugeordnet werden sollte.

b) *Aufbruch alter Denkmuster*

Das bisherige Millet-System hatte den Umgang einer pluralistischen Gesellschaft mit nichtmuslimischen Minderheiten geordnet.[780] Gerade dieser Umgang mit der bestehenden gesellschaftlichen Vielfalt erfuhr eine neue Bewertung durch die „Kreation" der Osmanen als eine Nation, entsprechend dem Willen der Konstitution von 1876 gemäß Artikel 8 der osmanischen Verfassung.[781] Ein einheitliches Staatsvolk sollte alte Ordnungen und Einteilungen, die auf der Unterteilung in Muslime, Nichtmuslime und Steuerpflichtige („cizye"), Staatselite basierte, obsolet

---

776 In einer neueren türkischen Ausgabe der Verfassung findet sich die Bezeichnung „Yurttaş" („Staatsangehöriger" bzw. „Mitbürger") wieder, Artikel 13: „*Osmanlı yurttaşları, düzen ve yasa çerçevesinde ticaret, sanat ve tarım için her türlü şirket kurma hakkına sahiptir*" aus: *Sezer*, Artikel 13.

777 *Davison*, The Impact of the West, S. 118.

778 *Karal*, Osmanlı Tarihi, Islahat Fermanı Devri, S. 325, 326; in einem anderen Sinne wird dieser Begriff auch für die Gemeinschaft der Muslime (weltweit) verwendet, siehe *Denny*, S. 10, 11 mit weiteren Erläuterungen. Daher mag von der Verwendung Abstand genommen worden sein.

779 *Hobsbawm*, S. 357.

780 *Bayır*, S. 27.

781 *Doğanalp-Votzi*; *Römer*, S. 180, 203, 209, 210.

werden lassen.[782] Das Osmanentum und die Hervorhebung der Gemeinsamkeiten waren nicht nur im Verfassungstext verankert, sondern spielten auch im Parlamentsleben eine starke Rolle.[783] Jahrhundertelanges Millet-Leben und das daraus entstehende Zugehörigkeitsgefühl konnten nicht auf einmal aus dem kollektiven Gedächtnis mehrerer Gemeinschaften gelöscht werden. Anders als in der europäischen Formierung des nationalen Denkens entweder in „der politischen Idee der Nation als Ergebnis selbstbestimmten Handelns des Volkes oder als ethnisch-kulturelle Definition des Nationalen",[784] gab es eine entsprechende Entwicklung im Osmanischen Reich nicht. Weder gab es eine homogene „Nation" noch war es möglich, die vielen Gruppierungen ethnisch-kulturell zusammenzufassen. Die osmanische Verfassung war nicht der letzte Schritt zur Verkündung einer bereits existierenden osmanischen Nation. Sie war aber ein erster Schritt hierzu.

Man kann zwar unterschiedlicher Meinung bei der Frage sein, ob das Osmanentum selbst dem modernen Nationenbegriff entsprach: „bu Anayasa çağdaşlaşmanın bir gereği olan ulusal kimlik bilincine değil, Osmanlılık kavramına dayanmıştır",[785] wie *Kili* sagt, aber in der Kreation des Osmanentums als Nation lag ein Versuch, die Vielfalt zu einen. Die Ansicht von *Kili* hingegen spiegelt eher die Perspektive des türkischen Nationenbegriffs aus der Zeit der Republik wider.

Das Hatt-ı Şerif-î verkündete die Gleichheit für die Anhänger aller Religionsgemeinschaften, und das Hatt-ı Hümâyûn bekräftigte diese zuvor eingeleiteten Reformmaßnahmen.[786] Nun gewann aber die Neubildung einer osmanischen Nation, die aus osmanischen Untertanen bestand, gemäß dem Vorbild der europäischen Monarchien,[787] eine neue Dimension. Die Konstruktion eines osmanischen Patriotismus in Bezug auf das Osmanische Reich sollte religiöse, ethnische und nationale Schranken überwinden und zur Bildung einer Nation von Osmanen im modernen Sinne führen.[788] Osmane war jeder, der die rechtlichen Voraussetzungen hierfür erfüllte. Der Nationenbegriff „Osmane" knüpfte nicht mehr nur an die Begriffe der gemeinsamen „Herkunft", „Sprache" oder „Religion" an, sondern ausschlaggebend war die Anlehnung an das Recht, die Staatsbürgerschaft zu

782 *Doğanalp-Votzi*; *Römer*, S. 180.

783 *Karal*, Non-Muslim Representatives, in: Christians and Jews in the Ottoman Empire, Vol. I, S. 397, 398; so auch *von Sax*, der unter anderem von einem patriotischen Parlament sprach: *von Sax*, S. 424.

784 *Brandt*, S. 49.

785 *Kili*, S. 195; siehe auch S. 197, 198.

786 *Matuz*, S. 225.

787 *Doğanalp-Votzi*; *Römer*, S. 180.

788 *Doğanalp-Votzi*; *Römer*, S. 195.

erwerben.[789] *Okumuş* sieht in der Tanzimât einen großen Schritt Richtung Säkularisierung und den Anfang des Osmanentums als Staatsbürgerschaft sowie den Beginn der Individualisierung.[790] *Davison* kommentiert, dass die Tanzimât mit der Förderung der neuen egalitären osmanischen Staatsbürgerschaft einen signifikanten Schritt in Richtung eines rein säkularen Konzepts von Staat und Staatsbürgerschaft einleiteten.[791] Die Beantwortung der Frage der Säkularisierung ist neben soziologischen und politischen Ansprüchen und Wirklichkeiten zumindest auch eine Frage des Rechts, insbesondere des Verfassungsrechts. Die Verfassung stellte nämlich die Verbindung her zwischen der Ideenwelt der Tanzimât-Protagonisten und der neuen Rechtswirklichkeit, die durch die Einführung des Verfassungsrechts ihren neuen Weg beschritt.

Die Säkularisierung wurde nicht durchgehend in allen Bereichen der Tanzimât-Reformen gleichermaßen umgesetzt. Zwar trennten die Tanzimât-Reformen den Religions- vom Nationenbegriff, doch die Beantwortung der Frage, ob eine Säkularisierung und Demokratisierung des Rechts vorangetrieben wurde, enthält auch andere Elemente. Insbesondere die Behandlung der Religion verdeutlichte dies, wobei der religiöse Staatskerngedanke immer noch erhalten blieb und weiterhin dominierte, wohl aufgrund seiner immanenten Bedeutung für das Osmanische Reich. Alle (osmanischen) Untertanen galten zwar als gleich, und der Gleichbehandlungsgedanke setzte sich bis in das Abgeordnetenhaus durch, was an seiner Zusammensetzung sichtbar wurde. Zugleich war aber klar, dass einer der wesentlichen historischen Charakterzüge des Osmanischen Reiches, seine Religion, im Kern erhalten blieb und Vorrang besaß. Die Säkularisierung war somit von vornherein gehemmt und nur in einem bestimmten Rahmen möglich. Innerhalb dieses Rahmens wiederum wurden die Gleichstellung und die aktive Förderung einer (einzigen) Nationalität forciert und rechtlich verankert. Insofern sind die Aussagen von *Okumuş* und *Davison* in Teilen einzuschränken. Diese Einschränkung gilt auch für die Aussage von *Okumuş*, dass eine Verwestlichung des Osmanischen

789 *Gözler*, Kanun-u Esasî, Türk Anayasa Hukuku Sitesi, www.anayasa.gen.tr/kanunuesasi.htm, S. 3; zum Gesetz über die osmanische Staatsbürgerschaft (Tabiiyet-i Osmaniyye Kanunu) von 1868 siehe: *Serbesto ğlu*, Osmanlı Tabiiyet Kanunu, in: OTAM, S. 205–207; die Angabe bei *Plagemann*, S. 123 m.w.N.: das Gesetz stamme von 1860, ist insoweit unrichtig.

790 *Okumuş*, S. 373.

791 *Davison*, The Impact of the West, S. 118; *Davison*, Christian-Muslim Equality in the Nineteenth Century, S. 852.

Staates gewollt war.[792] Gerade das war von der gesamten osmanischen Staatsführung nicht gewollt, sondern wurde ihr von außen abverlangt.[793] Der Sultan und seine Tanzimât-Mitstreiter hatten primär die Rettung des Osmanischen Reiches im Sinn und sie meinten dies am ehesten durch eine Ausrichtung am Individuum zu erreichen.[794]

Die Erneuerung erfolgte über die Aufgabe alter Prinzipien und die Auf- und Annahme neuer „europäischer" Prinzipien, losgelöst vom Denken in religiösen Kategorien. Der osmanische Staat und seine Lenker wurden zum „Wollen" gezwungen, die Motivation war demnach anders gelagert und lag in der Rettung des brüchigen Staatswesens. Daran änderte auch die Tatsache nichts, dass innerhalb der osmanischen Elite der Tanzimât freie Denker wie *Midhat Paşa* zu finden waren. Aber es sollte auch erwähnt werden, dass einige der christlichen Osmanen, so zum Beispiel in Rumänien oder Serbien, viel mehr an der Unabhängigkeit ihrer Länder und weniger an der (rechtlichen) Gleichstellung als Osmanen mit den damit zusammenhängenden Rechten interessiert waren.[795]

c) Sprache und Identität

Ein wichtiges Element des neuen Osmanentums war die Sprachenregelung. Sie sollte die Schaffung einer Einheit, einer Identität bewirken,[796] und zwar durch Festlegung auf die türkische Sprache als offizielle Amtssprache.[797] Nicht nur der öffentliche Dienst wurde auf die Kenntnis des Türkischen festgelegt (Artikel 18). Artikel 68 Nr. 3 bestimmte, dass Personen, die kein Türkisch konnten, nicht zum Abgeordneten gewählt werden durften.[798] Das war relativ rigide, wenn auch nachvollziehbar, selbst im heterogenen und mehrsprachigen Belgien gab es keine vergleichbaren Regelungen.

Einen früheren Versuch, die Sprachenvielfalt, die neben der Religionsvielfalt die Multiethnizität des Osmanischen Reiches widerspiegelte, in den Verfassungstext aufzunehmen, hatte es gegeben. Dieser hätte womöglich nicht nur die Einheit

---

792 Siehe bei *Okumuş*, S. 379 (S. 378); aber später schreibt *Okumuş* auch klar, dass die Reformbewegung von außen motiviert wurde, S. 395.

793 *Kili* sieht die Motivation nicht aussschließlich von außen kommend, siehe *Kili*, S. 193, 194.

794 *Mumcu*, S. 38, 39; *Kili*, S. 192.

795 *Davison*, Christian-Muslim Equality in the Nineteenth Century, S. 853.

796 *Europäische Union*, http://europa.eu/about-eu/basic-information/symbols/motto/index_de.htm: „In Vielfalt geeint.", zuletzt aufgerufen am: 04.07.2014.

797 *Bayır*, S. 46.

798 Madde 68: „Bunlar mebus olamaz", in: *Gözübüyük*; *Kili*, Md. 68, S. 36.

unter Wahrung der Vielfalt zum Ausdruck bringen können, sondern auch die komplexe Realität des Osmanischen Reiches genauer wiedergegeben. Der erste Verfassungsentwurf, der von den Ansichten des Vorsitzenden der Verfassungskommision *Midhat Paşa* geprägt war, sah einen Grundrechteartikel vor, wonach alle Völker des Osmanischen Reiches darin frei sein sollten, ihre Sprachen nach Belieben zu gebrauchen.[799] Diese Ansicht wurde aber im Laufe der Verfassungsentstehung verdrängt,[800] und zwar auf Wunsch des Sultans *Abdül-Hamid II.*, der nur das Türkische als einzige offizielle Sprache erlauben wollte.[801] In Anbetracht der Tätigkeit des offiziellen Übersetzerbüros des Osmanischen Reiches, insbesondere auch wegen seiner Vielsprachigkeit, wäre eine polyglotte Sprachlösung praktikabel und handhabbar gewesen. An dem Willen des Sultans, nur eine einzige Sprache als offizielle Sprache zu erlauben, war bereits sein vorkonstitutioneller Machteinfluss zu erkennen, der sich auch in der Verfassung deutlich niederschlug. Eine offenere Sprachreform hätte vielleicht eine weitere westliche und europäische Öffnung ermöglichen können. Die Untersuchung von *Okumuş* geht zwar nicht auf die Sprachenvielfalt des Osmanischen Reiches ein, aber sie stellt genauer die Veränderung der offiziellen türkischen Sprache und die Auswirkungen auf die osmanische Gesellschaft dar, insbesondere die Lösung der offiziellen Sprache von arabischen und persischen Elementen, die nach *Okumuş* zu einer „*Säkularisierung der Sprache*" („*dil sekülerleşmesi*") führten.[802] Artikel 68 a.E. bestimmte auch, dass bei den vier Jahre später stattfindenden Wahlen die Bedingung war, Türkisch lesen und so gut als möglich auch schreiben zu können. Dies fügte sich auch in das Verfassungsbild der Kammerverhandlungen ein, da nach Artikel 57[803] im Abschnitt über „Das Parlament" die Verhandlungen der Kammern in türkischer Sprache zu führen waren. Eine gemeinsame Sprache konnte und sollte den Zusammenhalt gestalten. „Die gemeinsame Sprache sollte der Konsolidierung der Nation dienen, da die Bindung an die Nation und die daraus resultierende Einheit auch über die gemeinsame Sprache erfolgen sollte."[804] In diesem Sinne war eine Bestimmung, die den Minderheiten im Osmanischen Reich den freien Gebrauch ihrer jeweiligen Sprache gewährt hätte, aus dem finalen Verfassungstext gestrichen

---

799 *Devereux*, S. 47, S. 55.

800 *Devereux*, S. 56.

801 *Öztuna*, S. 275.

802 *Okumuş*, S. 379 folgende, 382, 383 folgende.

803 Artikel 57: *Die Beratungen der Kammern werden in türkischer Sprache geführt und gedruckte Kopien der zu beratenden Vorlagen an die Mitglieder vor dem Tage der Verhandlung verteilt. von Kraelitz-Greifenhorst*, S. 41.

804 *Kürşat*, S. 176, 177.

worden.[805] Zumindest im zweigliedrigen Parlament, das aus verschiedenen Gruppierungen und Religionsangehörigen bestand, scheint die gemeinsame und einfache Sprache des Türkischen, im Gegensatz zur Hofsprache des Osmanischen, eine Verbrüderung und Hingabe zur osmanischen Verfassung bei den Parlamentariern ausgelöst zu haben: "With so many deputies representing the different peoples and religions of the empire, all speaking the common Turkish of the people rather than the flowery official language used in the capital, they soon developed a feeling of brotherhood and devotion to the Constitution."[806]

Diese Bewertung kann nur schwer belegt werden und mag auch romantisierend wirken, aber sie scheint in Teilen – folgt man den Parlamentsdebatten, die *Akşin* geordnet nach Thematiken darstellte, – zuzutreffen.[807] Unter verfassungsrechtlichen Gesichtspunkten wurde die rechtliche Gleichstellung aller Osmanen durch die Bevorzugung einer einzigen Sprache konterkariert und eine Egalisierung des (Verfassungs)Rechts gehemmt, da im Osmanischen Reich die jeweiligen Glaubensgemeinschaften, als Ausfluss ihrer Millet-Vergangenheit, ihre eigene Sprache hatten und die Bevorzugung einer einzigen offiziellen Sprache die Gleichberechtigung im Sinne der Tanzimâtneuordnung einschränkte. Der verfassungsrechtlich versprochenen Gleichheit wurde nicht in letzter Konsequenz Genüge getan. Der Ansatz von *Midhat Paşa*, den freien Gebrauch aller Sprachen zu erlauben, war nachvollziehbar und wäre im Sinne der Neuordnung durch die Tanzimâtreformen die konsequente Fortsetzung der in Gang gesetzten „Wohltätigen Verordnungen" gewesen. Noch heute werden (in der Türkei) im Rahmen künftiger Verfassungsänderungen die Freiheit des muttersprachlichen Unterrichts („Türkisch oder Kurdisch") und damit die sowohl rechtlich als auch gesellschaftlich akzeptierte Gleichstellung vehement und kontrovers diskutiert.[808] Die Beantwortung dieser Frage bleibt auch über 130 Jahre nach Verkündung der ersten Verfassung auf dem osmanisch-türkischen Rechtsgebiet unbeantwortet und virulent.

Im Gegensatz zu der osmanischen Verfassung stellte die Verfassung des Königreichs Belgien fest: „Der Gebrauch der in Belgien üblichen Sprachen ist frei" und könne „nur durch das Gesetz bestimmt werden" (Artikel 23).[809] Allerdings überwog im öffentlichen Sprachgebrauch das Französische, und die verfassungsrechtlich garantierte Sprachenfreiheit funktionierte in der Praxis nicht einwandfrei

805 *Devereux*, S. 55–56.

806 *Shaw*; *Shaw*, S. 182.

807 Hierfür sind die Auszüge aus den Parlamentsdebatten bei *Akşin* hilfreich, zum Beispiel: *Akşin*, Birinci Meşrutiyet (II), S. 101–106.

808 *Sayın*, S. 4.

809 Artikel 23 der Verfassung vom 07. Februar 1831 nach *Willoweit*; *Seif*, S. 513.

und gleichberechtigt.[810] Die Sprachregelung im Osmanischen Reich hingegen bestimmte das Türkische als Staatssprache, obwohl die anderen Sprachen nicht verboten wurden, sondern nur mit Schweigen übergangen wurden. Dies konnte der Multiethnizität und Pluralität des osmanischen Vielvölkerstaats nicht hinreichend Rechnung tragen. Hintergrund der verfassungsrechtlichen Nennung der türkischen Sprache mag die Sorge vor der Zersplitterung des Osmanischen Reichs gewesen sein, ein Charakterzug, der sich auch weiter durch die Geschichte der Republik Türkei zieht. *Midhat Pasa* setzte sich für die offizielle Gleichberechtigung aller Sprachen ein, doch sein Opponent war hier Sultan *Abdül-Hamid II.*, auf dessen Befehl hin Türkisch als einzige offizielle Sprache Verfassungsrang erhielt.[811] An diesem neuralgischen Punkt der Identitätsfindung anzusetzen, um Ideen im Sinne der „Neuordnung“ einzubringen, die mehr als nur „trockene“ Normen sind, und somit die bisher mehrfach erwähnte Einheit unter Wahrung der Vielfalt über das Verfassungsrecht im osmanischen Staatsleben hinaus zu verankern, hätte wohl der komplexen Realität im Osmanischen Reich eher Rechnung getragen.

d) Verhältnis von Religionsfreiheit zu Staatsreligon

Ein weiterer identitätsbildender Baustein im Osmanischen Reich war die Erziehung.[812] Artikel 15 ermöglichte zwar die Unterrichtsfreiheit, aber gleichzeitig stellte Artikel 16 alle Schulen unter die Aufsicht des Staates, wobei der Verfassungstext keine Einmischung in Angelegenheiten des Glaubens erlaubte. Artikel 16 sah auch vor, die Erziehung der osmanischen Untertanen – und damit aller Untertanen unabhängig von ihrer Religionszugehörigkeit – in „einheitlichen und geordneten Zusammenhang zu bringen“.[813] Diese Einheitlichkeit und Harmonisierung erfolgte nach Artikel 11 sowohl im Einklang mit der Staatsreligion des Islams[814], als auch mit der offiziellen Sprachregelung des Türkischen. Nach *Evered* war dennoch der osmanische Staat [in der Region *Anm. d. Verf.*] der einzige Anbieter von moderner und wissenschaftlicher Erziehung, die auf säkularen Konzepten beruhte.[815] *Evered* sagt weiter, dass unter *Abdül-Hamid II.* der Islam neben das Osmanentum in die Erziehung getreten sei.[816] Diese zwei Aussagen bilden

810 Vgl. *Koll*, S. 508.
811 *Öztuna*, S. 275.
812 *Bayır*, S. 46; a.A. *Evered*, S. XIV, 196–198.
813 Übersetzung von *Hirsch*, Die Verfassung der Türkischen Republik, S. 196.
814 *Bayır*, S. 46; *Buzpınar*, S. 26.
815 *Evered*, S. 197.
816 *Evered*, S. 198.

kein vollständig kohärentes Bild. Andererseits zeigen sie genau das Spannungsverhältnis zwischen Säkularismus und weltlicher Moderne im Osmanischen Reich. Sultan *Abdül-Hamid II.* nutzte die Erziehung als Instrument, um die Loyalität seiner Untertanen zu festigen, und zwar im Sinne der sultanischen Tradition und der islamischen Sitten.[817] Diese Handhabung von religiöser und staatsrechtlicher „Gleichheit", um eine gemeinsame Identität erstehen zu lassen, stellte einen Widerspruch in sich dar, da die Gleichheit immer unter dem Vorrang der osmanischen und islamischen Staatsgrundsätze zu lesen war. Tatsächliche Gleichheit gab es also nicht. Die im Sinne der Tanzimât eingeführten Reformen wurden letztlich an diesem Punkt abgewiesen, um das alte Denken zu erhalten.[818] *Engelhardt* resümiert sogar: « En effet, le mahométisme qui avait fondé l'État, en était resté le régulateur souverain et absolu, de telle sorte que le Coran et le Code Civil ne faisaient qu'un et que l'organisme national s'identifiant avec le dogme, avait inévitablement participé de son caractère immuable et exclusif. »[819]

Soweit zu gehen und zu sagen, dass die Religion der eigentliche Souverän im Osmanischen Reich war, insbesondere in der Tanzimât-Zeit, erscheint vielleicht zu einseitig. Der Islam war im Staat, im Staatsapparat, im öffentlichen Leben und im Verfassungsrecht allgegenwärtig, aber die säkularen Staats- und Verfassungselemente standen diesem parallel zur Seite. *Barkey* nennt den „osmanischen Islam" einen „politischen Islam", der dem Staat untergeordnet sei.[820] Vor der Einführung des Verfassungsrechts in der Tanzimât-Ära standen das Sultansrecht („Örf hukuku") als eine Rechtseinheit und die Millet-Systeme als weitere Rechtseinheiten neben dem (islamisch-)religiösen Recht.[821] Das religiöse Recht wiederum kannte ebenfalls verschiedene Quellen, wie unter anderem den Koran, die Lehren Mohammeds und die Hanafi, einer Rechtsschule des sunnitischen Islam.[822] Das öffentliche Leben bestand schon vor der Tanzimât-Zeit aus mehreren Rechtseinheiten, die sich nicht unbedingt ergänzten. Das Rechtsmosaik spiegelte bereits im 15. Jahrhundert die osmanische Heterogenität wider.[823] Auch in der Folgezeit lebte das Recht des osmanischen Staates in Symbiose mit anderen Rechtssystemen. Damit war grundsätzlich der Umgang mit mehreren, wenn auch offensichtlich noch so entgegengesetzten Rechtsquellen und Rechtsanwendungen nicht Neues. Die

---

817 *Fortna*, S. 51, 52.

818 *Fortna*, S. 52.

819 *Engelhardt*, La Turquie et le Tanzimât, Première Partie (1826–1853), S. 3, 4.

820 *Barkey*, S. 88.

821 *Plagemann*, S. 62, 84; *Barkey*, S. 88 folgende.

822 *Burbank*; *Cooper*, Empires in World History, S. 142; *Plagemann*, S. 55 folgende.

823 *Burbank*; *Cooper*, Empires in World History, S. 142.

Sultane gingen damit meist pragmatisch um.[824] Aber das Sultansrecht war nicht von europäischen Verfassungsideen, insbesondere den Grundrechten der Individuen durchdrungen. Erst in der Ära der Tanzimât öffnete sich das Osmanische Reich hierfür. Dennoch mag die länger zurückreichende parallele Existenz von verschiedenen Rechtssystemen auch einen Grund für die Belassung des Dualismus von religiösem und weltlichem Recht in der osmanischen Verfassung darstellen. Wie sich hierbei die Gewichtung zueinander verhielt, kann nur mit Blick auf die Regierungspraxis festgestellt werden. Jedenfalls stand die Haupt-Religion des Osmanischen Reiches der aufkommenden Säkularisierung in der Tanzimât-Ära entgegen. Die generelle islamische Identität wurde beibehalten.[825] Das hatte einen Rechtsdualismus und eine entsprechende Ambivalenz zur Folge.[826] Ein Blick auf Belgien ist hier lehrreich. Da Belgien wie das Osmanische Reich eine Mehrzahl an Sprachen, Traditionen und Bevölkerungsgruppen aufbot, waren auch dort identitätsrelevante Aspekte zu berücksichtigen. Einer war auch hier die Unterrichtsfreiheit gemäß Artikel 17 der belgischen Verfassung. Auch das belgische Modell sah sich einer harten Realität ausgesetzt. In der Unterrichtsfreiheit „lasen Liberale eine Freiheit von der Kirche heraus und Katholiken sahen darin eine Freiheit für die Kirche".[827] Die belgische Verfassung hatte auch keinen Artikel, der mit dem oben diskutierten Artikel 16 der osmanischen Verfassung vergleichbar war und einer Dissonanz zwischen verschiedenen Gruppen entgegenwirken konnte.

e) Ambivalente Strukturen

Mit der übergeordneten Stellung der Staatsreligion des Islam nach Artikel 11 der osmanischen Verfassung hatten auch dessen Angehörige eine hervorgehobene Stellung gegenüber anderen (anerkannten) Religionen. Das Gewicht verschob sich, bei offizieller Beibehaltung des Gleichheitsgrundsatzes, hin zur Stärkung der Position der muslimischen Bevölkerung.[828] Deren Bindung an den Staat war über die Entwicklung des Osmanischen Reiches hin sogar sekundär, primär war die Bindung an den Glauben.[829] Der Vorrang der Staatsreligion, wie er in Artikel 11 Ausdruck fand, konterkarierte die bis dato getroffenen Maßnahmen der

---

824 *Burbank*; *Cooper*, Empires in World History, S. 145.
825 Vgl. *Reinhard*, S. 496; *Barkey*, S. 88.
826 *Mumcu*, S. 35: „Dualismus".
827 *Koll*, S. 528.
828 *Hendrich*, S. 59.
829 *Zaffi*, S. 143, 144 m.w.N.

Tanzimâtzeit und der Sultanserlasse von 1839 und 1856 in Fragen der Gleichstellung bei der Religionszugehörigkeit.[830]

Auch die offizielle Konzeption des neuen Osmanentums wurde dadurch aufgeweicht. *Ahmet Midhat*, der Sultan *Abdül-Hamid II.* nahestand, prägte unter anderem die Definition des Osmanentums mit.[831] Nach seiner Konzeption, die zur offiziellen wurde, war Osmane jeder, unabhängig von Religion, Bekenntnis, Volksstamm und Nation, und damit jedes zivilisierte Individuum, das sich unter der osmanischen Flagge sammelte: „Herhangi din ve mezhep, herhangi kavm ve milletten olursa olsun, Osmanlı bayrağı altında toplanan medenî fertlere Osmanlı denir."[832] Zwischen den Zeilen des osmanischen Verfassungstextes las sich dies aber in Teilen anders.

Dennoch ist aufgrund der Neudefinition des Osmanentums, unabhängig davon, „welcher Religion und welchem religiösen Bekenntnis sie [die Untertanen] auch angehören",[833] wohl eine – wenn auch nur geringe – identitätsstiftende Rolle des osmanischen Grundgesetzes anzunehmen. *Daum* schreibt lapidar, die Verfassungskultur habe einen „Reichspatriotismus" generiert.[834] Daraus eine nachhaltige identitätsstiftende Wirkung des Grundgesetzes abzuleiten geht wohl zu weit, da – wie *Ahmet Midhat* feststellte – die Mehrheit der Osmanen zu ungebildet war, um zu verstehen, was eine Verfassung und ein Parlament bedeuteten.[835] Die Herausbildung einer neuen osmanischen Nation konnte jedenfalls den politischen und sozialen Untergang nicht bremsen oder gar umkehren.[836] Dies mag auch daran gelegen haben, dass das Verfassungswerk de facto lediglich bis zum Februar 1878 in Kraft war.[837] Dennoch leistete das Verfassungsrecht innerhalb einer kurzen Zeit (37 Jahre = 1839–1876) einen Beitrag zur Identitätsstiftung im Osmanischen Reich oder öffnete zumindest den Weg dorthin.

---

830 *Bozkurt*, Batı Hukukunun Türkiye'de Benimsenmesi, S. 71.

831 *Dayanç*, S. 839 folgende; in seiner Schrift „*Üss-İ İnkılâp*", was übersetzt soviel bedeutet wie „die wahre Revolution".

832 *Dayanç*, S. 842 folgende.

833 Wortlaut Artikel 8 aus *Hirsch*, Die Verfassung der Türkischen Republik, S. 195.

834 *Daum*, Verfassungskultur, S. 139, 140.

835 *Devereux*, S. 84 verweist auf das Werk „*Üss-İ İnkılâp*" von *Ahmet Midhat* m.w.N.

836 *Okandan*, S. 222.

837 *Matuz*, S. 240.

3. Zwischenergebnis

Der Grundrechtsteil war nicht vollkommen im Sinne westeuropäischer Erwartungen. Insbesondere fehlten Bestimmungen zur Meinungsäußerungs-, Versammlungs- und Vereinigungsfreiheit wie etwa in den Verfassungen von Belgien und von Preußen. Der Grundrechtsschutz im Osmanischen Reich war aber trotz dieses unvollständigen Grundrechtekatalogs neu und für damalige Verhältnisse und im Zusammenhang des Islam insgesamt bedeutsam. Die Frage, inwieweit diese Grundrechte in die Verfassungswirklichkeit umgesetzt wurden, kann aufgrund der kurzen Lebensdauer der Verfassung nicht näher erörtert werden. Die türkische Fachliteratur bewertet die Wirkung der Grundrechte als schwach, liefert aber hierfür keine genaue Begründung, abgesehen vom Hinweis auf die Kurzlebigkeit der Verfassung.[838] Der osmanischen Verfassung fehlten Bestimmungen, die zugunsten einer stärkeren Säkularisierung und Demokratisierung eine klarere Abgrenzung zwischen dem hauptsächlich säkularen Verfassungsrecht und dem über allem liegenden religiösen Recht ermöglichten. Doch wahrscheinlich war gerade dies Absicht der Verfasser. Die Neuordnung des osmanischen (Verfassungs)Rechts führte, bezogen auf die Sprachenvielfalt, nicht konsequent den „neuen" Tanzimât-Geist weiter, da nur eine Sprache zur offiziellen Amtssprache erhoben wurde. Das Verfassungsrecht konnte deshalb die osmanische Lebenswirklichkeit nicht in allen Teilen beeinflussen und europäisch-westlich demokratisieren, da die gesamten instabilen Umstände, in denen sich das Osmanische Reich im späten 19. Jahrhundert befand, dem entgegenstanden.

In Bereichen, die aus Sicht der muslimischen Mehrheit sensiblere Lebensadern des gesellschaftlichen und rechtlichen osmanischen Lebens betrafen, wie die vollkommenere Verwirklichung der Gleichstellung der Religionsgemeinschaften oder der Sprachen, waren der Reformwille und die konsequente Umsetzung nicht so ausgeprägt wie die Neuerungen auf militärischem Gebiet.

Die europäischen Verfassungen mögen in einigen Teilen – und hier sei besonders ein Großteil der Grundrechte hervorgehoben – als konkrete Vorbilder gedient haben. Der pragmatische Umgang mit der Multikulturalität in all ihren Auswirkungen wie Religion, Sprache und Bildung in Zusammenhang mit wirtschaftlichen Einflüssen und der relativ hohen Dichte an Nichtmuslimen war den Osmanen, insbesondere über die Millet-Zeit hinweg bis in die Tanzimât-Periode, jedoch originär zuzurechnen. Die Aufnahme der osmanischen Verfassung in dieses engverwobene kulturelle und rechtliche Beziehungsgeflecht löste die Entwicklung von Demokratisierung und Säkularisierung aus. Zugleich hemmte sie aber diese

838 *Tunaya*, S. 123.

Entwicklung, um staatstragende Identitäten wie Religion, Tradition und historisch gewachsenes Denken nicht zu sehr zu belasten. Dennoch kann festgestellt werden, dass der neue Nationenbegriff „Osmane“, der in der Verfassung seinen Platz fand, eine Inklusion der vorliegenden unterschiedlichen (Gruppen)Identitäten auf dem Boden des Osmanischen Reiches beförderte. Das Osmanentum der ersten Verfassung hatte somit einen inklusiven, keinen exklusiven (Rechts)Charakter.

IX. Rechtsdualismus

Eine der theoretisch schwierigsten Fragen des neuen Verfassungsrechts war die Balance zwischen religiösem und weltlichem Recht.

1. Weltliches und religiöses Recht

Die osmanische Verfassung bot Raum für religiöses und weltliches Recht. Sie bewahrte einen dualistischen Charakter, auch wenn sich das säkulare Verfassungsrecht stärker durchsetzte. Zunächst entstand neben der religiösen und historisch gewachsenen Staatsidentität im osmanischen Staatsbewusstsein eine zusätzliche weltliche Rechtsidentität. Die Verfassung selbst äußerte sich kaum zum bestehenden Rechtsdualismus und der daraus resultierenden Vermengung. Doch sind in der Präambel der Verfassung der starke religiöse Bezug und die daraus erwachsende Dichotomie erkennbar:

> „Die einzelnen [Verfassungs]Artikel beziehen sich auf die Rechte des hohen islamistischen Kalifates und der osmanischen Herrscherwürde, die Freiheit und Gleichheit der Osmanen, die Verantwortlichkeit und den Wirkungskreis der Minister und Beamten, die Kontrollrechte des Parlamentes, die vollständige Unabhängigkeit der Gerichte, das Gleichgewicht im Staatshaushalte und die Gewährung einer weitgehenden Dezentralisation in der Provinzialverwaltung bei Wahrung der Rechte der Zentralregierung. Diese Bestimmungen [die einzelnen Verfassungsartikel] entsprechen dem erhabenen Scheriatgesetze, den heutigen Fähigkeiten und Bedürfnissen des Landes und des Volkes und stehen vollkommen im Einklange mit dem edlen Gedanken eines allgemeinen Wohlstandes und Fortschrittes, die Unser heißes Bestreben sind.
>
> Wir haben daher, gestützt auf die Hilfe Gottes und den geistigen Beistand des Propheten, diese Verfassung angenommen, sanktioniert und in Ihre Hände [*Midhat Paşa*] gelangen lassen.“[839]

Aus Sicht des Herrschers waren die Verkündung und das Inkrafttreten der Verfassungsbestimmungen damit von der Komplementarität mit den – bereits

839 Präambeltext, *von Kraelitz-Greifenhorst*, S. 30.

zuvor und noch weiterhin existierenden, wie auch geltenden – religiösen Bestimmungen abhängig, da die Präambel weiterhin anführt:

> „Es ist unser Wunsch, dass Sie [*Abdül-Hamid II.* spricht *Midhat Paşa* an, da er die Verfassung oktroyiert] diese Bestimmungen, welche, *solange es Gott gefällt, geltendes Recht bleiben sollen*, an allen Orten des Osmanischen Reiches verkünden [...].“[840]

Aus vorkonstitutioneller Sicht gab es eine klare Vormachtstellung des religiösen Rechts (innerhalb seiner Zuständigkeit) und der religiösen Staatsidentität gegenüber dem weltlichen Recht. Es verwundert daher nicht, dass dieser Präambeltext seiner Sprache und seinem Charakter nach Ähnlichkeiten mit dem Gülhane Hatt-ı Şerif-î von 1839 aufweist.

Artikel 118 wiederum stellte – entsprechend Artikel 109 der preußischen Verfassung – fest, dass die gegenwärtig geltenden Gesetze, Gewohnheiten und Gebräuche, solange sie nicht durch künftig zu erlassende Gesetze und Rechtsvorschriften abgeändert oder aufgehoben würden, in Kraft bleiben sollten. Eine weitere Verfassungsregelung in diesem Sinne war die Bestimmung in Artikel 87: „Prozesse, die sich auf das Şeriatrecht beziehen, werden vor den Şeriatgerichten, jene, welche nach dem bürgerlichen Gesetze entschieden werden, vor den Zivilgerichten geführt.“[841] Damit wurde das Element des religiösen Rechts wie auch das Element des Gewohnheitsrechts nicht stringent aus dem osmanischen Verfassungsrecht und Rechtsleben verdrängt. Innerhalb dieser dualistischen Rechtsauffassung war ihre Umsetzung mit Artikel 118 und Artikel 87 konsequent erfolgt. Die Vormachtstellung innerhalb des Rechtsgefüges der Verfassung war somit nicht ausdrücklich zugunsten einer Seite entschieden, jedoch bewegte sich die Ausrichtung des teilweise säkularen Verfassungsrechts tendenziell immer in Übereinstimmung mit dem religiösen Recht, da es den bekannten Bezugspunkt und Anker der Identität darstellte.

Ein totaler Bruch mit der Anwendung des Rechts aus vorkonstitutioneller Zeit ist hier nicht zu erkennen, da das osmanische Verfassungsrecht die geltenden Verfassungsartikel auf den höchsten Rang *neben* den religiösen Rechten erhob.

Obwohl dies die erste Verfassung des Osmanischen Reiches war, wurden die Uhren – rechtlich betrachtet – nicht total zurückgedreht. Der Rechtsdualismus – die parallele Existenz von weltlichem und religiösem Recht – bestand weiterhin fort.[842] Weltliche Rechte, wie die Grund- und Parlamentsrechte, wurden in das religiöse Staatsrecht implementiert, ohne dass dies direkt erkennbar war. Punktuelle

---

840 Präambeltext, *von Kraelitz-Greifenhorst*, S. 30.

841 Übersetzung aus *von Kraelitz-Greifenhorst*, S. 46.

842 *Mumcu*, S. 35; *Mumcu* spricht vom „Dualismus“.

Verfassungsbestimmungen, wie in Artikel 3 und 4 (Kalifat), Artikel 11 (Staatsreligion) und Artikel 16 (Staatsaufsicht über Schulen), gaben den staatsrechtlichen Rahmen vor.

Dieser Rechtsdualismus war ambivalent. Zum einen existierten tradierte religiöse Rechtssätze fort, und zum anderen entstanden bewusst und – unabhängig von der Motivationslage – gewollt moderne und weltliche Regelungen. Diese Ambivalenz spiegelte sich sowohl in der ersten Verfassung der Osmanen als auch im gesamten Reformprogramm der Tanzimât.[843] Diese Ambivalenzen waren jedoch der Geschichte des Osmanischen Reiches geschuldet und daher nicht ungewöhnlich, also in Anbetracht der gesellschaftlichen Konstitution „normal". Sie waren eine Reaktion auf die soziale Komplexität des Reiches. Richtet man den Blick auf den Beginn der Tanzimâtzeit, erkennt man im ersten Satz des Gülhane-Erlasses von 1839 die These, dass insbesondere die Nichtbefolgung der „erhabenen Scheriatgesetze"[844] zum Verfall des großen und mächtigen Reiches geführt haben sollen, aus der die enge Verbindung des Osmanischen Reiches zur Religion, zu seiner Religion, erklärt werden kann.[845] Darauf stützt *Okumuş* seine Feststellung, dass in der Tanzimât-Ära der Staat die Vormachtstellung der Religion unterstützt habe.[846] Die Tanzimât sollte eine Neuordnung schaffen, die unter anderem geprägt war durch die Gleichstellung aller Rechtssubjekte, die Verkündung von Grund- und Partizipationsrechten und der Mitbestimmung der Osmanen über das Parlament. Doch eine Gleichstellung aller (Buch)Religionen vor den osmanischen Gesetzen einerseits Recht werden zu lassen und andererseits eine einseitige religiöse Präponderanz, wenn auch nicht zu sehr zu forcieren, so doch zu erlauben und in den Verfassungstext zu implementieren, stellte die Ambivalenz der Staats- und Rechtsstrukturen des Osmanischen Reiches dar.

Die mit religiösem Recht durchdrungene weltliche Verfassung der Osmanen überrascht etwas, da seit dem Beginn der Tanzimâtzeit (3. November 1839) und der Proklamation der ersten Verfassung (23. Dezember 1876) fast 40 Jahre vergangen waren, in denen eine intensive Auseinandersetzung mit europäischen (Rechts) Werten (zumindest) innerhalb der osmanischen Elite, die die Verfassung entwickelte, hätte erfolgen können. Das lag sowohl an der traditionellen Rolle religiöser Bestimmungen und Regeln für die Macht im Reich, als auch an der Abwehrhaltung der muslimischen Mehrheit.[847] Dies erklärt den in der Tanzimât-Zeit bestehenden

---

843 *Tanör*, S. 120.
844 Gülhane-Erlass vom 03. November 1839: *von Kraelitz-Greifenhorst*, S. 11.
845 *Okumuş*, S. 145.
846 *Okumuş*, S. 369.
847 *Okumuş*, S. 146, 369, 370.

Rechtsdualismus oder sogar Rechtspluralismus – da im Osmanischen Reich innerhalb des religiösen Rechts neben der Scharia bis zur Verfassungsverkündung weiterhin das Millet-System und damit weitere religiöse Rechtssysteme existierten und funktionierten. Die verfassungsrechtliche Gleichstellung aller (bekannten und anerkannten) Konfessionen, verbunden mit der tatsächlichen Möglichkeit der Nichtmuslime an der Teilhabe am politischen und sozialen Leben, weichte das religiöse Staatsprinzip auf. Aber nur bis zu einem Punkt: Die osmanische Verfassung gestattete Freiheiten nur innerhalb ihrer Wertevorstellung, die dominiert war vom islamischen Denkgebäude.[848] Die religiösen Charakterzüge der Verfassung, die durch die Kalifatsernennung (Artikel 3, 4), die Inkraftsetzung des religiösen Rechts (Artikel 7), die Benennung der Staatsreligion (Artikel 11), mit der Einführung des Scheich-ül-Islams als Ministerposten (Artikel 27), mit der Ablehnung von Gesetzentwürfen im Falle des Widerspruchs zum islamischen Glauben (Artikel 64) und hinsichtlich der Trennung von religiösen und weltlichen Gerichten (Artikel 87) verstärkt wurde, bestätigten durch die Verfassung selbst die Präponderanz des islamischen Glaubens im Osmanischen Reich und des Sultans als Wahrer desselben.[849] Gleichzeitig wurde die Vielfalt verschiedener Glaubensgemeinschaften anerkannt. Die Osmanen brachten gerade aufgrund der jahrhundertelangen Völker- und Glaubensvielfalt auf ihrem Staatsgebiet einen Pragmatismus und eine Offenheit im Umgang mit den verschiedenen religiösen Rechtssystemen mit. *Barkey* meint, gerade die Rechtspluralität (bei nichtmuslimischen und muslimischen Gerichten) habe sich in der sozialen Handhabung als überzeugendes Instrument zur Bewältigung von Diversität geeignet.[850] Die Verfassung brachte nunmehr die zuvor bestehende Rechtspluralität auf eine andere Stufe. Das Konglomerat aus verschiedenen Rechtssystemen wurde von der Verfassung aufgefangen und durch ihre säkulare und religiöse Neugestaltung dual dominiert. Damit errang die osmanische Verfassung eine neue Rechtsqualität.

Dass die osmanische Verfassung nicht ausschließlich weltlich geprägt war, bremste andererseits die Entwicklung zu einem säkularen Staat. Der Vorschlag von *Midhat Paşa*, auf die Festlegung einer Staatsreligion wie in Artikel 11 zu verzichten, setzte sich nicht durch.[851] Das wäre jedoch in Fortführung der sultanischen

848 Zur Charakterisierung der Tanzimât-Gesetzgebung generell und nicht direkt zur osmanischen Verfassung: *Bernath*, S. 1009, 1010 m.w.N.

849 *Okandan*, S. 150, 151.

850 *Barkey*, S. 104: "*Yet the most important conclusion about legal pluralism in the Ottoman Empire is that given the spread of a hegemonic cultural field, it was a successful tool for social management of diversity.*"

851 *Bozkurt*, Batı Hukukunun Türkiye'de Benimsenmesi, S. 71, siehe Fußnote 126 m.w.N.

Erlasse von 1839 und 1856 nur konsequent gewesen. Aber zu einem solchen Bruch mit der Vergangenheit fühlte man sich nicht in der Lage. Was die belgische Verfassung in Artikel 138 regelte, dass von dem Tage an, an dem die Verfassung in Kraft trete, alle Gesetze, Dekrete, Beschlüsse, Verordnungen und andere Anordnungen, welche derselben entgegenstehen, abgeschafft seien, war im Osmanischen Reich nicht möglich. Eine derartige Höherrangigkeit des weltlichen Rechts erschien in Anbetracht des hohen Stellenwerts der Religion und der Religionszugehörigkeit als Quelle der osmanischen Identität nicht sehr schnell realisierbar.

2. Weltliches Verfassungsrecht und die Milletverfassungen

Die osmanische Verfassung nahm keinen Bezug auf die bereits zeitlich zuvor geschaffenen Verfassungen der Millets. So entstand die Frage, ob die Milletverfassungen mit Inkraftsetzung der osmanischen Verfassung keine Gültigkeit mehr haben sollten. Das Osmanentum bildete den neuen Bezugspunkt der Identität. Die „heilsamen Verordnungen" hatten im Sinne des Osmanentums offenbar das Bestreben, das alte Milletsystem zu beenden.[852] Der Bestand der Millet-Verfassungen war für die Frage der Säkularisierung des Rechts zentral. Eine Übergangsregelung gab es nicht ausdrücklich. Der Verfassungstext besagte, dass alle Untertanen des osmanischen Reiches als Osmanen im Sinne von Artikel 8 der neuen Verfassung erfasst wurden. Die Verfassung umfasste nach Artikel 1 das ganze osmanische Territorium als ein einheitliches Ganzes. Das osmanische Grundgesetz war somit die einzige gültige Verfassung im Osmanischen Reich, und das Personalitätsprinzip, das seinen Ausdruck in den Verfassungen der jeweiligen Millet fand, wurde durch das neue Territorialitätsprinzip ersetzt.[853] Das osmanische Grundgesetz verdrängte mithin tendenziell die Millet-Verfassungen.

Es hätte sich bei der Lösung der Frage des Rechtsdualismus zeigen können, wie ernst der Wille der Tanzimât-Reformer war, eine lebendige und allumfassende Verfassung zu erschaffen, in Kraft zu setzen und Wirklichkeit werden zu lassen. Das weltliche Recht sollte das religiöse Recht, und damit eine weitere Machtsäule des osmanischen Herrschers, nicht begrenzen oder legitimieren, sondern es neben ihr in einer Koexistenz, die eher einer Symbiose glich, bestehen lassen. Das osmanische Staatsprinzip, das auf der islamischen Religion

---

852 *Shaw; Shaw*, S. 177: "*Ottomanism was now the official policy of the empire, embodying the concept of equality contributed by the Tanzimât and endeavouring to eliminate the separatism of the millet system.*"

853 Zu den Begrifflichkeiten: *Kürşat*, S. 172 m.w.N.

aufbaute, bestand also weiterhin – wenn auch nur in scheinbar aufgeweichter und nach außen hin moderater Form – fort.

X. Die Judikative – Das Gerichtswesen: unabhängig, säkular und souverän?

Die osmanische Verfassung sah für die weltliche Judikative zwei Teile vor, den Teil über „die Gerichte" (Artikel 81–91) und einen weiteren Teil über den „Hohen Gerichtshof" (Artikel 92–95).

Die Judikative war nach dem Verfassungstext unabhängig,[854] da die rechtsprechende Gewalt von Eingriffen jeder Art frei war (Artikel 86[855]) und mit persönlich unabhängigen Richtern besetzt wurde (Artikel 81[856]). Eine Unebenheit und Beschneidung der Rechtsprechungskompetenzen in Verwaltungsangelegenheiten stellte die Regelung in Artikel 117 der osmanischen Verfassung dar, wonach bei der Interpretation eines Verfassungsartikels in Verwaltungsangelegenheiten der Staatsrat und in Verfassungsfragen der Senat die letzten Instanzen waren.

Garantien der richterlichen Unabhängigkeit gehörten in den Verfassungen westlicher Staaten in der zweiten Hälfte des 19. Jahrhunderts zum Standard. So hielten es die belgische (Artikel 25, 30) und die preußische Verfassung (Artikel 86). Durchweg wurde darunter sowohl die sachliche wie die persönliche Unabhängigkeit verstanden.[857]

Das gleiche gilt für den Grundsatz der Öffentlichkeit von Gerichtsverfahren, der in Artikel 82[858] der osmanischen Verfassung seinen Niederschlag gefunden

854 So auch *Bozkurt*, Batı Hukukunun Türkiye'de Benimsenmesi, S. 70.

855 Artikel 86: *Die Gerichte sind vor Eingriffen jeder Art frei.* Aus: *Hirsch*, Die Verfassung der Türkischen Republik, S. 202.

856 Artikel 81: *Die Richter, welche vom Staate nach dem besonderen dafür geltenden Gesetze mittels Dekret* [Berat] *ernannt werden, sind unabsetzbar. Jedoch werden ihre Entlassungsgesuche angenommen. Die Beförderung, die Laufbahn, Versetzung in andere Ämter und die Pensionierung der Richter sowie ihre Entlassung auf Grund einer Verurteilung wegen eines Verbrechens richten sich nach einem besonderen Gesetz, das auch die Voraussetzungen enthält, die von den Richtern und den richterlichen Beamten verlangt werden.* Aus: *von Kraelitz-Greifenhorst*, S. 45 46 und *Hirsch*, Die Verfassung der Türkischen Republik, S. 202.

857 *Simon*, S. 41 folgende.

858 Artikel 82: *Alle Verhandlungen vor den Gerichten sind öffentlich. Die Urteile dürfen veröffentlicht werden. Jedoch kann das Gericht in den vom Gesetze besonders bezeichneten Fällen den Prozess mit Ausschluss der Öffentlichkeit führen.* Aus: *von Kraelitz-Greifenhorst*, S. 46 und *Hirsch*, Die Verfassung der Türkischen Republik, S. 202.

hat. Jedoch konnte das Gericht nach Maßgabe der im Gesetz aufgeführten Gründe in nichtöffentlicher Sitzung nach Artikel 82 S. 3 verhandeln. Damit war die Rechtsprechung nicht direkt an den Sultan gebunden und seinem Einfluss ausgesetzt. Natürlich hatte der Sultan dennoch einen Einfluss auf die Rechtsprechung. Schon die im Gesetz aufgeführten Gründe für eine nichtöffentliche Verhandlung waren tendenziell dem Einfluss des Sultans zugänglich. Daneben gab es bedeutendere Einflussnahmemöglichkeiten über das Instrument der Auslegung in Verfassungs- und Verwaltungsfragen über den Senat und den Staatsrat. Justizangelegenheiten wiederum fielen unter die Zuständigkeit des Kassationshofs nach Artikel 117.

Der oben geschilderte Rechtsdualismus setzte sich in der Judikative fort. Zwei unterschiedliche Gerichtsbarkeiten existierten nebeneinander. Nämlich die weltliche Gerichtsbarkeit neben der religiösen Şeriatsgerichtsbarkeit (Artikel 87).[859] Geistliche Gerichte sollten geistliches Recht beurteilen. Nur schwieg die Verfassung dazu, was genau unter das geistliche Recht fiel. Neu war, dass die Bestrafung nach Gewohnheitsrecht nunmehr von den zuständigen weltlichen Strafgerichten übernommen wurde.[860] Weitere Rechtsgebiete, die ebenfalls in die Zuständigkeit der weltlichen Gerichte fielen, waren das Handels-, das Vertrags- und das Deliktsrecht.[861] Die Şeriatsgerichtsbarkeit umfasste unter anderem das Eherecht (Heirat und Scheidung), das Unterhalts- und das Erbrecht.[862]

Dass sich der Souverän einer unabhängigen Gerichtsbarkeit nicht entziehen konnte, unterstrich die Regelung in Artikel 85. Sein erster Satz[863] sah vor, dass jeder Prozess vor dem zuständigen Gericht verhandelt werden sollte. Artikel 85 S. 2 regelte zudem, dass Prozesse, die das Subordinationsverhältnis betrafen, also Prozesse zwischen Privatpersonen und Regierung, zur Zuständigkeit der allgemeinen Gerichte gehörten. Für Streitigkeiten zwischen der Regierung und Privatpersonen

---

859 Artikel 87: *Prozesse, die sich auf das Scheriatrecht beziehen, werden vor den Scheriatgerichten, jene, welche nach dem bürgerlichen Gesetze entschieden werden, vor den Zivilgerichten geführt.* Aus: *von Kraelitz-Greifenhorst*, S. 46; zur pluralen Gerichtsbarkeit im Osmanischen Reich im Allgemeinen: siehe *Barkey*, S. 91 folgende, 94–103; über die verschiedenen Gerichtsbarkeiten insbesondere im 18. Jahrhundert, siehe *Tamdoğan*, S. 55–83 und vom 17. in das 19. Jahrhundert (allerdings ohne Bezug zur osmanischen Verfassung), siehe *Kermeli*, S. 165–210.

860 *Ünal Özkorkut*, S. 180 m.w.N.

861 *Koçak*, S. 237.

862 *Koçak*, S. 237.

863 Artikel 85: *Jeder Prozess wird vor dem zuständigen Gericht verhandelt. Auch Prozesse zwischen Privatpersonen und Regierung gehören zur Zuständigkeit der allgemeinen Gerichte.* Aus: *Hirsch*, Die Verfassung der Türkischen Republik, S. 202.

waren somit keine besonderen, möglicherweise religiösen, Gerichte beauftragt. Eine Einmischung der Exekutive in die inhaltliche Arbeit der Gerichte durch einen sultanischen Erlass war nach dem Verfassungstext nicht möglich.

Der Hohe Gerichtshof war gemäß Artikel 92 S. 4 sachlich zuständig „für die Aburteilung der Minister, der Präsidenten und Mitglieder des Kassationshofes und derjenigen Personen, die versucht haben, gegen die Person und die Rechte des Sultans zu handeln und den Staat in Gefahr zu bringen". Die Zusammensetzung des Hohen Gerichtshofes, der aus 30 Mitgliedern bestand (Artikel 92 S. 1), gestaltete sich nach Artikel 92 S. 2 wie folgt: Je zehn Mitglieder wurden aus dem Kreis des Präsidenten und der Senatsmitglieder, des Staatsrates und des Kassations- und Appellationshofes ausgelost und bestimmt. Hier wird wieder deutlich, dass der Sultan bereits durch die Zusammensetzung des Senats und des Staatsrates, die ihm gegenüber loyal waren, maßgeblichen Einfluss auf den Hohen Gerichtshof nehmen konnte, ganz im absolutistischen Sinne. Das Losglück war demnach nicht ausschlaggebend. Der Sultan hatte die Weichen bereits zuvor in seinem Sinne gestellt. Dennoch war allein die genaue Regelung ein Schritt in Richtung „Rechtsstaat".

Die Zusammensetzung, die Arbeitsaufteilung und das Procedere des Hohen Gerichtshofes waren in vier Artikeln (Artikel 92–95) festgeschrieben. Artikel 92 S. 3 sah vor, dass sich der Hohe Gerichtshof im Bedarfsfall auf sultanischen Erlass hin in den Räumen des Senats konstituieren sollte. Artikel 93 legte die Unterteilung des Hohen Gerichtshofes in zwei Kammern fest. Es gab die Anklage- und die Urteilskammer, wobei die Mitgliedschaft in einer Kammer den Austritt aus der anderen Kammer bedingte (Artikel 94 S. 2). Die Zusammensetzung der Anklagekammer bestimmte sich nach Artikel 93. Diese Kammer bestand aus insgesamt neun Mitgliedern, die durch das Los aus den Mitgliedern des Hohen Gerichtshofes gewählt wurden und von denen drei dem Senat, drei dem Kassations- und Appellationshof und drei dem Staatsrat angehörten.

Die Besetzung der Urteilskammer war in Artikel 95 geregelt. Demnach bestand die Urteilskammer aus 21 Mitgliedern des Hohen Gerichtshofes, wobei sieben dem Senat, sieben dem Kassations- und Appellationshof und weitere sieben dem Staatsrat angehörten. Entscheidend war, dass der Sultan durchgehend, von der Zusammensetzung des Hohen Gerichtshofes bis zur Zusammensetzung der einzelnen Kammern des Hohen Gerichtshofes, seinen Einfluss behielt, zugleich aber den neuen Regeln unterworfen sein sollte.

Die religiöse Gerichtsbarkeit nach den Şeriatgesetzen verblieb weiter als Hoheitsrecht beim Sultan (Artikel 7). Der Sultan hatte hier ein Verbannungsrecht, das keiner richterlichen Kontrolle unterworfen war (Artikel 113 Satz 3).

XI. Normenhierarchie

Abschließend stellt sich die Frage nach möglichen Normenkollisionen zwischen weltlichem und religiösem Recht. Hierbei sind zwei Ebenen zu unterscheiden: Die erste Ebene betrifft die Gesetzeskonkurrenz zwischen den Normen des weltlichen und modernen Rechts und deren Auflösung. Die andere Ebene betrifft die praktische Auflösung von Kollisionen zwischen weltlichem und religiösem Recht.

1. Kollisionsregeln

Die Auflösung von Normkollisionen erfolgt herkömmlich nach verschiedenen Regeln. Der Grundsatz „Lex superior derogat legi inferiori" bestimmt, dass im Gesetzeskonkurrenzfall ein höherrangiges Gesetz oder eine höherrangige Norm ein niederrangiges Gesetz oder eine niederrangige Norm verdrängt. „Lex specialis derogat legi generali" besagt als weitere Kollisionsregel, dass das besondere Gesetz das allgemeine Gesetz verdrängt. Die Kollisionsregel „Lex posterior derogat legi priori" drückt aus, dass das neue Gesetz das ältere Gesetz derselben Rangordnung im Kollisionsfall verdrängt. Die Kollisionsregel, wonach höherrangiges Recht niederrangiges Recht verdrängt, geht den beiden anderen Regeln vor.[864] Schließlich gibt es die Fälle des Geltungs- und des Anwendungsvorrangs, wenn das untergeordnete Recht im Falle der Kollision mit dem übergeordneten Recht nicht nur seinen Anwendungsbereich verliert, sondern auch keine Geltung beanspruchen kann,[865] sowie beim Anwendungsvorrang, dass das mit dem höherrangigen Recht kollidierende niederrangige Recht nicht ungültig ist, sondern in seiner Anwendung gesperrt wird.[866]

2. Normenkollision innerhalb des weltlichen Rechts

Die erste osmanische Verfassung gab keine Antwort darauf, wie der Widerstreit zweier oder mehrerer Normen innerhalb des weltlichen Rechts zu lösen sei. Sie enthielt weder ausdrückliche noch indirekte Regelungen zur Normenkollision, weder den Vorrang spezielleren noch des späteren Rechts. Nur Artikel 118 regelte, dass „die gegenwärtig in Kraft befindlichen Gesetze und Gewohnheiten und Gebräuche in Kraft bleiben, solange sie nicht durch künftig zu erlassende Gesetze und

864 Zu den Kollisionsregeln: *Rüthers*; *Fischer*; *Birk*, Rn. 272, Rn. 770–773.
865 *Schmidt*, Rn. 233.
866 *Schmidt*, Rn. 355.

Rechtsvorschriften abgeändert oder aufgehoben werden".[867] Damit kam nicht nur das religiöse (Gewohnheits)Recht in Betracht, sondern die gesamte ältere Rechtsordnung. Die Formulierung des Artikel 118 war offen, und zwar absichtlich. Denn sie umschloss auch alle Gesetze, die während der Tanzimât-Ära erlassen worden waren. In diesem Fall entspräche die Bestimmung des Artikel 118 einer zukünftigen „Lex posterior derogat legi priori"-Regel. Wie eine mögliche rechtliche Handhabung ausgesehen hätte, ist ungewiss. Bei Gesetzeskonkurrenzen innerhalb des weltlichen Rechts enthielt das Verfassungswerk zumindest keine Regelungsmethodik im Hinblick auf den Anwendungs- oder Geltungsvorrang.

3. Normenkollision zwischen säkularem und religiösem Recht

Die osmanische Verfassung gab auch keine eindeutige Antwort darauf, wie bei einem Widerstreit zwischen den weltlichen und verfassungsrechtlichen Normen einerseits und den religiösen Normen andererseits zu verfahren sei. Dies stellt an sich einen (fast) unüberwindbaren Widerspruch dar, da in einem möglichen Konfliktfall der Geltungs- oder Anwendungsvorrang oder die Auflösung nach den anderen Kollisionsregelungen zwischen den sich widerstreitenden Normen hätte geklärt werden müssen. Im Hinblick auf die bereits von Anfang an bestehende Komplikation durch das Nebeneinander von weltlichem und religiösem Recht wäre eine solche Regelungsmethodik auf verfassungsrechtlicher Ebene von großem Vorteil gewesen. Gerade nach einem Umbruch des politischen Systems sind einschlägige Kollisionsregeln sinnvoll, da Widersprüche in der Anwendung zwischen altem und neuem Recht zwangsläufig vorkommen.[868] Die einzig einschlägige Bestimmung des Artikel 118 für akut auftretende Normkonkurrenzen war zunächst wenig hilfreich. Artikel 118 beließ „die gegenwärtig in Kraft befindlichen Gesetze und Gewohnheiten und Gebräuche in Kraft, solange sie nicht durch künftig zu erlassende Gesetze und Rechtsvorschriften abgeändert oder aufgehoben werden".[869] Diese Regelung stellte auf die Parallelwirksamkeit der religiösen und gewohnheitsrechtlichen Normen einerseits und der weltlichen Normen andererseits ab. Diese Bestimmung war einer Lösung bei aktuell auftretenden Normkollisionen wenig zuträglich. Allerdings ermöglichte Artikel 118 die künftige Aufhebung älteren Rechts. Dadurch konnte der Grundsatz des „Lex posterior derogat legi priori" zumindest bezogen auf weltliches und religiöses (Gewohnheits)Recht in zukünftigen Fragen Anwendung finden. Aber noch überlagerte das religiöse Recht das

867 *Hirsch*, Die Verfassung der Türkischen Republik, S. 206.

868 *Rüthers*; *Fischer*; *Birk*, Rn. 773.

869 *Hirsch*, Die Verfassung der Türkischen Republik, S. 206.

weltliche Recht. Denn jede weltliche Regelung, die religiösem Recht widersprach, war bestimmt, abgeändert zu werden. Gemäß Artikel 64 konnte der Senat Gesetzentwürfe, die „gegen grundlegende religiöse Angelegenheiten verstoßen",[870] endgültig ablehnen oder zur Abänderung und Verbesserung an das Abgeordnetenhaus zurückgeben. Artikel 11, der den Islam zur Religion des Osmanischen Reiches erklärte, war hierfür die Grundlage.

XII. Ergebnisse

Das erste osmanische Grundgesetz vom 23. Dezember 1876 ist ein Rechtstext mit Verfassungscharakter, da umfassende Regelungen zur Staatsorganisation enthalten waren. Erstmals wurden die Stellung des Sultans, des Parlaments, des Ministerrats und des Staatsrats geregelt. Neu waren die Rechte der Staatsbürger,[871] sowie deren (Steuer)Pflichten. Der Verfassungscharakter wird nicht dadurch berührt, dass er durch Oktroi des Sultans in Kraft gesetzt worden war.[872]

Eine Differenzierung zwischen Gesetzen im formellen Sinne, die im parlamentarischen Verfahren zustande gekommen waren, und Gesetzen im materiellen Sinn, das heißt jeder generell-abstrakten Regelung mit Außenwirkung, bestand nicht.[873] Auch erfolgte keine stringente Unterscheidung der Rechtsinstrumentarien. Da die Quelle des Rechts zumeist der Sultan war und dieser den Gesetzentwürfen Rechtskraft verlieh, mag im Ergebnis keine Notwendigkeit der Unterscheidung bestanden haben.

Der Rechtsdualismus von religiösem und säkularem Recht war verfassungsrechtlich verankert, solange nach Artikel 118 „die gegenwärtig in Kraft befindlichen Gesetze und Gewohnheiten und Gebräuche nicht durch künftig zu erlassende Gesetze und Rechtsvorschriften abgeändert oder aufgehoben werden".[874] Bestimmungen zur Normenhierarchie und zum Umgang mit Normenkollisionen bestanden nicht.

Ein Versuch, mit der Religion, also mit dem Şeriatsrecht, an der Macht zu bleiben, war nicht nur nicht mehr zeitgemäß, sondern auch in einer sich gesellschaftlich schnell wandelnden Welt sehr schwierig geworden. Für das Osmanische Reich

---

870 Übersetzter Wortlaut aus *Hirsch*, Die Verfassung der Türkischen Republik, S. 200.

871 *Plagemann*, S. 118; *Bozkurt*, Ottoman Legal System, S. 120, in: Osmanlı Tarihi; *Rumpf*, Rechtsstaatsprinzip, S. 46; *Rumpf*, Rezeption und Verfassungsordnung, Beispiel Türkei, S. 8.

872 *Abadan*, S. 357; *Rumpf*, Rezeption und Verfassungsordnung, Beispiel Türkei, S. 8; *Gözler*, Türk Anayasa Hukuku Dersleri (2007), S. 19.

873 *Schmidt*, Rn. 181.

874 *Hirsch*, Die Verfassung der Türkischen Republik, S. 206.

führte kein Weg an Europa und seinen Verfassungsideen vorbei. Die europäischen (westlichen) Errungenschaften beeinflussten damit das Rechts- und Sozialgefüge des Osmanischen Reiches intensiv.

Gleichzeitig war die Staatsreligion aber in der Verfassung präsent. Dadurch waren Muslime zwar nicht in ihren Rechten und Pflichten gegenüber Nichtmuslimen bevorzugt, befanden sich aber in einer hervorgehobenen Stellung und dies trotz des allgemeinen Gleichbehandlungsgrundsatzes, der sich auch in der Garantie der Religionsfreiheit äußerte. Das Osmanische Reich war noch weit entfernt von einer Trennung von Religion und Staat, aber doch auf gutem Weg zur Toleranz, zumal in der Besetzung des Parlaments. *Karal* zeichnete sogar die Vorbereitung und Verkündung der osmanischen Verfassung als rechtliche und politische Revolution im religiösen Osmanischen Reich, da die bisherige religiöse Herrschaft das Denken und Schreiben über Freiheit, Gesetz und Verwaltung als Verbrechen angesehen habe.[875] Aber diese Revolution gelang nur halb. Die der Verfassung immanente religiöse Macht stand der Säkularisierung des Verfassungsrechts entgegen.

Die osmanische Verfassung orientierte sich, ohne dass dies offiziell gemacht wurde, an den Verfassungen von Belgien und Preußen. Große Gemeinsamkeiten mit der Deutschen Reichsverfassung gab es nicht.

Trotz des zeitlichen Abstandes von ungefähr einem Vierteljahrhundert sind die Parallelen zwischen der preußischen und der osmanischen Verfassung deutlich. Beiden Verfassungswerken wiederum ist in ihrer jeweiligen Systematik und in einzelnen Bestimmungen die „Mutterverfassung" des Königreichs Belgien aus dem Jahre 1831 gemeinsam. Sowohl die Verfassung Preußens als auch das osmanische Grundgesetz waren jedoch nicht so liberal wie die Verfassung des Königreichs Belgien.[876] Der Ansicht, es sei von einer „Kopie" („*kopya*") der belgischen Verfassung auszugehen, kann daher nicht gefolgt werden.[877]

Das osmanische Grundgesetz erscheint in seinem weltlichen Wesen und in seinem Staatsverständnis eher ein Ebenbild der Verfassung des preußischen Staates zu sein. Die Prinzipien des deutschen Konstitutionalismus finden sich auch in der osmanischen Verfassung von 1876. Die einzigartige duale Struktur aus säkularen und religiösen Elementen ist allerdings eine Eigenheit der osmanischen Verfassung und erklärt sich aus ihrem Selbstverständnis und ihrer Geschichte.

Auf einer zeitlichen Achse betrachtet nimmt der Liberalitäts- und Fortschrittsgehalt der jeweiligen Verfassungen angefangen von 1831 über 1850 zum Jahre

---

875 *Karal*, Osmanlı Tarihi, S. 230 (S. 227–230).

876 Vgl. Wiedergabe der Meinungen zur Einordnung: *Fendoğlu*, S. 12, 13.

877 Siehe *Karal*, Osmanlı Tarihi, S. 228.

1876 hin stetig ab. Die außen- und innenpolitischen Entwicklungen in Belgien, Preußen und im Osmanischen Reich unterschieden sich. Insbesondere das Osmanische Reich war historisch und aktuell politisch in einer besonderen Lage. Erste juristische Verfassungsschritte, geboren aus der Notwendigkeit der Veränderung, um außenpolitischem Druck und feindlichen innenpolitischen Bestrebungen entgegen zu wirken, mündeten in ein konservativ geprägtes Verfassungsbild. Gerade dieser Konservatismus mag auch dazu geführt haben, dass das Osmanische Reich die fünf Prinzipien des deutschen Konstitutionalismus – das monarchische Prinzip, die Verfassungsgebung, die Mitbestimmung in der Legislative, die Bestimmung der Exekutive und den Oberbefehl über das Heer – als Ausdruck seines eigenen Wesensverständnisses akzeptiert und in sein Weltbild übersetzt hat.

Im ersten Grundgesetz des Osmanischen Reiches hat noch keine eigene säkulare osmanische oder türkische Rechtssprache Fuß fassen können. Rechtsbegriffe und die Prinzipien des deutschen Konstitutionalismus wurden übernommen, jedoch nicht die dahinterstehende Rechtsgeschichte, da das Osmanische Reich keine mit dem Westen vergleichbare (Rechts)Geschichte aufzuweisen hatte.

Das osmanische Grundgesetz hat aber, allen Schwierigkeiten des Übergangs zum Trotz, eine rechtliche Grundlage für ein – aus westlichem Verständnis betrachtet – fortschrittlicheres und umfassendes Staatsgrundgesetz geschaffen. Eine Rechtsgrundlage, die – trotz der Nennung der Staatsreligion im Verfassungstext – im späteren Verlauf der Rechtsgeschichte des Osmanischen Reiches und später der Republik Türkei in eine laizistische Konzeption von Recht mündete.

Siebtes Kapitel: Mögliche Verfassungsvorbilder

I. Die europäischen Verfassungen von Belgien vom 07. Februar 1831, Preußen vom 31. Januar 1850 und dem Deutschen Reich vom 16. April 1871

Im vorherigen Kapitel wurde die osmanische Verfassung selbst beschrieben und mit den oben genannten Verfassungen verglichen, wobei die Ergebnisse des Vergleichs dargestellt wurden. Nunmehr sollen auch die fachlichen Diskussionen hierüber vorgestellt werden. Denn insbesondere die belgische und die preußische Verfassung dienten – der Sekundärliteratur nach zu urteilen – als Vorbilder für die Gestaltung der ersten osmanischen Verfassung,[878] wobei die Fachliteratur keinen konkreten Bezug zu diesen Verfassungsvorbildern erstellt hatte und keine einzelnen Beispiele des Verwandtschaftsverhältnisses aufgezeigt wurden. *Engelhardt* hingegen nennt in seiner Niederschrift von 1882 als Vorbilder für die erste osmanische Verfassung Frankreich, England und die Vereinigten Staaten von Amerika, ohne dies näher zu begründen.[879] Nach der Ansicht von *Jäschke* handelte es sich bei der osmanischen Verfassungsgebung „um eine freiwillige Selbstbeschränkung" des Sultans, die seiner Einschätzung nach (ohne Quellenangabe) denselben „Staatsakts"-Charakter hatte wie die preußische Verfassung

---

878 *Üçok*; *Mumcu*; *Bozkurt*, S. 338; *von Kraelitz-Greifenhorst*, S. 6; *Rumpf*, Rezeption und Verfassungsordnung, Beispiel Türkei, S. 8; *Plagemann*, S. 113; *Mumcu*, S. 36; *Bozkurt*, Ottoman Legal System, S. 120, in: Osmanlı Tarihi; *Gilisen* hingegen führt in seinem Beitrag namentlich die Verfassungen auf, die von der belgischen Verfassung beeinflusst wurden. Das osmanische Verfassungswerk kommt darin nicht vor; siehe *Gilisen*, S. 63–69; *Kürşat*, S. 275; *Akşin*, Birinci Meşrutiyet (I), S. 20, *Akşin* nennt als Vorbild auch die französische Verfassung; *Tanör*, S. 133, der ebenfalls die polnische Verfassung und auf S. 143 die Inspiration durch die belgische Verfassung erwähnt, ohne dabei längere Ausführungen zu machen; offener *Davison*, Ottoman Empire, S. 371 (in Fn. 55 am Schluss); *Karal*, Non-Muslim Representatives, in: Christians and Jews in the Ottoman Empire, Vol. I, S. 391: nach *Karal* basierte der Verfassungsentwurf von *Midhat* auf den Verfassungen von Belgien und Preußen und wurde zu einem großen Teil von *Krikor Odian* verfasst.

879 *Engelhardt*, La Turquie et le Tanzimât, Troisième Partie (1868–1882), S. 166. *Engelhardt* analysierte nicht die osmanische Verfassung von 1876: « Je n'entreprendrai pas d'analyser ici en détail la charte fondamentale de 1876 […] » : siehe *Engelhardt*, La Turquie et le Tanzimât, Troisième Partie (1868–1882), S. 166.

von 1850.[880] Die von mehreren Beobachtern festgestellte Wirkung der belgischen Verfassung auf andere Verfassungen (Spanien 1837, Griechenland 1844 und 1864, Niederlande, Luxemburg, Piemont-Sardinien 1848, Preußen 1850 und Rumänien 1868)[881] erreichte in deren Augen offenbar nicht das Osmanische Reich. *Matuz* allerdings behauptete, dass das zu etablierende „gesetzgebende Organ [in der osmanischen Verfassung] sich im Wesentlichen an den Gegebenheiten des parlamentarischen Systems in Belgien orientierte".[882] Dass die belgische Verfassung jedenfalls in den südosteuropäischen Raum ausstrahlte, zeigt das Beispiel Serbiens. Dort wurde 1835, noch unter osmanischer Herrschaft, eine Verfassung nach belgischem Muster erlassen, aber kurz nach ihrer Einführung suspendiert, und zwar unter anderem aufgrund der Proteste aus Österreich, Russland und dem Osmanischen Reich selbst.[883]

Unabhängig von den bisherigen Erkenntnissen der Forschung zu diesen Punkten ist möglicherweise eine weitere Überlegung von Bedeutung: Die osmanische Verfassung gründete sich nicht auf eine homogene Nation, sondern ihre Aufgabe war es auch, eine Nation aus verschiedenen Einheiten zu erschaffen. Insoweit könnte der Vergleich mit dem sprachlich und historisch heterogenen Königreich Belgien und seiner Verfassung zielführend sein.

Die deutsche Reichsverfassung von 1871 liegt zwar in zeitlicher Nähe zur osmanischen von 1876, aber es scheint keine direkten Verbindungen zwischen beiden zu geben. Dennoch gibt es strukturelle Ähnlichkeiten, vor allem die starke Stellung des Kaisers und seines Kanzlers, also die entschiedene Distanz zum Parlamentarismus, die einen vergleichenden Blick nahelegen.

II. Einfluss der armenischen Millet-Verfassung oder anderer Millet-Verfassungen

Die ebenfalls naheliegende Überlegung, dass die armenische Millet-Verfassung von 1863 im Osmanischen Reich eine Vorbildrolle für die erste osmanische Verfassung von 1876 gehabt haben könnte, ist, bezogen auf die Heterogenität der osmanischen Gesellschaft in Bezug auf Religions- und Sprachenvielfalt, nicht ganz überzeugend. Die armenische Millet innerhalb ihrer konfessionellen Gemeinschaft hatte sich

880 *Jäschke*, Die Entwicklung des osmanischen Verfassungsstaates, in: Die Welt des Islams Band V (1917), S. 18.

881 *Reinhard*, S. 418, 419; so auch *Binder-Iijima* über Griechenland, Rumänien und Bulgarien bzw. über die „neuen südosteuropäischen Staaten": S. 48; *Gilisen*, S. 63–68, 69.

882 *Matuz*, S. 236.

883 *Sundhaussen*; *Stefanov*, S. 1370, 1374.

gerade nicht mit religiöser und sprachlicher Vielfalt auseinanderzusetzen. Diese Feststellung ist auch auf die anderen Millet-Verfassungen anwendbar, etwa auf die der griechischen Millet von 1862. Es ist deshalb auf den ersten Blick nicht überzeugend, von den „geschlossenen" Millet-Verfassungen auf eine Vorbildwirkung für die komplexeren Strukturen im Osmanischen Reich zu schließen.[884]

Die armenische Millet-Verfassung beschäftigte sich nicht mit Grundrechten, also den Freiheitsrechten von Individuen, sondern stellte ein Regelwerk für die Millet-Nationalversammlung, den politischen und den religiösen Rat, dar.[885] Insofern könnte an eine Parallele im Umgang mit Religiosität innerhalb einer „Verfassungsgruppe" und eines „Verfassungsdenkens" gedacht werden, nicht aber an die Behandlung von Religiosität in einer pluralistischen Gesellschaft. Die armenische Millet war Teil des Osmanischen Reiches, aber ihre Verfassung regelte deren Eigenleben. Aus der Präambel der armenischen Millet-Verfassung ist zu entnehmen, dass sie als Ergebnis der Tanzimâtreformen, insbesondere des Hatt-i Hümayûn von 1856, zu verstehen ist.[886] Sie stellte als Millet-Verfassung ein Gesamtregelwerk der Organisation der armenischen Millet dar. Aber die Erfahrungen aus den Arbeitsprozessen an der armenischen Millet-Verfassung erwiesen sich womöglich bei den Arbeiten der osmanischen Verfassungskommission, auf die auch der armenischstämmige Jurist[887] *Krikor Odian* wesentlichen Einfluss genommen hat,[888] als nützlich. Auch andere, wie die Kommissionsmitglieder *Dr. Servichen*, *Nigoghos Balian* und *Dr. Nahabet Rusinian*, waren an den Arbeiten zur armenischen Millet-Verfassung beteiligt.[889] Insofern ist es naheliegend, dass der Einfluss der armenischen Millet-Verfassung über die armenischen Mitglieder der osmanischen

884 *Karpat*, S. 164 m.w.N. auf *Davison*, Ottoman Empire, S. 134, 135: Dieser besagt allerdings in Berufung auf einen Vorschlag von *Namık Kemal*, dass das Abgeordnetenhaus nach der christlichen Milletverfassung als Vorbild hätte dienen können, und in Anlehnung an *Krikor Efendi*, dass die Wahlregelungen als Orientierung für die osmanische Verfassung von 1876 gedient haben. Eine Orientierung an den Verfassungsinhalten oder eine Vorbildfunktion der Milletverfassungen, wie es *Karpat* ableitet, kann daher nicht als Schluss gezogen werden.

885 *Artinian*, S. 93, 94 folgende; der französische Text der Milletverfassung in: *Young*, S. 79–92, mit Verweis auf die offizielle Gesetzessammlung: Düstur, vol. II, S. 938.

886 Präambeltext auf Französisch bei: *Young*, S. 80.

887 Je nach Sichtweise auch: der armenische Jurist.

888 Zur Ratgeberrolle von *Krikor Odian*, siehe: *Öztuna*, S. 274 und *Karal*, Non-Muslim Representatives, in: Christians and Jews in the Ottoman Empire, Vol. I, S. 391.

889 *Artinian*, S. 77, 78; andere Schreibweise: *Dr. Servic'en*, *Nikolos Palean*, *Nahapet Rusinian*.

Verfassungskommission seinen Weg in das osmanische Grundgesetz fand.[890] Welcher Einfluss dies genau war, ist aber kaum feststellbar. Zumindest kann von Erfahrungswerten im Umgang mit Verfassungsinhalten, aber auch im Umgang mit den dazugehörigen Arbeitsprozessen ausgegangen werden.

Die Ausbildung vieler armenischstämmiger Osmanen oder Armenier, die an der armenischen Millet-Verfassung mitgewirkt haben, hatte im europäischen Ausland und insbesondere in Paris stattgefunden, wo die Ideen der Revolution von 1848 noch lebendig waren.[891] *Artinian* etwa führte in seinem Werk ausführlich aus, dass die armenischstämmigen Osmanen unter Führung von *Nahabet Rusinian* im Geiste und im Wissen der europäischen Zivilisationen eine Verbesserung ihrer eigenen Millet-Strukturen erreichen wollten.[892] Damit wurden auch für den Prozess der Konstitutionalisierung der osmanischen Verfassung wichtige Weichen gestellt, da die gute Ausbildung einiger armenischstämmiger Osmanen bzw. Armenier, die zusätzlich zu ihrem persönlichen Wissen die europäischen (Freiheits)Ideale einbrachten, für das Osmanische Reich mittelbar dienlich war: mittelbar, da zunächst die armenische Millet im Rahmen einer Verfassungsgebung davon profitierte. Dass sich jedoch die armenischstämmigen Osmanen/Armenier gezielt an der belgischen (1831) oder der preußischen (1850) Verfassung orientierten, ist nicht belegt[893] und auch der Millet-Verfassung nicht zu entnehmen. Ihr Anteil an der Verfassung des Osmanischen Reiches war allerdings, in Relation zu den ihnen gewährten Möglichkeiten, nicht unbeachtlich.

890 *Artinian*, S. 105, 106.

891 *Artinian*, S. 60–64.

892 *Artinian*, S. 64 [Schreibweise bei *Artinian*: *Nahapet Rusinean*].

893 *Artinian*, S. 93–108.

Achtes Kapitel: Schlussbetrachtung

I. Neue osmanische Verfassungskonzeption: Wie tief ging das weltlich-religiöse neue Staatsverständnis?

Das erste osmanische Grundgesetz hatte eine Lebensdauer von nur circa 14 Monaten.[894] Daher kann nicht abschließend beurteilt werden, ob dieser Rechtstext durch Akzeptanz zu einem integralen Bestandteil der die gesellschaftlichen Verhältnisse regelnden Rechtsordnung geworden wäre.[895]

Die Motive für die Tanzimât-Reformen lagen sowohl in der Einsicht, dass der Staat ohne Reformen nicht würde überleben können, als auch im außenpolitischen Druck. Daher ist auch die Frage zu stellen, wie tief das neue weltliche Staatsverständnis eigentlich ging. Hierbei sind sowohl die Motive der Verfassungskommission einschlägig als auch das eigentliche Parlamentsleben.

Es wurde bereits in Auszügen dargelegt, welche Bedeutung die Ergebnisse der Anordnungen der Sultane im Verfassungsgefüge und in der öffentlichen Ordnung des Osmanischen Reiches hatten und wie sich das Parlamentsleben gestaltete. Eine Demokratisierung nach europäischem Verständnis wurde zwar nicht in Gang gesetzt, aber aufgrund der Ergebnisse der Reformen ist tendenziell eine Verwestlichung und damit einhergehend eine – wenn auch nur leichte – Säkularisierung des Verfassungsrechts in Form des osmanischen Grundgesetzes (auf Grund der Kurzlebigkeit des Verfassungswerkes) de jure eingetreten und zumindest tatsächlich angestoßen worden. Dennoch konnten mehrere Jahrhunderte einer Herrschaftsweise, wie sie im Osmanischen Reich praktiziert und gelebt wurde, nicht durch einen Verfassungstext aufgehoben werden. *Devereux* fasste es deutlich zusammen: "They (the liberals) had consistently acted in the naïve belief that to borrow the forms of European parliamentary government was sufficient to ensure their vitality in Ottoman soil. Had their numbers included horticulturists, they would have realized that even the hardiest plant, when transplanted from one environment to another, will wither and die if all the proper conditions for growth are not present in its new home. How much more sensitive is a political system! The liberals failed utterly to comprehend that constitutional government involves much more than

894 Verkündung am 23.12.1876 und Auflösung des Parlamentes am 14.02.1878, siehe auch *Devereux*, S. 15; *Gözler*, Türk Anayasa Hukuku Dersleri (2007), S. 23.

895 *Rumpf*, Rezeption und Verfassungsordnung, Beispiel Türkei, S. 3.

a written document and the existence of a representative legislative body, that it is essentially a matter of national unity, common national aspirations, and, above all, respect for the law by the rulers as well by the ruled."[896]

II. Zusammenfassung

Die Tanzimâtreformen wirkten wie Kur- und Erste-Hilfe-Maßnahmen zugleich. Die Tanzimât-Ära zeichnete sich durch die Überwindung ideologischer und religiöser Grenzen aus, die bis zu dieser Zeit im Osmanischen Reich nicht angerührt wurden. Doch dieser Vorgang der Überwindung fand seine Grenze in der Beibehaltung der Staatsreligion in der Verfassung und weiterer ähnlich gelagerter Grundsätze, die sich in der ersten osmanischen Verfassung manifestierten und ihr einen einzigartigen Charakter zwischen Säkularismus und Religiosität gaben. Dieser Verfassungscharakter drückte gleichzeitig den Übergang zwischen Neuem und Altem aus. Einige Freiheitsrechte und hier insbesondere die im Reich angewandte Gleichberechtigung zwischen Muslimen und Nichtmuslimen, die ihren Höhepunkt in der Zusammensetzung des Abgeordnetenhauses fand, sowie die Kreation des Osmanentums waren exemplarisch für den einsetzenden Demokratisierungs- und Säkularismusprozess. Sie zeigten klar, dass Religion die weltlichen Staatsbildungsverläufe zwar hindern, aber nicht aufzuhalten vermochte. Zugleich machten sie deutlich, dass beide „Systeme" auch miteinander verwoben funktionieren können. Weiterhin musste auch die Sprachenvielfalt eines pluralistischen Großreiches geregelt werden. Die Entscheidung zugunsten einer Sprache, ohne ein konkretes Verfassungsverbot der anderen Sprachen, führte zwar zur Praktikabilität innerhalb der staatlichen Abläufe, war aber zugleich unter dem Gesichtspunkt der Gleichberechtigung nicht ganz konsequent.

Die osmanische Verfassung musste relativ schnell entstehen, um den seit 1839 eingeführten Reformen gegenüber den anderen Großmächten, wie Frankreich, Großbritannien, Russland und dem Deutschen Reich, endlich die fass- und messbare Form eines schriftlichen Verfassungswerkes zu geben. Womöglich hätte die Verfassung etwas anders ausgesehen, wenn die Tanzimât-Reformer und ihre Mitstreiter mehr Zeit gehabt hätten, einige Bestimmungen der Verfassung, die insbesondere die Spannung zwischen weltlichen und religiösen Grundsätzen verdeutlichten, klarer voneinander abzugrenzen und auszubauen. Auch war unter einem starken Padişah (Sultan), wie *Abdül-Hamid II.*, der zugleich auch die Kalifatsstellung innehatte, die Durchsetzung säkularer Verfassungselemente

---

896 *Devereux*, S. 62.

nicht leicht. Dem äußeren Druck stand der innere Druck und Widerstand gegenüber.

Schließlich führten die Tanzimâtreformen jedoch zum Umdenken. Dies galt insbesondere für einen Teil der muslimischen Mehrheit im Osmanischen Reich. Säkularität und Religiosität bilden zwei Pole, deren Gleichklang im Osmanischen Reich schwer vereinbar schien. Der Kampf zwischen religösen Kräften einerseits und säkular beseelten Kräften andererseits um eine säkulare oder weltlichere Verfassung mit europäischen Freiheitsidealen im Osmanischen Reich wirkt bis in die Gegenwart.

Im Osmanischen Reich stellte sich die Frage der staatsrechtlichen Identität im Zusammenhang mit dem Selbstrettungswillen des Osmanischen Reiches. Der Überlebenswille eines Großreiches mündete in die tiefgreifende Reformbewegung der Tanzimât. Dass diese Reformen wohl eine fruchtbare und weltliche Grundlage zur Gründung einer Republik schufen, beweist das nunmehr neunzigjährige Bestehen der Republik Türkei.

„*Tametsi movetur!*" Es geht also doch! Es ist möglich, Religiosität und Säkularismus verfassungsrechtlich so zu gestalten, dass sie trotz widersprüchlicher Ausgangslagen und Voraussetzungen im Selbstverständnis des osmanischen Verfassungsrechts nebeneinander Bestand hatten. Eine totale Verdrängung der religiösen Bestimmungen aus der osmanischen Verfassung hätte dem historischen Identitätsverständnis des Osmanischen Reiches selbst innerhalb der Phase der „Wohltätigen Verordnungen" zuviel an Identität genommen, da die Religion das gesamte individuelle und gemeinschaftliche Leben, von der Geburt bis zum Tod, durchdrang und den Grundstein zur Gründung des Osmanischen Reichs legte.

Die erste osmanische Verfassung war – gemessen an den schwierigen Umständen, in denen sich das Osmanische Reich befand, und gemessen an der knappen Erstellungszeit – vielleicht keine ausgewogene Verfassung in dem Sinne, dass die Sultanskompetenzen nicht so beschnitten wurden wie die des Monarchen in der belgischen Verfassung, oder dass dem Säkularismus durch die (latente) Überlagerung religiösen Rechts Grenzen gesetzt wurden, und dass die Prädominanz einer Gruppe trotz verfassungsrechtlicher Gleichheit gefördert wurde. Allerdings machte sie den Anfang zum ersten einschneidenden Schritt in Richtung Europa, da der Vielfalt der Lebensweisen durch die osmanische Verfassung stärker Rechnung getragen wurde als zu vorkonstitutioneller Zeit. Das Osmanische Reich hat mit der Annahme europäischen Verfassungsdenkens ein weiteres kulturelles Erbe in seinen Vielvölkerstaat mit seinen bereits existierenden vielfältigen Traditionen aufgenommen, ohne zu diesem Zeitpunkt alle Konsequenzen zu erahnen.

Gute und praktikable Lösungen, die das Zusammenleben der vielfältigen kulturellen Beschaffenheiten fördern und regeln, werden nicht nur in der Gegenwart oder gar in der Zukunft gefunden, manche finden sich auch in der rechtsgeschichtlichen Vergangenheit. Das Reflexionspotential ist hier noch lange nicht ausgeschöpft, um die Schätze der Vergangenheit für die heutige Zeit und möglicherweise darüber hinaus aufzudecken.

Neuntes Kapitel: Anhang

I. Englischer Text des Gülhane Hatt-ı Şerif-î, 03. November 1839 (26 Şa'ban 1255)[897]

All the world knows that in the first days of the Ottoman monarchy, the glorious precepts of the Kuran and the laws of the empire were always honored.

The empire in consequence increased in strength and greatness, and all its subjects, without exception, had risen in the highest degree to ease and prosperity. In the last one hundred and fifty years a succession of accidents and divers causes have arisen which have brought about a disregard for the sacred code of laws and the regulations flowing therefrom, and the former strength and prosperity have changed into weakness and poverty; an empire in fact loses all its stability so soon as it ceases to observe its laws.

These considerations are ever present to our mind, and ever since the day of our advent to the throne the thought of the public weal, of the improvement of the state of the provinces, and of relief to the (subject) peoples, has not ceased to engage it. If, therefore, the geographical position of the Ottoman provinces, the fertility of the soil, the aptitude and intelligence of the inhabitants are considered, the conviction will remain that by striving to find efficacious means, the result, which by the help of God we hope to attain, can be obtained within a few years. Full of confidence, therefore, in the help of the Most High, and certain of the support of our Prophet, we deem it right to seek by new institutions to give to the provinces composing the Ottoman Empire the benefit of a good administration.

These institutions must be principally carried out under three heads, which are:

1. The guarantees insuring to our subjects perfect security for life, honor, and fortune.
2. A regular system of assessing and levying taxes.
3. An equally regular system for the levying of troops and the duration of their service.

And, in fact, are not life and honor the most precious gifts to mankind? What man however much his character may be against violence, can prevent himself from

897 In der Arbeit wurde der Text besprochen und soweit notwendig auch erläutert. Zur Vervollständigung sei der Text nochmals komplett abgebildet aus *Türk Anayasa Hukuk Sitesi*, Boğaziçi University, Atatürk Institute of Modern Turkish History, http://www.anayasa.gen.tr/gulhane.htm, zuletzt augerufen am: 05.11.2013.

having recourse to it, and thereby injure the government and the country, if his life and honor are endangered? If, on the contrary, he enjoys in that respect perfect security, he will not depart from the ways of loyalty, and all his actions will contribute to the good of the government and of his brothers.

If there is an absence of security as to one's fortune, everyone remains insensible to the voice of the Prince and the country; no one interests himself in the progress of public good, absorbed as he is in his own troubles. If, on the contrary, the citizen keeps possession in all confidence of all his goods, then, full of ardor in his affairs, which he seeks to enlarge in order to increase his comforts, he feels daily growing and bubbling in his heart not only his love for the Prince and country, but also his devotion to his native land.

These feelings become in him the source of the most praiseworthy actions.

As to the regular and fixed assessment of the taxes, it is very important that it be regulated; for the state which is forced to incur many expences for the defense of its territory cannot obtain the money necessary for its armies and other services except by means of contributions levied on its subjects. Although, thanks be to God, our empire has for some time past been delivered from the scourge of monopolies, falsely considered in times of war as a source of revenue, a fatal custom still exists, although it can only have disastrous consequences; it is that of venal concessions, known under the name of "iltizam".

Under that name the civil and financial administration of a locality is delivered over the passions of a single man; that is to say, sometimes to the iron grasp of the most violent and avaricious passions, for if that contractor is not a good man, he will only look to his own advantage.

It is therefore necessary that henceforth each member of Ottoman society should be taxed for a quota of a fixed tax according to his fortune and means, and that it should be impossible that anything more could be exacted from him. It is also necessary that special laws should fix and limit the expenses of our land and sea forces.

Although, as we have said, the defense of the country is an important matter, and that it is the duty of all the inhabitants to furnish soldiers for that object, it has become necessary to establish laws to regulate the contingent to be furnished by each locality according to the necessity of the time, and to reduce the term of military service to four or five years. For it is at the same time doing an injustice and giving a mortal blow to agriculture and to industry to take, without consideration to the respective population of the localities, in the one more, in the other less, men that they can furnish; it is also reducing the soldiers to despair and contributing to the depopulation of the country by keeping them all their lives in the service.

In short, without the several laws, the necessity for which has just been described, there can be neither strength, nor riches, nor happiness, nor tranquility for the empire; it must, on the contrary, look for them in the existence of these new laws.

From henceforth, therefore, the cause of every accused person shall be publicly judged, as the divine law requires, after inquiry and examination, and so long as a regular judgment shall not have been pronounced, no one can secretly or publicly put another to death by poison or in any other manner.

No one shall be allowed to attack the honor of any other person whatever.

Each one shall possess his property of every kind, and shall dispose of it in all freedom, without let or hindrance from any person whatever; thus, for example, the innocent heirs of a criminal shall not be deprived of their legal rights, and the property of the criminal shall not be confiscated. These imperial concessions shall extend to all our subjects, of whatever religion or sect they may be; they shall enjoy them without exception. We therefore grant perfect security to the inhabitants of our empire in their lives, their honor, and their fortunes, as they are secured to them by the sacred text of the law.

As for the other points as they must be settled with the assistance of enlightened opinions, our council of justice (increased by new members as shall be found necessary), to whom shall be joined, on certain days which we shall determine, our ministers and the notabilities of the empire, shall assemble in order to frame laws regulating the security of life and fortune and the assessment of the taxes. Each one in those assemblies shall freely express his ideas and give his advice.

The laws regulations the military service shall be discussed by a military council holding its sittings at the palace of Serasker. As soon as a law shall be passed, in order to be forever valid, it shall be presented to us; we shall give it our approval, which we will write with our imperial sign-manual.

As the object of those institutions is solely to revivify religion, government, the nation, and the empire, we engage not to do anything which is contrary thereto.

In testimony of our promise we will, after having deposited these presents in the hall containing the glorious mantle of the prophet, in the presence of all the ulemas and the grandees of the empire, take oath thereto in the name of God, and shall afterwards cause the oath to be taken by the ulemas and the grandees of the empire.

After that, those from among the ulemas or the grandees of the empire, or any other persons whatsoever who shall infringe these institutions, shall undergo, without respect of rank, position, and influence, the punishment corresponding to his crime, after having been well authenticated. A penal code shall be compiled to that effect.

As all the public servants of the empire receive a suitable salary, and as the salaries of those whose duties have not up to the present time been sufficiently remunerated are to be fixed, a rigorous law shall be passed against the traffic of favoritism and bribery (rüşvet), which the Divine law reprobates, and which is one of the principal causes of the decay of the empire.

The above dispositions being a thorough alteration and renewal of ancient customs the imperial rescript shall be published at Istanbul and in all places of our empire, and shall be officially communicated to all the ambassadors of the friendly powers resident in Istanbul, that they may be witnesses to the granting of these institutions, which, should it please God, shall last forever. Wherein may the Most High have us in His holy keeping. May those who shall commit an act contrary to the present regulations be the object of Divine malediction, and be deprived forever of every kind of (protection) happiness.

II. Englischer Text des Hatt-ı Hümâyûn, 10. Februar 1856 (11 Cemâzi-yel-âhir 1272)[898]

The guarantees promised on our part by the Hatt-ı Hümayun of Gülhane, and in conformity with the Tanzimat, to all the subjects of my Empire, without distinction of classes or of religion, for the security of their persons and property and the preservation of their honour, are today confirmed and consolidated, and efficacious measures shall be taken in order that they may have their full and entire effect.

All the privileges and spiritual immunities granted by my ancestors ab antiquo, and at subsequent dates, to all Christian communities or other non-Muslim persuasions established in my empire under my protection, shall be confirmed and maintained.

Every Christian or other non-Muslim community shall be bound, within a fixed period, and with the concurrence of a Commission composed ad hoc of members of its own body, to proceed, with my high approbation and under the inspection of my Sublime Porte, to examine into its actual immunities and privileges, and to discuss and submit to my Sublime Porte the reforms required by the progress of civilization and of the age. The powers conceded to the Christian Patriarchs and Bishops by the Sultan Mehmed II and his successors shall be made to harmonize

898 In der Arbeit wurde der Text besprochen und soweit erforderlich erläutert. Vollständigkeitshalber sei der Text nochmals komplett abgebildet aus *Türk Anayasa Hukuk Sitesi*, Boğaziçi University, Atatürk Institute of Modern Turkish History, http://www.anayasa.gen.tr/reform.htm, zuletzt augerufen am: 05.11.2013.

with the new position which my generous and beneficent intentions ensure to these communities.

The principle of nominating the Patriarchs for life, after the revision of the rules of election now in force, shall be exactly carried out, conformable to the tenor of their Firmans of Investiture.

The Patriarchs, Metropolitans, Archbishops, Bishops, and Rabbis shall take an oath on their entrance into office according to a form agreed upon in common by my Sublime Porte and the Spritual heads of the different religious communities. The ecclesiastical dues, of whatever sort or nature they be, shall be abolished and replaced by fixed revenues of the Patriarchs and heads of communities, and by the allocation of allowances and salaries equitably proportioned to the importance, the rank, and the dignity of the different members of the clergy.

The property, real or personal, of the different Christian ecclesiastics shall remain intact; the temporal administration of the Christian or other non-Muslim communities shall, however, be placed under the safeguard of an Assembly to be chosen from among the members, both ecclesiastics and laymen, of the said communities.

In the towns, small boroughs and villages, where the whole population is of the same religion, no obstacle shall be offered to the repair, according to their original plan, of buildings set apart for religious worship, for schools, for hospitals, and for cemeteries.

The plans of these different buildings, in case of their new erection, must, after having been approved by the Patriarchs or heads of communities, be submitted to my Sublime Porte, which will approve of them by my Imperial order, or make known its observations upon them within a certain time.

Each sect, in localities where there are no other religious denominations, shall be free from every species of restraint as regards the public exercise of its religion.

In the towns, small boroughs, and villages where different sects are mingled together, each community, inhabiting a distinct quarter, shall, by conforming to the above-mentioned ordinances, have equal power to repair and improve its churches, its hospitals, its schools, and its cemeteries. When there is a question of the erection of new buildings, the necessary authority must be asked for through the Sublime Porte, which will pronounce a Sovereign decision according to that authority, except in the case of administrative obstacles. The intervention of the administrative authority in all measures of this nature will be entirely gratuitous. My Sublime Porte will take energetic measures to ensure to each sect, whatever be the number of its adherents, entire freedom in the exercise of its religion.

Every distinction or designation tending to make any class whatever of the subjects of my Empire inferior to another class, on account of their religion, language, or race, shall be for ever effaced from the Administrative Protocol. The laws shall be put in force against the use of any injurious or offensive term, either among private individuals or on the part of the authorities.

As all forms of religion are and shall be freely professed in my dominions, no subject of my Empire shall be hindered in the exercise of the religion that he professes, nor shall be in any way annoyed on this account. No one shall be compelled to change their religion.

The nomination and choice of all functionaries and other employees of my Empire being wholly dependent upon my Sovereign will, all the subjects of my Empire, without distinction of nationality, shall be admissible to public employments, and qualified to fill them according to their capacity and merit, and conformably with rules to be generally applied.

All the subjects of my Empire, without distinction, shall be received into the Civil and Military Schools of the Government if they otherwise satisfy the conditions as to age and examination which are specified in the organic regulations of the said schools. Moreover, every community is authorized to establish Public Schools of Science, Art, and Industry. Only the method of instruction and the choice of professors in schools of this class shall be under the control of a Mixed Council of Public Instruction, the members of which shall be named by my Sovereign command.

All commercial, correctional, and criminal suits between Muslims and Christian or other non-Muslim subjects, or between Christians or other non-Muslims of different sects, shall be referred to mixed tribunals.

The proceedings of these tribunals shall be public. The parties shall be confronted, and shall produce their witnesses, whose testimony shall be received, without distinction, upon an oath taken according to the religious law of each sect.

Suits relating to civil affairs shall continue to be publicly tried, according to the laws and regulations, before the Mixed Provincial Councils, in the presence of the Governor and Judge of the place. Special civil proceedings, such as those relating to successions of others of that kind, between subjects of the same Christian or other non-Muslim faith, may, at the request of the parties, be sent before the Councils of the Patriarchs or of the communities.

Penal, correctional, and commercial laws, and rules of procedure for the mixed tribunals shall be drawn up as soon as possible, and formed into a Code. Translation of them shall be published in all the languages current in the Empire.

Proceedings shall be taken, with as little delay as possible, for the reform of the penitentiary system as applied to houses of detention, punishment, or correction, and other establishments of like nature, so as to reconcile the rights of humanity with those of justice. Corporal punishment shall not be administered, even in the prisons, except in conformity with the disciplinary regulations established by my Sublime Porte, and everything that resembles torture shall be entirely abolished.

Infractions of the law in this particular shall be severely repressed, and shall, besides, entail, as of right, the punishment, in conformity with the Civil Code, of the authorities who may order and of the agents who may commit them.

The organization of the police in the capital, in the provincial towns and in the rural districts shall be revised in such a manner as to give to all the peaceable subjects of my empire the strongest guarantees for the safety both of their person and property.

The equality of taxes entailing equality of burdens, as equality of duties entails that of rights, Christian subjects and those of other non-Muslim sects, as it has been already decided, shall, as well as Muslims, be subject to the obligations of the Law of Recruitment. The principle of obtaining substitutes, or of purchasing exemption, shall be admitted. A complete law shall be published, with as little delay as possible, respecting the admission into and service in the army of Christian and other non-Muslim subjects.

Proceedings shall be taken for a reform in the constitution of the Provincial and Communal Councils, in order to ensure fairness in the choice of the deputies of the Muslim, Christian, and other communities, and freedom of voting in the councils. My Sublime Porte will take into consideration the adoption of the most effectual means for ascertaining exactly and for controlling the result of the deliberations and of the decisions arrived at.

As the laws regulation the purchase sale, and disposal of real property are common to all the subjects of may empire, it shall be lawful for foreigners to possess landed property in my dominions, conforming themselves to the laws and police regulations, and bearing the same charges as the native inhabitants, and after arrangements have been come to with foreign powers.

The taxes are to be levied under the same denomination from all the subjects of my empire, without distinction of class or of religion. The most prompt and energetic means for remedying the abuses in collecting the taxes, and especially the tithes, shall be considered. The system of direct collection shall gradually, and as soon as possible, be substituted for the plan of farming, in all the branches of the revenues of the State. As long as the present system remains in force, all agents of the Government and all members of the Meclis shall be forbidden, under the severest penalties, to become lessees of any farming contracts which are announced for public competition, or to have any beneficial interest in carrying them out. The local taxes shall, as far as possible, be so imposed as not to affect the sources of production or to hinder the progress of internal commerce.

Works of public utility shall receive a suitable endowment, part of which shall be raised from private and special taxes levied in the Provinces, which shall have the benefit of the advantages arising from the establishment of ways of communication by land and sea.

A special law having been already passed, which declares that the budget of the revenue and expenditure of the State shall be drawn up and made known every year, the said law shall be most scrupulously observed. Proceedings shall be taken for revising the emoluments attached to each office.

The heads of each community and a delegate designed by my Sublime Porte shall be summoned to take part in the deliberations of the Supreme Council of Justice on all occasions which might interest the generality of the subjects of my Empire. They shall be summoned specially for this purpose by my Grand Vezir. The delegates shall hold office for one year; they shall be sworn on entering upon their duties. All the members of the Council, at the ordinary and extraordinary meetings, shall freely give their opinions and their votes, and no one shall ever annoy them on this account.

Steps shall also be taken for the formation of roads and canals to increase the facilities of communication and increase the sources of the wealth of the country. Everything that can impede commerce or agriculture shall be abolished. To accomplish these objects means shall be sought to profit by the science, the art, and the funds of Europe, and thus gradually to execute them.

Such being my wishes and my commands, you, who are my Grand Vezir, will, according to custom, cause this Imperial Firman to be published in my capital and in all parts of my Empire; and you will watch attentively, and take all the necessary measures that all the orders which it contains be henceforth carried out with the most rigorous punctuality.

III. Türkischer und teilweise deutscher Verfassungstext des Kanun-i Esasî vom 23. Dezember 1876 (7 Zilhicce 1293)[899]

Mein erlauchter Wesir Midhat Pascha!

---

899 Der Verfassungstext wurde an verschiedenen Stellen der Arbeit – bei den jeweiligen Besprechungen der Artikel – in den Fußnoten auf Deutsch niedergeschrieben. Dieser Text dient der Vervollständigung. Der Verfassungstext enthält auch bei den in der Arbeit hauptsächlich besprochenen Verfassungsartikeln ebenfalls eine deutsche Übersetzung. Verfassungstext im Originalwortlaut (aber in lateinischer Schrift) aus *Gözler,* 1876 Kanunu Esasî, http://www.anayasa.gen.tr/1876ke.htm und *Gözübüyük; Kili*, Md. 50 (Artikel 50), S. 33; entsprechend der amtlichen Gesetzsammlung, Erste

Die Macht Unseres ruhmvollen Reiches war seit längerer Zeit im Rückgange begriffen; die Ursachen lagen nicht so sehr in den äußeren Verhältnissen als vielmehr im Abweichen vom geraden Wege in der inneren Verwaltung und im Schwinden jener Garantien, die Unsere Untertanen für ihre Sicherheit von der Regierung zu fordern berechtigt waren. Deshalb hat Mein erhabener Vater, weiland Abdul Medschid Chan, als Einleitung zu den Reformen und in vollkommener Übereinstimmung mit den heiligen Satzungen der Scheriatgesetze den Hatt über die Reformen (Tanzimat) erlassen, welcher die Sicherheit des Lebens, Vermögens und der Ehre aller Untertanen garantierte. Wir haben bis auf den heutigen Tag in dieser Sicherheit gelebt und haben heute, als Resultat der Gedanken und Anschauungen, die, gestützt auf jene Sicherheit, in freier Form ausgetauscht wurden, diese Verfassung erlassen. Da dieser Unser Erfolg durch die erwähnten nützlichen Reformen herbeigeführt worden ist, so will Ich den Namen jenes Verstorbenen und seine Verdienste an diesem glücklichen Tage besonders erwähnen und ihm den Namen eines „Reformators des Reiches" geben. Wenn die Umstände und Verhältnisse zur Zeit der Verkündung der Tanzimat mit jenen Unserer Epoche übereingestimmt hätten, wären ohne Zweifel die Bestimmungen der Verfassung, die Wir heute verkünden, schon damals von dem Verstorbenen erlassen und durchgeführt worden. Aber Gott der Allmächtige hat einen solchen glücklichen Fortschritt an Meine Regierungszeit geknüpft und ich sage ihm daher für die Leitung auf diesem Wege Lob und großen Dank.

Infolge der Veränderungen, die sich im Innern Unseres ruhmvollen Reiches natürlicherweise vollzogen haben, und infolge der wachsenden Entwicklung Unserer auswärtigen Beziehungen ist die Regierungsform in einem unvorhergesehenen Grade unzulänglich geworden. Unser höchstes Ziel ist darauf gerichtet, daß die Fesseln, die bisher Unser Land und Volk gehindert haben, aus ihren natürlichen Reichtümern und Fähigkeiten Nutzen zu ziehen, beseitigt werden und alle Klassen der Untertanen auf dem Wege des Fortschrittes in Eintracht und gegenseitiger Unterstützung weiterschreiten. Zur Erreichung dieses Zieles muß sich die Regierung eine gesunde und geordnete Verwaltung zum Prinzip machen. Dazu aber ist erforderlich, daß die gesetzlichen und unwandelbaren Rechte der Regierungsgewalt geschützt und ungesetzliche Vorgangsweisen, d. h. Mißgriffe und Willkürlichkeiten, die eine Folge der absoluten Herrschaft eines einzigen oder einer kleinen Anzahl von Individuen sind, unterdrückt und verhindert werden und

Zusammenstellung, Band: 4, Seiten: 4–20 [ohne Vorwort bzw. Präambel], in Klammern die deutsche Übersetzung, wenn diese zuvor nicht bereits in der Arbeit übersetzt wurde; aus: *von Kraelitz-Greifenhorst*, S. 28–53 [mit Vorwort bzw. Präambel] und/oder *Hirsch,* Die Verfassung der Türkischen Republik, S. 195–206.

daß allen verschiedenen Völkern ohne Ausnahme, aus denen Unser Reich zusammengesetzt ist, die Wohltaten der Freiheit, Gerechtigkeit und Gleichheit – Rechte und Vorteile, die einer zivilisierten Gesellschaft würdig sind – verliehen und gesichert werden. Diese Grundprinzipien verlangen aber ein anderes nützliches Werk, nämlich die Beratung der Gesetze und die Führung der Staatsgeschäfte von einer gesetzlich bestimmten, beratenden und konstitutionellen Institution abhängig zu machen. Daher wurde die Notwendigkeit der Bildung eines Parlamentes in Unserem Handschreiben, welches Wir anläßlich Unserer Thronbesteigung erlassen haben, verkündet. Das diesbezüglich notwendige Grundgesetz wurde in einer Spezialkommission, die aus den erlauchten Wesiren, Ulemas und anderen hervorragenden Männern und Beamten Unseres ruhmvollen Reiches zusammengesetzt war, beraten und ausgearbeitet und in einem Ministerrate in allen seinen Punkten geprüft und bestätigt. Die einzelnen Artikel beziehen sich auf die Rechte des hohen islamistischen Kalifates und der osmanischen Herrscherwürde, die Freiheit und Gleichheit der Osmanen, die Verantwortlichkeit und den Wirkungskreis der Minister und Beamten, die Kontrollrechte des Parlamentes, die vollständige Unabhängigkeit der Gerichte, das Gleichgewicht im Staatshaushalte und die Gewährung einer weitgehenden Dezentralisation in der Provinzialverwaltung bei Wahrung der Rechte der Zentralregierung. Diese Bestimmungen entsprechen dem erhabenen Scheriatgesetze, den heutigen Fähigkeiten und Bedürfnissen des Landes und des Volkes und stehen vollkommen im Einklange mit dem edlen Gedanken eines allgemeinen Wohlstandes und Fortschrittes, die Unser heißes Bestreben sind.

Wir haben daher, gestützt auf die Hilfe Gottes und den geistigen Beistand des Propheten, diese Verfassung angenommen, sanktioniert und in Ihre Hände gelangen lassen. Es ist Unser Wunsch, daß Sie diese Bestimmungen, welche, solange es Gott gefällt, geltendes Recht bleiben sollen, an allen Orten des osmanischen Reiches verkünden und von heute angefangen an deren Vollzug schreiten. Auch sollen Sie sofort wirksame Maßregeln ergreifen, damit die darin verzeichneten und beschlossenen Gesetze und Vorschriften so bald als möglich ausgearbeitet werden.

Gott der Allmächtige möge allen, die zum Wohle Unseres Reiches und Volkes tätig sind, Erfolg zuteil werden lassen.

Memaliki Devleti Osmaniye

Madde 1.- Devleti Osmaniye memalik ve kıtaatı hazırayı ve eyalatı mümtüzeyi muhtevi ve yekvücud olmakla hiç bir zamanda hiç bir sebeple tefrik kabul etmez.

Artikel 1: *Das Osmanische Reich besteht aus seinen derzeitigen Ländern und Gebieten sowie den privilegierten Provinzen. Diese bilden ein einheitliches Ganzes, das niemals aus welchem Grund auch immer, getrennt werden darf.*[900]

Madde 2.- Devleti Osmaniyenin payıtahtı İstanbul şehridir ve şehri mezkurun sair Osmaniyeden ayru olarak bir gûne imtiyaz ve muafiyeti yoktur.

Madde 3.- Saltanatı Seniyei Osmaniye hilâfeti kübrayı İslâmiyeyi haiz olarak sülalei âli Osmandan usulü kadimesi veçhile ekber evlada aittir.

Artikel 3: *Im Osmanischen Reich geht die Herrscherwürde, die auch das Hohe islamische Kalifat in sich vereinigt, nach einem seit alter Zeit geltenden Gesetz auf den ältesten Prinzen der Dynastie Osman über.*[901]

Madde 4.- Zatı Hazreti Padişahi hasbel hilâfe dini İslâmın hâmisi ve bilcümle tebeai Osmaniyenin hükümdar ve padişahıdır.

Artikel 4: *Der Sultan ist als Kalif Hüter der islamischen Religion und Herrscher und Padischah [Sultan] aller osmanischen Untertanen.*[902]

Madde 5.- Zatı Hazreti Padişahinin nefsi hümayunu mukaddes ve gayri mesuldür.

Artikel 5: *Die Person des Sultans ist geheiligt, er selbst unverantwortlich.*[903]

Madde 6.- Sülalei âli Osmanın hukuku hürriye ve emval ve emlâki zatiye ve madâmelhayat tahsisatı maliyeleri tekâfülü umumi tahdındadır.

Artikel 6: *Die Freiheitsrechte der Mitglieder der Dynastie Osman, ihr bewegliches und unbewegliches Privatvermögen, ihre lebenslänglichen Zivilisten stehen unter dem Schutze der Garantie des allgemeinen Rechts.*[904]

Madde 7.- Vükelânın azil ve nasbı ve rütme menasıp tevcihi ve nişan itası ve eyalâtı mümtazenin şeraiti imtiyazlerine tevfikan icrayı tevcihatı ve meskûkat darbı ve hutbelerde nâmının zikri ve düveli ecnebiye ile muahedat akdi ve harb ve sulh ilânı ve kuvvei berriye ve bahriyenin kumandası ve harekâtı askeriye ve ahkâmı şeriye ve kanuniyenin icrası ve devairi idarenin muamelâtına müteallik nizamnamelerin tanzimi ve mücazaatı kanuniyenin tahfifi ve affı ve Meclisi

900 *von Kraelitz-Greifenhorst*, S. 31.
901 *Hirsch*, Die Verfassung der Türkischen Republik, S. 195.
902 *Hirsch*, Die Verfassung der Türkischen Republik, S. 195.
903 *von Kraelitz-Greifenhorst*, Verfassungsgesetze, S. 31.
904 *Hirsch*, Die Verfassung der Türkischen Republik, S. 195 und *von Kraelitz-Greifenhorst*, S. 31.

Umuminin akt ve tatili ve ledeliktiza Heyeti Mebusanın azası yeniden intihap olunmak şartile feshi hukuku mukaddesei Padişahi cümlesindendir.

Artikel 7: *Die Hoheitsrechte des Sultans sind: Die Ernennung und Absetzung der Minister, die Verleihung von Ämtern, Würden und Orden, die Investitur der Gouverneure der privilegierten Provinzen gemäß den Bestimmungen gemäß den Bestimmungen der diesen verliehenen Privilegien, die Münzprägung, die Erwähnung seines Namens im öffentlichen Gebete, die Abschließung von Verträgen mit auswärtigen Staaten, die Erklärung von Krieg und Frieden, der Oberbefehl über die Land- und Seemacht, die Beförderung von Militärpersonen, die Ausübung der Gerichtsbarkeit nach den Scheriat- und Kanungesetzen, die Aufstellung von Regulativen über die öffentliche Verwaltung, die Milderung oder gänzliche Erlassung der gesetzlichen Strafen, die Berufung, die Vertagung und erforderlichenfalls die Auflösung des Parlamentes, letzteres jedoch nur unter der Bedingung, dass Neuwahlen ausgeschrieben werden.*[905]

Tebaai Devleti Osmaniyenin Hukuku Umumiyesi

Madde 8.- Devleti Osmaniye tabîyetinde bulunan efradın cümlesine herhangi din ve mezhepten olur ise bilâ istisna Osmanlı tabir olunur ve Osmanlı sıfatı kanunen muayyen olan ahvale göre istihsal ve izae edilir.

Artikel 8: *Alle Untertanen des Osmanischen Reiches, welcher Religion oder Sekte sie auch angehören mögen, heißen ohne Ausnahme Osmanen. Die Eigenschaft eines Osmanen wird in den gesetzlich bestimmten Fällen erworben und verloren.*[906]

Madde 9.- Osmanlıların kâffesi hürriyeti şahsiyelerine mali ve aherin hukuku hürriyetine tecavüz etmekle mükelleftir.

Artikel 9: *Sämtliche Osmanen besitzen die Freiheit der Person und sind verpflichtet, die Freiheitsrechte der anderen nicht zu verletzen.*[907]

Madde 10.- Hürriyeti şahsiye her türlü taarruzdan masundur. Hiç kimse kanunun tayin ettiği sebeb ve suretten maada bir bahane ile mücazat olunamaz.

Artikel 10: *Die Freiheit der Person ist vor jedem Eingriff geschützt. Niemand darf bestraft werden, soweit das Gesetz nicht Grund und Art bestimmt hat.*[908]

---

905 *von Kraelitz-Greifenhorst*, S. 31, 32.

906 *Hirsch*, Die Verfassung der Türkischen Republik, S. 195 und *von Kraelitz-Greifenhorst*, S. 32.

907 *Hirsch*, Die Verfassung der Türkischen Republik, S. 196.

908 *Hirsch*, Die Verfassung der Türkischen Republik, S. 196.

Madde 11.- Devleti Osmaniyenin dini islâmdır. Bu esası vikaye ile beraber asayişi halkı ve adabı umumiyeyi ihlâl etmemek şartile memaliki Osmaniyede maruf olan bilcümle edyanın serbestii icrası ve cemaatı muhtelifiye verilmiş olan imtiyazatı mezhebiyenin kemakân cereyanı Devletin tahdi himayetindedir.

Artikel 11 S. 1: *Die Religion des Osmanischen Reiches ist der Islam.*[909]

Artikel 11 S. 2: *Unter Wahrung dieses Grundsatzes steht die freie Ausübung aller in den osmanischen Ländern anerkannten Religionen, soweit sie nicht gegen die öffentliche Ordnung und die guten Sitten verstoßen, sowie die unveränderte Fortdauer der den verschiedenen Glaubensgemeinschaften gewährten Religionsprivilegien unter dem Schutz des Staates.*[910]

Madde 12.- Matbuat kanun dairesinde serbesttir.

Artikel 12: *Die Presse ist innerhalb der Schranken des Gesetzes frei.*[911]

Madde 13.- Tebaai Osmaniye nizam ve kanun dairesinde ticaret ve sanat ve felahet için her nevi şirketler teşkiline mezundur.

Artikel 13: *Die osmanischen Untertanen sind berechtigt, innerhalb der Gesetze und Vorschriften allerlei Vereine zu kommerziellen, gewerblichen und landwirtschaftlichen Zwecken zu gründen.*[912]

Madde 14.- Tebaai Osmaniyeden bir veya bir kaç kişinin gerek şahıslarına ve gerek umuma müteallik olan kavanin ve nizamata muhalif gördükleri bir Maddeden dolayı işin merciine arzuhal verdikleri gibi Meclisi Umumiye dahi müddei sıfatile imzalı arzuhal vermeğe ve memurinin ef'alinden iştikâye selâhiyetleri vardır.

Artikel 14: *Die osmanischen Untertanen sind allein oder zu mehreren befugt, wegen eines Sachverhalts, den sie als Verstoß gegen die ihre Person oder Allgemeinheit betreffenden Gesetze und Vorschriften betrachten, sich bei der zuständigen Stelle zu beschweren, auch an das Parlament als Beschwerdeführer unterschriebene Petitionen einzureichen und sich über das Vorgehen von Beamten zu beklagen.*[913]

Madde 15.- Emri tedris serbesttir. Muayyen olan kanuna tebaiyet şartile her Osmanlı umumi ve hususi tedrise mezundur.

---

909 *Hirsch*, Die Verfassung der Türkischen Republik, S. 196.
910 *Hirsch*, Die Verfassung der Türkischen Republik, S. 196.
911 *von Kraelitz-Greifenhorst*, S. 32.
912 *von Kraelitz-Greifenhorst*, S. 33.
913 *Hirsch*, Die Verfassung der Türkischen Republik, S. 196.

Artikel 15: *Der Unterricht ist frei. Unter der Bedingung, dass die gesetzlichen Bestimmungen eingehalten werden, ist jeder Osmane berechtigt, öffentlichen oder privaten Unterricht zu erteilen.*[914]

Madde 16.- Bilcümle mektepler Devletin tahtı nezaretindedir. Tebaai Osmaniyenin terbiyesi bir siyakı ittihat ve intizam üzere olmak için iktiza eden esbaba teşebbüs olunacak ve mileli muhtelifenin umuru itikadiyelerine müteallik olan usulü talimiyeye halel getirilmeyecektir.

Madde 17.- Osmanlıların kâffesi huzuru kanunda ve ahvali diniye ve mezhebiyeden maada memleketin hukuk ve vezaifinde mütesavidir.

Artikel 17: *Alle Osmanen sind vor dem Gesetz gleich und haben, abgesehen von ihrem religiösen Status, die gleichen Rechte und Pflichten gegenüber dem Land.*[915]

Madde 18.- Tebaai Osmaniyenin hidematı Devlette istihdam olunmak için devletin lisanı resmisi olan Türkçeyi bilmeleri şarttır.

Madde 19.- Devlet memuriyetinde umum tebaa ehliyet ve kabiliyetlerine göre münasip olan memuriyetlere kabul olunurlar.

Madde 20.- Tekâlifi mukarrere nizamatı mahsusasına tevfikan kâffei tebaa beyninde herkesin kudreti nisbetinde tarh ve tevzi olunur.

Artikel 20: *Die fixierten Steuern werden gemäß den diesbezüglichen speziellen Vorschriften allen osmanischen Untertanen im Verhältnis zu ihrem Vermögen auferlegt.*[916]

Madde 21.- Herkes usulen mutasarrıf olduğu mal ve mülkten emindir. Menafii umumiye için lüzumu sabit olmadıkça ve kanunu mucibince değer bahası peşin verilmedikçe kimsenin tasarrufunda olan mülk alınamaz.

Madde 22.- Memaliki Osmaniyede herkesin mesken ve menzili taarruzdan masundur. Kanunun tâyin eylediği ahvalden maada bir sebeble hükûmet tarafından cebren hiç kimsenin mesken ve menziline girilemez.

Artikel 22: *In den osmanischen Ländern ist jedermanns Wohnung vor Eingriffen geschützt. Mit Ausnahme der gesetzlich bestimmten Fälle darf keine Wohnung von der Behörde gewaltsam betreten werden.*[917]

---

914 *von Kraelitz-Greifenhorst*, S. 33.

915 *Hirsch*, Die Verfassung der Türkischen Republik, S. 196 und *von Kraelitz-Greifenhorst*, Verfassungsgesetze, S. 33.

916 *von Kraelitz-Greifenhorst*, S. 33.

917 *Hirsch*, Die Verfassung der Türkischen Republik, S. 196.

Madde 23.- Yapılacak usulü muhakeme hükmünce hiç kimse kanunen mensup olduğu mahkemeden başka bir mahkemeye gitmeye icbar olunamaz.

Artikel 23: *Gemäß den Bestimmungen des Gesetzes über das Prozeßverfahren, welches erst erlassen werden wird, kann niemand gezwungen werden, vor einem anderen als dem gesetzlich kompetenten Gerichte zu erscheinen.*[918]

Madde 24.- Müsadere ve angarya ve cerime memnudur. Fakat muharebe esnasında usulen tâyin olunacak tekâlif ve ahval bundan müstesnadır.

Madde 25.- Bir kanuna müstenit olmadıkça vergi ve rüsumat nâmı aherle hiç kimseden bir akçe alınamaz.

Artikel 25: *Ohne Grundlage in einem Gesetz darf von niemandem Geld als Steuer oder Gebühr oder unter einer anderen Bezeichnung erhoben werden.*[919]

Madde 26.- İşkence ve sair her nevi eziyet katiyen ve külliyen memnudur.

Artikel 26: *Die Folter und alle anderen Arten der Tortur sind endgültig und ausnahmslos verboten.*[920]

Vükelâyı Devlet

Madde 27.- Mesnedi sadaret ve meşihatı islâmiye tarafı Padişahiden enmiyet buyurulan zatlara ihale buyurulduğu misullû sair vükelânın memuriyetleri dahi ba iradei şahâne icra olunur.

Artikel 27 S. 1: *Das Amt des Großwesirs und des Scheich-ül-Islam verleiht der Sultan an Personen seines Vertrauens.*[921]

Artikel 27 S. 2: *Die Ernennung der übrigen Minister erfolgt durch sultanischen Erlass.*[922]

Madde 28.- Meclisi Vükela sadrıazamın risayeti tahtında olarak aktolunup dahili ve harici umuru mühimmenin merciidir. Müzekeratından mühtacı istizan olanların kararları iradei seniye ile icra olunur.

Madde 29.- Vükelâden herbiri dairesine ait olan umurdan icrası mezuniyeti tahtında bulunanları usulüne tevfikat icra ve icrası mezuniyeti tahtında olmıyanları sadrıazama arzeder. Sadrıazam dahi o makule mevaddan müzekereye mühtaç

918 *von Kraelitz-Greifenhorst*, S. 34.

919 *Hirsch*, Die Verfassung der Türkischen Republik, S. 196.

920 *Hirsch*, Die Verfassung der Türkischen Republik, S. 196.

921 *Hirsch*, Die Verfassung der Türkischen Republik, S. 197.

922 *Hirsch*, Die Verfassung der Türkischen Republik, S. 197. „Sultanisch" eigens ergänzt, da passender als „kaiserlich".

olmıyanların muktezasını icra veyahut tarafı Hazreti Padişahiden istizan ederek ve muhtacı müzakere bulunanları Meclisi Vükelânın müzakeresine arzeyliyerek müteallik buyurulacak iradei seniye mucibince iktizasını ifa eyler. Bu mesalihin envağ ve derecatı nızamı mahsus ile tâyin olunacaktır.

Madde 30.- Vükelâyı Devlet memuriyetine müteallik ahval ve icraattan mesuldür.

Madde 31.- Mebusan âzasından biri veyahut birkaçı Heyeti Mebusanın dahil dairei vazifesi olan ahvaldan dolayı Vükelâyı Devletten bir zat hakkında mes'uliyeti mucip şikâyet beyan ettiği halde evvelâ Heyeti Mebusanın nızamı dahilisi mucibince ve misillu mevaddın Heyete havalesi lazım gelip gelmiyeceğini müzakereye memur olan şubede tetkik olunmak üzere şikâyeti müşâir Heyeti Mebusan Reisine verilecek takrîr Reis tarafından nihayet üç gün zarfında o şubeye gönderilir ve bu şube tarafından tahkikatı lâzime icra ve iştikâ olunan zat tarafından izahatı kâfiye istihsal olunduktan sonra şikâyetin şayanı müzakere olduğuna dair ekseriyetle terkip olunacak kararname Heyeti Mebusanda kıraat olunarak ve ledeliktiza şikâyet olunan zat davetle bizzat veya bilvasıta vereceği izahat istima kılınarak âzayı mevcudenin sülüsen ekseriyeti mutlakasile kabul olunur ise muhakeme talibini müş'ir mazbatası Makamı Sadarete takdim ile ledelarz müteallik olacak iradei seniye üzerine keyfiyet Divanı Âliye havale olunur.

Artikel 31: *Wenn ein oder mehrere Abgeordnete gegen einen Minister auf Grund seiner Verantwortlichkeit eine Klage erheben in Angelegenheiten, die in den Wirkungskreis des Abgeordnetenhauses fallen, so wird zunächst der die Klage enthaltende Akt dem Präsidenten des Abgeordnetenhauses übergeben, und dieser leitet ihn innerhalb dreier Tage an jene Kommission, welche die Klage zu prüfen und zu entscheiden hat, ob derartige Klagen nach der Geschäftsordnung des Abgeordnetenhauses demselben vorzulegen sind oder nicht. Nachdem diese Kommission die notwendigen Untersuchungen durchgeführt und der geklagte Minister genügende Aufklärungen abgegeben hat, wird der von ihr mit Stimmenmehrheit gefaßte Beschluß, wonach die Klage Gegenstand einer Verhandlung bilden kann, im Abgeordnetenhause verlesen. Wird nun dieser Kommissionsbeschluß, nach einer nötigenfalls erfolgten Vorladung des geklagten Ministers und durch ihn oder einen Vertreter erteilten Aufklärungen im Abgeordnetenhause mit einer Zweidrittelmehrheit der anwesenden Mitglieder angenommen, so wird der Bericht, der den Antrag auf Eröffnung des Verfahrens enthält, dem Großwesir unterbreitet. Dieser unterbreitet die Angelegenheit der Sanktion des Sultans und leitet sie, auf Grund eines sultanischen Erlaßes an den Hohen Gerichtshof.*[923]

---

923 *Hirsch*, Die Verfassung der Türkischen Republik, S. 197 und *von Kraelitz-Greifenhorst*, S. 35, 36, teilweise mit eigener Interpretation.

Madde 32.- Vükelâden itham olunanların usulü muhakemeleri kanunu mahsus ile tâyin edilecektir.

Madde 33.- Memuriyetlerinden hariç ve sırf zatlarına ait hernevi deavide vükelânın sair efradı Osmaniyeden aslâ farkı yoktur. Bu misillu hususatın muhakemesi ait olduğu mehakimi umumiyede icra olunur.

Madde 34.- Divanı Âlinin dairei ithamı tarafından müttehem olduğuna karar verilen Vükelâ tebriyei zimmet edinceye kadar vekâletten sakıt olur.

Madde 35.- Vikelâ ile Heyeti Mebusan arasında ihtilâf olunan Maddelerden birinin kabulünde Vükelâ tarafından israr olunup da mebusan canibinden ekseriyeti arâ ile ve tafsilen esbabı mucibe meyanile katiyyen ve mükerreren reddedildiği halde Vükelânın tebdili veyahut müddeti kanununiyesinde intihap olunmak üzere Heyeti Mebusanın feshi münhasırran yedi iktidarı Hazreti Padişahidedir.

Artikel 35: Wenn die Minister auf der Annahme einer Gesetzesvorlage, über die zwischen ihnen und den Abgeordneten Meinungsverschiedenheit besteht, beharren, die Abgeordneten aber diese mit Stimmenmehrheit und genauer Motivierung unbedingt und wiederholt zurückweisen, so ist es ausschließlich das Recht des Sultans, die Minister zu wechseln oder das Abgeordnetenhaus aufzulösen, welches dann innerhalb der gesetzlich vorgesehenen Frist neu gewählt wird.[924]

Madde 36.- Meclisi Umumi mün'akit olmadığı zamanlarda Devlet bir muhataradan veya emniyeti umumiyeyi halelden vikaye için bir zaruret mübreme zuhur ettiği ve bu bapta vaz'ına lüzûm görünecek kanunun müzakeresi için Meclisin celp ve cem'ine vakit müsait olmadığı halde Kanunu Esasi ahkâmına mugayir olmamak üzere Heyeti Vükelâ tarafından verilen kararlar Heyeti Mebusanın içtimaile verilecek karara kadar ba iradei seniye, muvakkaten kanun hüküm ve kuvvetindedir.

Artikel 36: *Wenn zu einem Zeitpunkt, an dem das Parlament nicht tagt, sich die dringende Notwendigkeit zum Schutze des Staates vor einer Gefahr oder einer Störung der öffentlichen Sicherheit ergibt und die Zeit nicht ausreicht, um zur Beratung der erforderlichen Gesetze das Parlament zur Sitzung einzuberufen, so besitzen die vom Ministerrat ergangenen Beschlüsse, soweit sie nicht gegen die Bestimmungen des Grundgesetzes verstoßen, kraft sultanischen Erlasses [„iradei"] vorläufig die Wirkung und Kraft von Gesetzen bis zu einem in einer Sitzung des Abgeordnetenhauses gefassten Beschluss.*[925]

---

924 *von Kraelitz-Greifenhorst*, S. 36, teilweise mit eigener Interpretation.

925 Leicht abgeändert aus: *Hirsch*, Die Verfassung der Türkischen Republik, S. 197, 198.

Madde 37.- Vükelâdan her biri her ne zaman muradeder ise Heyetlerin ikisinde dahi bulunmak veyahut maiyetindeki rüesayı memurinden birini tarafından vekâleten bulundurmak ve iradı nutukta âzaya takaddüm etmek hakkını haizdir.

Artikel 37: *Jeder der Minister besitzt das Recht, jederzeit, wenn er es wünscht, in beiden Kammern zugegen zu sein oder sich durch einen höheren Beamten seines Ressorts vertreten zu lassen und mit Vorrang vor den Mitgliedern der Kammern das Wort zu ergreifen.*[926]

Madde 38.- İstizahı Madde için Vükelâdan birinin huzuruna Meclisi mebusanda ekseriyetle karar verilerek davet olundukta ya bizzat bulunarak veyahut maiyetindeki rüesayı memurinden birini göndederek irad olunacak suallere cevap verecek veyahut lüzum görür ise mes'uliyetini üzerine alarak cevabını tehir etmek selâhiyetini haiz olacaktır.

Memurin

Madde 39.- Bilcümle memurin nizamen tâyin olunacak şerait üzere ehil ve müstahak oldukları memuriyetlere intihap olunacaktır ve bu veçhile intihap olunan memurlar kanunen mucibi azil hareketi tahakkuk etmedikçe veya kendisi istifa eylemedikçe veyahut Devletçe bir sebebi zaruriye mebni infisal edenler nizamı mahsusunda tâyin olunacağı veçhile terekkiyata ve takaüt ve mazuliyet maaşlarına nail olacaklardır.

Artikel 39: *Sämtliche Beamten werden für jene Ämter ernannt, für die sie nach Maßgabe der gesetzlich festgestellten Bedingungen tauglich und geeignet sind. Die auf diese Weise ernannten Beamten können, solange ihr Betragen keinen gesetzlichen Grund zu ihrer Absetzung bildet und sie nicht selbst zurücktreten oder für die Regierung ein zwingender Grund zu ihrer Absetzung nicht besteht, weder abgesetzt noch entlassen werden. Beamte, die sich durch tadelloses Betragen und Rechtschaffenheit auszeichnen, sowie jene, deren Absetzung der Staat für unerläßlich hält, werden befördert und erhalten dementsprechend eine Entlohnung für die Beförderung, eine Pension oder ein Ruhegehalt.*[927]

Madde 40.- Her memuriyetin vezayifi nizamı mahsus ile tâyin olunacağından her memur kendi vazifesi dairesinde mes'uldür.

---

926 *Hirsch*, Die Verfassung der Türkischen Republik, S. 198.

927 *Hirsch*, Die Verfassung der Türkischen Republik, S. 198 und *von Kraelitz-Greifenhorst*, S. 37, teilweise mit eigener Interpretation/Übersetzung.

Artikel 40: *Die Pflichten eines jeden Amtes werden in besonderen Gesetzen geregelt. Jeder Beamte ist innerhalb seiner Befugnisse verantwortlich.*[928]

Madde 41.- Memurun âmirine hürmet ve riayeti lâzımeden ise de itaati kanunun tâyin ettiği daireye mahsustur. Hilâfı kanun olan umurda amire itaat mes'uliyetten kurtulmağa mecbur olamaz.

Artikel 41: *Wenn auch jeder Beamte seinem Vorgesetzten gegenüber zu Achtung und Ehrerbietung verpflichtet ist, so beschränkt sich sein Gehorsam auf den gesetzlich festgelegten amtlichen Pflichtenkreis. In gesetzwidrigen Fällen kann ihn der Gehorsam gegenüber dem Vorgesetzten nicht von seiner Verantwortlichkeit befreien.*[929]

Meclis Umumî

Madde 42.- Meclisi Umumî Heyeti Âyan ve Heyeti Mebusan nâmlarile başka başka iki heyeti muhtevidir.

Madde 43.- Meclisi Umuminin iki heyeti beher sene teşrisani iptidasında tecemmu eder ve ba iradei seniye açılır ve mart iptidasında yine ba iradei seniye ve bu heyetlerden biri diğerinin müctemi bulunmadığı zamanda mün'akid olamaz.

Artikel 43: *Beide Kammern [Abgeordnetenhaus und Senat] des Parlaments treten alljährlich am Beginn des Monats November zusammen, werden durch sultanischen Erlaß eröffnet und am Beginn des Monats März wieder durch sultanischen Erlaß geschlossen. Beide Kammern dürfen nur gleichzeitig tagen.*[930]

Madde 44.- Zatı Hazreti Padişahi, Devletçe görünecek lüzum üzerine Meclisi Umumi'yi vaktinde dahi açar ve müddeti muayyenei içtimaını da tenkis veya temdit eder.

Artikel 44: *Der Sultan kann aus Gründen der Staatsräson das Parlament auch vor dem gesetzlich bestimmten Zeitpunkt eröffnen und die festgelegte Sitzungsdauer verkürzen oder verlängern.*[931]

Madde 45.- Meclisi Umuminin yevmi küşadında Zatı Hazreti Padişahi veyahut taraflarından bilvekâle Sadrıazam hazır olduğu ve Vükelâyı Devletle iki heyetin âzayı mevcudesi birlikte bulundukları halde resmi küşat icra olunup senei cariye

---

928 *von Kraelitz-Greifenhorst*, S. 37, 38, teilweise mit eigener Interpretation/Übersetzung.

929 *Hirsch*, Die Verfassung der Türkischen Republik, S. 198.

930 Mit leichten Anpassungen aus: *Hirsch*, Die Verfassung der Türkischen Republik, S. 198.

931 Mit leichten Anpassungen aus: *Hirsch*, Die Verfassung der Türkischen Republik, S. 198.

zarfında Devletin ahvali dahiliye ve münasebatı hariciyesine ve senei atiyede ittihazına lüzum görülecek tedabir ve teşebbüsata dair bir nutku hümayun kıraat olunur.

Madde 46.- Meclisi Umumi âzalığına intihap veya nasbolunan zevat Meclisin yevmi küşadında Sadrıazam huzurunda ve o gün hazır bulunmıyan olur ise mensup olduğu heyet müçtemi olduğu halde reisleri huzurunda Zatı Hazreti Padişahiye ve vatanına sadakat ve Kanunu Esasi ahkâmına ve uhdesine tevdi olunan vazifeye riayetle hilâfından mücanebet eyliyeceğine tahlif edilür.

Artikel 46: *Die gewählten und ernannten Mitglieder des Parlaments werden am Eröffnungstage in Gegenwart des Großwesirs und, wenn sie an diesem Tage abwesend sind, in Gegenwart des Präsidenten beim Zusammentritt jener Kammer, der sie angehören, beeidigt. Sie schwören dem heiligen Sultan und ihrem Land treu zu dienen, alle Pflichten zu erfüllen, die ihnen die Verfassung/das Grundgesetz und ihr Mandat auferlegen, und sich aller Handlungen zu enthalten, die diesen Pflichten zuwiderlaufen.*[932]

Madde 47.- Meclisi Umumi âzası rey ve mütalea beyanında muhtar olarak bunlardan hiçbiri bir gûna vaad ve vaid ve talimat kaydı altında bulunamaz ve gerek verdiği reylerden ve gerek Meclisin müzakeratı esnasında beyan ettiği mütalealardan dolayı bir veçhile itham olunamaz; meğer ki Meclisin Nizamnamei Dahilisi hilâfında hareket etmiş ola. Bu takdirde nizamnamei mezkûr hükmünce muamele görür.

Artikel 47: *Die Mitglieder des Parlaments sind hinsichtlich der Abgabe ihrer Stimmen und Meinungen unabhängig, dürfen an keinerlei Versprechungen und Weisungen gebunden sein und weder wegen ihrer Stimmabgabe noch wegen ihrer Meinungsäußerungen während der Parlamentsberatungen irgendwie verfolgt werden, es sei denn, dass sie gegen die Geschäftsordnung des Parlaments verstoßen haben. In diesem Fall wird nach der Maßgabe der genannten Geschäftsordnung verfahren.*[933]

Madde 48.- Meclisi Umumi âzasından birinin hiyanet ve Kanunu Esasiyi nakız ve ilgaya tasaddi ve irtikâp töhmetlerinden biri ile müttehem olduğuna mensup olduğu Heyet azayı mevcudesinin sülüsan ekseriyeti mutlakasile karar verilür veyahut kanunen hapis ve nefsi mucip bir ceza ile mahkûm olur ise azalık sıfatı zail olur ve bu af'alin muhakemesile mücazatı ait olduğu mahkeme tarafından rüyet ve hükmolunur.

---

932 Mit eigenen leichten Anpassungen aus: *von Kraelitz-Greifenhorst*, S. 38, 39.
933 *Hirsch*, Die Verfassung der Türkischen Republik, S. 199.

Madde 49.- Meclisi Umumi âzasından herbiri reyini bizzat ita eder ve herbirinin müzakerede bulunan bir Maddenin red ve kabulüne dair rey vermekten içtinabe hakkı vardır.

Madde 50.-Bir kimse zikrolunan iki heyetin ikisine birden âza olamaz.[934]

Artikel 50: *Niemand kann gleichzeitig Mitglied beider Kammern sein.*[935]

Madde 51.- Meclisi Umumi Heyetlerinden ikisinde dahi mürettep olan âzanın nısfından bir ziyade hazır bulunmadıkça müzakereye mubaderet olunamaz ve kâffei müzakerat sülüsanı ekseriyetile meşrut olmayan hususatta hazır olunan azanın ekseriyeti mutlakası ile karargir olur ve tesavii âra vukuunda reisin reyi iki addedilür.

Artikel 51: *In beiden Kammern des Parlaments kann, solange nicht ein Mitglied mehr als die Hälfte der sie bildenden Mitglieder anwesend ist, zu Beratungen nicht geschritten werden. Alle Beschlüsse über Verhandlungsgegenstände, für welche nicht eine Zweidrittelmehrheit erforderlich ist, werden mit absoluter Stimmenmehrheit der anwesenden Mitglieder gefasst; bei Stimmenmehrheit zählt die Stimme des Präsidenten doppelt.*[936]

Madde 52.- Bir kimse şahsına müteallik dâvasından dolayı Meclisi Umuminin iki Heyetinden birine arzuhal verdiği halde eğer evvela ait olduğu memurini Devlete veyahut o memurların tabi bulundukları mecrie müracaat etmediği tebeyyün ederse arzuhali reddolunur.

Artikel 52: *Hat sich jemand wegen einer seine Person betreffenden Sache beschwerdeführend an eine der beiden Kammern des Parlaments gewandt, so wird die Beschwerde zurückgewiesen, wenn sich herausstellt, dass der Beschwerdeführer sich nicht zunächst an die zuständigen Staatsbeamten oder an die Behörde, der diese Beamten unterstehen gewandt hat.*[937]

Madde 53.- Müceddeden kanun tanzimi veya kavanini mevcudeden birinin tadili teklifi Vükelâya ait olduğu gibi Heyeti Ayan ve Heyeti Mebusanın dahi kendü vazifei muayyeneleri dairesinde bulunan mevad için kanun tanzimini veyahut kavanini mevcudeden birinin tadilini istidaya salâhiyetleri olmakla evvelce Makamı Sadaret vasıtası ile tarafı Şahaneden istizan olunarak iradei seniye

934 *Gözübüyük; Kili*, Md. 50, S. 33.
935 *Hirsch*, Die Verfassung der Türkischen Republik, S. 200.
936 *von Kraelitz-Greifenhorst*, S. 39, 40.
937 *Hirsch*, Die Verfassung der Türkischen Republik, S. 199.

müteallik buyrulur ise ait olduğu dairelerden verilecek izahat ve tafsilat üzerine layihalarının tanzimi Şûrayı Devlete havale olunur.

Artikel 53: *Das Vorschlagsrecht zur Schaffung neuer [im Original: kanun tanzimi; interessant, da das Wort „tanzim" enthalten ist] oder zur Abänderung bestehender Gesetze steht dem Ministerrat zu. Aber auch der Senat und das Abgeordnetenhaus haben das Recht, in Sachen, die zu ihren festbestimmten Wirkungs-/Amtsbereich gehören, ein neues Gesetz oder die Abänderung eines bestehenden Gesetzes zu verlangen. Im letzteren Falle wird dieses Anliegen über den Großwesir dem Sultan unterbreitet und, falls ein sultanischer Erlaß ergeht, die Ausarbeitung der Entwürfe auf der Grundlage der von den zuständigen Ressorts zu gebenden Erklärungen und Einzelheiten dem Staatsrat zugewiesen.*[938]

Madde 54.- Şûrayı Devlette bilmüzakere tanzim olunacak kavanin layihası Heyeti Mebusanda badehu Heyeti Ayanda tetkik ve kabul olunduktan sonra icrayi ahkâmına iradei seniye Hazreti Padişahi müteallik buyrulur ise düsturül amel olur ve işbu heyetlerin birinde katiyen reddolunan kanun layihası o senenin müddeti içtimaiyesinde tekrar müzakereye konulamaz.

Artikel 54: *Die im Staatsrat beratenen und ausgearbeiteten Gesetzentwürfe werden zuerst im Abgeordnetenhaus und dann im Senat geprüft. Sie [die ausgearbeiteten Gesetzentwürfe] erlangen Gesetzeskraft, wenn sie nach ihrer Annahme von den beiden Kammern durch einen sultanischen Erlass sanktioniert worden sind.*[939]

Madde 55.- Bir kanun lâyıhası evvelâ Heyeti Mebusanda badehu Heyeti Ayanda bend bend okunup ve her bendine rey verilüp ekseriyeti ara ile karar verilmedikçe ve bedel karar heyeti mecmuası için dahi betekrar ekseriyetle karar hasıl olmadıkça kabul olunmuş olmaz.

Artikel 55: *Gesetzentwürfe werden zunächst im Abgeordnetenhaus und alsdann im Senat Artikel für Artikel beraten. Über jeden Artikel wird abgestimmt. Wird keine Stimmenmehrheit erzielt und auch nachher bei der Abstimmung über die gesamte Vorlage keine Mehrheit dafür erreicht, so ist der Entwurf nicht angenommen.*[940]

Madde 56.- Bu Heyetler Vükelâdan veya onların göndereceği vekillerden veya kendi azalarından olmayan veyahut resmen davet olunmuş memurinden bulunmayan hiç kimseyi gerek asaleten ve gerek bir cemaat tarafından vekâleten bir

---

938 *Hirsch*, Die Verfassung der Türkischen Republik, S. 199 und *von Kraelitz-Greifenhorst*, S. 40, teilweise mit eigener Interpretation.

939 *von Kraelitz-Greifenhorst*, S. 40.

940 *Hirsch*, Die Verfassung der Türkischen Republik, S. 199, 200.

Madde ifadesi için gelmiş olduğu halde asla kabul edemez ve ifadelerini istima eyliyemez.

Madde 57.- Heyetlerin müzakeratı lisanı Türki üzere cereyan eder ve müzakere olunacak layıhaların suretleri tab ile yövmü müzakereden evvel azaya tevzi olunur.

Madde 58.- Heyetlerde verilecek reyler ya tâyini esamî veyahut işaratı mahsusa veyahut reyi hafi ile olur. Reyi hafi usulünün icrası âzayı mevcudenin ekseriyeti arası ile karar verilmeğe mütevakkıftır.

Madde 59.- Her Heyetin inzibatı dahilisini münhasıran kendi reisi icra eder.

Heyeti Âyân

Madde 60.- Heyeti Âyanın reisi ve âzası nihayet miktarı Heyeti Mebusan âzasının sülüsü miktarını tecavüz etmemek üzere doğrudan doğruya tarafı Hazreti Padişahiden nasbolunur.

Artikel 60: *Der Präsident und die Mitglieder des Senats, dessen Mitgliederzahl höchstens ein Drittel der Zahl der Mitglieder des Abgeordnetenhauses betragen darf, werden unmittelbar vom Sultan ernannt.*[941]

Madde 61.- Heyeti Âyana âza tâyin olunabilmek için asar ve efali umumun vüsuk ve itimadına şayan ve umuru Devlette hidematı memduhesi mesbuk ve mütearif olmak ve kırk yaşından aşağı bulunmamak lâzımdır.

Artikel 61: *Um zum Mitglied des Senats ernannt werden zu können, muss man zu dem Kreis derjenigen Persönlichkeiten gehören, welche dank ihres Wirkens und ihrer Tätigkeit allgemein als zuverlässig und vertrauenswürdig anerkannt sind und in Angelegenheiten des Staates lobenswerte Dienste geleistet haben und mindestens 40 Jahre als sind.*[942]

Madde 62.- Heyeti Âyan âzalığı kaydı hayat iledir. Bu memuriyetlere vükelâlık ve valilik ve ordu müşirliği ve kazaskerlik ve elçilik ve patriklik ve hahambaşılık memuriyetinde bulunmuş olan mazulinden ve berri ve bahri ferikândan ve sıfatı lâzimeyi cami sair zevattan münasipleri tâyin olunanlar azalık memuriyetinden sakıt olur.

Artikel 62: *Die Mitgliedschaft im Senat ist lebenslänglich. In diese Stellung sind geeignete Persönlichkeiten aus dem Kreis der ehemaligen Minister, Gouverneure, Korpskommandanten, Heeresrichter, Botschafter, Patriarchen und Oberrabinner, aus der*

---

941 *Hirsch*, Die Verfassung der Türkischen Republik, S. 200.
942 *Hirsch*, Die Verfassung der Türkischen Republik, S. 200.

Generalität des Heeres und der Marine sowie auch andere Personen, welche die erforderlichen Eigenschaften besitzen, zu berufen. Diejenigen, die auf eigenen Antrag vom Staat in eine andere Stellung berufen werden, verlieren ihre Mitgliedschaft im Senat.[943]

Madde 63.- Heyeti Âyanın azalık maaşı şehriye onbin kuruştur. Başka bir nam ile Hazineden muvazzaf olan azanın maaş ve tâyini eğer onbin kuruştan dûn ise ol miktara iblâğ olunur ve eğer onbin kuruş veya ziyade ise ibka olunur.

Artikel 63: *Die monatlichen Bezüge eines Mitglieds des Senats betragen 10.000 Kuruş. Wenn das unter einem anderen Titel angestellte Mitglied aus der Staatskasse ein Gehalt von weniger als 10.000 Kuruş erhält, wird der Unterschied zugezahlt, und wenn es 10.000 Kuruş oder mehr erhält, wird ihm dieser Betrag belassen.*[944]

Madde 64.- Heyeti Âyan Heyeti Mebusandan verilen kavanin ve muvazene lâyihalarını tetkik ile eğer bunlardan esasen umuru diniyeye ve Zatı Padişahinin hukuuk seniyesine ve hürriyete ve Kanunu Esasi ahkâmına ve Devletin tamamiyeti mülkiyesine ve memleketin emniyeti dahiliyesine ve vatanın esbabı müdafaa ve muhafazasına ve adabı umumiyeye halel verir bir şey görür ise mütalâasını ilâvesile ya kat'iyen red veyahut tâdil ve tashih olunmak üzere Heyeti Mebusana iade eder ve kabul ettiği lâyihaları tasdik ile Makamı Sadarete arzeyler ve Heyete takdim olunan arzuhalları bittetkik lüzum görür ise ilâvei mütalâa ile beraber Makamı Sadarete takdim eder.

Artikel 64: *Der Senat hat die von dem Abgeordnetenhaus vorgelegten Gesetzentwürfe und Haushaltsvorschläge zu prüfen. Stellt er fest, dass sie gegen grundlegende religiöse Angelegenheiten, Souveränitätsrechte des Sultans, die Freiheit, die Bestimmungen des Grundgesetzes [der Verfassung], die territoriale Integrität des Staates, die innere Sicherheit des Landes, die Maßnahmen zum Schutz und zur Verteidigung der Heimat oder die guten Sitten verstoßen, so lehnt er sie mit Begründung entweder endgültig ab oder gibt sie zur Abänderung und Verbesserung an das Abgeordnetenhaus zurück. Die angenommenen Entwürfe unterbreitet er mit seiner Zustimmung dem Großwesir. Ferner prüft er die beim Senat eingereichten Petitionen, die er erforderlichenfalls unter Beifügung seiner Ansicht dem Großwesir unterbreitet.*[945]

---

943 *Hirsch*, Die Verfassung der Türkischen Republik, S. 200.

944 *Hirsch*, Die Verfassung der Türkischen Republik, S. 200.

945 Leicht abgeändert aus: *Hirsch*, Die Verfassung der Türkischen Republik, S. 200.

Heyeti Mebusan

Madde 65.- Heyeti Mebusan miktarı âzası tebaai Osmaniyeden her ellibin nüfus zükûrda bir nefer olmak itibariyle tertip olunur.

Artikel 65: *Die Mitgliederzahl des Abgeordnetenhauses wird in der Weise bestimmt, dass auf je 50.000 osmanische Untertanen ein Sitz entfällt.*[946]

Madde 66.- Emri intihap reyi hafi kaidesi üzerine müessestir. Sureti icrası kanunu mahsus ile tâyin olunacaktır.

Artikel 66: *Die Wahl beruht auf dem Grundsatz der geheimen Stimmabgabe. Die Durchführung erfolgt nach Maßgabe eines besonderen Gesetzes.*[947]

Madde 67.- Heyeti Mebusan âzalığı ile Hükûmet memuriyeti bir zat uhdesinde içtima edemez. Fakat Vükelâdan intihap olunanların âzalığı mücazdır. Vesair memurinden biri mebusluga intihap olunur ise kabul edip etmemek yedi ihtiyarındadır. Fakat kabul ettiği halde memuriyetinden infisal eder.

Madde 68.- Heyeti Mebusan için azalığa intihabı caiz olmıyanlar şunlardır: Evvelâ tebai Devleti Aliyeden olmıyan saniyen nizamı mahsusu mucibince muvakkaten hizmeti ecnebiye imtiyazını haiz olan salisen Türkçe bilmiyen rabian otuz yaşını ikmal etmiyen hamisen hini intihabta bir kimsenin hizmetkârlığında bulunan sadisen iflâs ile mahkûm olup ta iadei itibar etmemiş olan sabian sui ahval ile müştehir olan saminen mahcuriyetine hüküm lâhik olup ta fekki hacir edilmeyen tâsian hukuku medeniyeden sakıt olmuş olan aşiren tabiiyeti ecnebiye iddiasında bulunan kimselerdir. Bunlar mebus olamaz. Dört seneden sonra icra olunacak intihaplarda mebus olmak için Türkçe okumak ve mümkün mertebe yazmak dahi şart olacaktır.

Artikel 68: *Zum Abgeordneten können Personen nicht gewählt werden: 1. die nicht Untertanen des Staates sind; 2. die nach besonderen Bestimmungen zeitweilig die Privilegien des ausländischen Dienstes besitzen; 3. die nicht Türkisch können; 4. die das 30. Lebensjahr nicht vollendet haben; 5. die im Augenblick der Wahl in einem Dienstverhältnis zu einem anderen stehen; 6. die als Gemeinschuldner noch nicht rehabilitiert sind; 7. die wegen ihres sittlosen Lebenswandels bekannt sind; 8. die entmündigt worden sind, solange die Entmündigung noch nicht aufgehoben ist; 9. die ihre politischen Rechte verloren haben; 10. die nach ihrer Angabe Angehörige eines fremden Staates sind. Diese Personen können nicht Abgeordnete werden. Um bei den*

946 *Hirsch*, Die Verfassung der Türkischen Republik, S. 201.
947 *Hirsch*, Die Verfassung der Türkischen Republik, S. 201.

vier Jahre später stattfindenden Wahlen Abgeordnete zu werden, ist Bedingung, dass man Türkisch lesen und so gut als möglich auch schreiben kann.[948]

Madde 69.- Mebusan intihabı umumisi dört senede bir kerre icra olunur ve her mebusun müddeti memuriyeti dört seneden ibaret olup fakat tekrar intihap olunmak caizdir.

Artikel 69: *Die allgemeinen Abgeordnetenwahlen finden alle vier Jahre einmal statt. Die Dauer der Abgeordneteneigenschaft beträgt vier Jahre, wobei die Wiederwahl zulässig ist.*[949]

Madde 70.- Mebusların intihabı umumisine Heyetin mebdei içtimaı olan teşrini saniden lâakal dört mah mukaddem başlanılır.

Madde 71.- Heyeti Mebusan âzasının herbiri kendini intihap eden dairenin ayrıca vekili olmayıp umum Osmanlıların vekili hükmündedir.

Madde 72.- Müntehipler intihap edecekleri mebusları mensup oldukları dairei vilâyet ahalisinden intihap etmeğe mecburdur.

Madde 73.- Ba iradei seniye Heyeti Mebusan feshile dağıtıldığı halde nihayet altı ayda müçtemi olmak üzere umum mebusanın müceddeden intihabına başlanılacaktır.

Artikel 73: *Wird das Abgeordnetenhaus durch einen sultanischen Erlaß aufgelöst, so ist mit der Neuwahl aller Abgeordneten so zu beginnen, dass sie spätestens sechs Monate nach der Auflösung zusammentreten können.*[950]

Madde 74.- Heyeti Mebusan âzasından biri vefat eder veya esbabı hacriyei meşruadan birine duçar olur veya bir uzun müddette meclise devam etmez veyahut istifa eder veya mahkûmiyet veya kabulü memuriyet cihetile âzalıktan sakıt olursa yerine nihayet gelecek içtimaa yetişmek üzere usulü veçhile diğeri tâyin olunur.

Madde 75.- Münhal olan mebusluk makamlarına intihap olunacak âzanın memuriyeti gelecek intihabı umumî zamanına kadardır.

---

948 *Hirsch*, Die Verfassung der Türkischen Republik, S. 201.

949 *Hirsch*, Die Verfassung der Türkischen Republik, S. 201.

950 *Hirsch*, Die Verfassung der Türkischen Republik, S. 201; Anpassung: „sultanisch" statt „kaiserlich".

Madde 76.- Mebuslardan herbirine beher sene içtimaı için Hazineden yirmibin kuruş verilecek ve şehrîye beşbin kuruş maaş itibarile memurinî mülkiye nizamına tevfikan azimet ve avdet harcırahı ita kılınacaktır.

Artikel 76: *Jeder Abgeordnete erhält für jedes Sitzungsjahr aus der Staatskasse den Betrag von 20.000 Kuruş. Die Reisekosten für Hin- und Rückfahrt werden auf der Grundlage eines Monatsgehalts von 5.000 Kuruş nach den Vorschriften für die Beamten der Zivilverwaltung gezahlt.*[951]

Madde 77.- Heyeti Mebusan Riyasetine Heyet tarafından ekseriyetle üç ve ikinci ve üçüncü riyasetlere üçer nefer ki cem'an dokuz zat intihap olunarak huzuru şahaneye arzile bunlardan birisi riyasete ve ikisi reis vekâletlerine ba iradei seniye tercih ve memuriyetleri icra kılınır.

Artikel 77: *Für das Amt des Präsidenten des Abgeordnetenhauses werden vom Plenum drei und für das Amt des zweiten und dritten Präsidenten je drei, zusammen also neun Persönlichkeiten mit Mehrheit gewählt. Von diesen werden durch sultanischen Erlaß einer zum Präsidenten und zwei weitere zu Vizepräsidenten ausgewählt und zur Ausübung ihrer Ämter ermächtigt.*[952]

Madde 78.- Heyeti Mebusanın müzakeratı alenidir. Fakat bir Maddei mühimmeden dolayı müzakeratı hafi tutulmak Vükelâ canibinden veyahut Heyeti Mebusanın âzasından onbeş zat tarafından teklif olundukta Heyetin içtima ettiği mahal âzanın maadasından tahliye edilerek teklifin red veya kabulü için ekseriyeti arâya müracaat edilir.

Madde 79.- Heyetin Mebusanın müddeti içtimaiyesinden âzadan hiç biri Heyet tarafından ithama sebebi kâfi bulunduğuna ekseriyetle karar verilmedikçe veyahut bir cünha veya cinayet icra ederken veya icrayı müteakip tutulmadıkça tevkif ve muhakeme olunamaz.

Artikel 79: *Während der Sitzungsperiode des Abgeordnetenhauses darf kein Mitglied verhaftet oder verurteilt werden, solange nicht von dem Plenum mit Mehrheit darüber Beschluss gefasst worden ist, dass hinreichende Gründe für eine Anklage vorliegen oder dass das Mitglied bei Begehen eines Verbrechens oder Vergehens oder unmittelbar nach der Tat festgenommen worden ist.*[953]

---

951 *Hirsch*, Die Verfassung der Türkischen Republik, S. 201.

952 *Hirsch*, Die Verfassung der Türkischen Republik, S. 201, 202; Anpassung: „sultanisch" statt „kaiserlich".

953 *Hirsch*, Die Verfassung der Türkischen Republik, S. 202.

Madde 80.- Heyeti Mebusan kendüye havale olunacak kavanin lâyihalarını müzakere ile bunlardan umuru maliyeye ve Kanunu Esasiye taalûk eder Maddeleri red veya kabul veyahut tâdil eder ve mesarifi umumiye muvazene kanununda gösterildiği veçhile Heyeti Mebusanda tafsilâtile tetkik olunduktan sonra miktarına Vükelâ ile birlikte karar verilür ve buna karşılık olacak varidatın keyfiyeti ve kemmiyeti ve sureti tevzi ve tedariki kezalik Vükelâ ile birlikte tâyin edilür.

Artikel 80: *Das Abgeordnetenhaus berät, die ihm vorgelegten Gesetzentwürfe, lehnt diejenigen Artikel, welche sich auf die Finanzangelegenheiten oder das Grundgesetz beziehen, ab oder nimmt sie an oder ändert sie ab. Die im Haushaltsgesetz aufgeführten allgemeinen Ausgaben werden im Abgeordnetenhaus bis in die Einzelheiten geprüft; alsdann wird hinsichtlich der Höhe im Einvernehmen mit dem Minister eine Entscheidung getroffen; die zur Deckung erforderlichen Einnahmen werden nach Gattung und Höhe und der Art und Weise ihrer Verteilung und Beschaffung gleichfalls im Einvernehmen mit dem Minister festgesetzt.*[954]

Mehakim

Madde 81.- Kanunu mahsusuna tevfikan tarafı Devletten nasbolunan ve yedlerine beratı şerif verilen hakimler lâyenazildir. Fakat istifaları kabul olunur. Hakimerin terekkiyatı ve meslekleri ve tebdili memuriyetleri ve tekaüdleri ve bir cürüm ile mahkûmiyet üzerine azil olunmaları dahi kanunu mahsusu hükmüne tabidir ve hakimlerin ve mehakim memurlarının matlup olan evsafını işbu kanun irae eder.

Artikel 81: *Die Richter, welche vom Staate nach dem besonderen dafür geltenden Gesetze mittels Dekret ernannt werden, sind unabsetzbar. Jedoch werden ihre Entlassungsgesuche angenommen. Die Beförderung, die Laufbahn, Versetzung in andere Ämter und die Pensionierung der Richter sowie ihre Entlassung auf Grund einer Verurteilung wegen eines Verbrechens richten sich nach einem besonderen Gesetz, das auch die Voraussetzungen enthält, die von den Richtern den richterlichen Beamten verlangt werden.*[955]

Madde 82.- Mahkemelerde hernevi muhakeme alenen cereyan eder ve ilâmatın neşrine mezuniyet vardır. Ancak kanunda müsarrah esbaba mebni mahkeme muhakemeyi hafi tutabilir.

---

954 *Hirsch*, Die Verfassung der Türkischen Republik, S. 202.

955 *von Kraelitz-Greifenhorst*, S. 45 und *Hirsch*, Die Verfassung der Türkischen Republik, S. 202.

Artikel 82: *Alle Verhandlungen vor den Gerichten sind öffentlich. Die Urteile dürfen veröffentlicht werden. Jedoch kann das Gericht in den vom Gesetze besonders bezeichneten Fällen den Prozess mit Ausschluss der Öffentlichkeit führen.*[956]

Madde 83.- Herkes huzuru mahkemede hukukunu muhafaza için lüzum gördüğü vesaiti meşruayı istimal edebilir.

Madde 84.- Bir mahkeme vazifesi dahilinde olan dâvanın her ne vesile ile olursa olsun rüiyetinden imtina edemez ve bir kerre rüiyetine veyahut rüiyeti için iktiza eden tahkikatı evveliyeye başlandıktan sonra tatil veya tâviki dahi caiz olamaz; meğer ki müddei dâvadan keffiyed etmiş ola. Şu kadar ki cezaya müteallik deavide Hükûmete ait olan, hukuk nizamı vechile yine icra olunur.

Madde 85.- Her dâva ait olduğu mahkemede rüyet olunur. Eşhas ile hükümet beynindeki dâvalar dahi mehakimi umumiyeye aittir.

Artikel 85: *Jeder Prozess wird vor dem zuständigen Gericht verhandelt. Auch Prozesse zwischen Privatpersonen und Regierung gehören zur Zuständigkeit der allgemeinen Gerichte.*[957]

Madde 86.- Mahkemeler her türlü müdahelâttan azâdedir.

Artikel 86: *Die Gerichte sind vor Eingriffen jeder Art frei.*[958]

Madde 87.- Deavii şer'iye mehakimi şer'iyede ve deavii nizamiye mehakimi nizamiyede rüyet olunur.

Artikel 87: *Prozesse, die sich auf das Scheriatrecht beziehen, werden vor den Scheriatgerichten, jene, welche nach dem bürgerlichen Gesetze entschieden werden, vor den Zivilgerichten geführt.*[959]

Madde 88.- Mahkemelerin sunuf ve vezaif ve selâhiyetinin derecat ve taksimatı ve hükkâmın tavzifi kavanine müstenittir.

Madde 89.- Her ne nam ile olursa olsun bazı mevaddı mahsusayı rüiyet ve hükmetmek için mehakimi muayene haricinde fevkalâde bir mahkeme veyahut hüküm vermek sel"hiyetini haiz komisyon teşkili katiyen caiz değildir. Fakat kanunen muayyen olduğu veçhile tâyini mevla ve tahkim caizdir.

956 *von Kraelitz-Greifenhorst*, S. 46 und *Hirsch*, Die Verfassung der Türkischen Republik, S. 202.
957 *Hirsch*, Die Verfassung der Türkischen Republik, S. 202.
958 *Hirsch*, Die Verfassung der Türkischen Republik, S. 202.
959 *von Kraelitz-Greifenhorst*, S. 46.

Madde 90.- Hiçbir hakim hakimlik sıfatiyle Devletin maaşlı bir başka memuriyetini uhdesinde cemedemez.

Madde 91.- Umuru cezaiyede hukuku âmmeyi vikayeye memur müddei umumiler bulunacak ve bunların vezaif ve derecatı kanun ile tâyin kılınacaktır.

Divânı Âli

Madde 92.- Heyeti Âyan otuz âzadan mürekkeptir. Bunların onu Heyeti Âyan ve Şûrayı Devlet ve onu Mahkemeyi Temyiz ve İstinaf rüesa ve âzasından kurâa ile tefrik ve tâyin olunarak Heyeti Âyan dairesinde lüzum göründükçe ba iradei seniye akdolunur. Vazifesi Vükelâ ile Mahkemei Temyiz rüesa ve âzasının ve zat ve hukuku şahane aleyhinde harekete ve Devleti bir hali muhataraya ilkaya tasaddi eyliyenlerin muhakemesidir.

Madde 93.- Divanı Âli ikiye münkasem olup biri Dairei İthamiye ve biri Divanı Hükümdür. Daireyi İthamiye dokuz âzadan ibaret olup bunun üçü Heyeti Âyan ve üçü Divanı Temyiz ve İstinaf ve üçü Şûrayı Devlet âzasından Divanı Âliye alınacak aza içinden kur'a ile intihap olunur.

Madde 94.- Bu dairei şikâyet olunan zevatın müttehem olup olmadığına sülüsanı ekseriyetile karar verir ve Dairei İthamiyede bulunanlar Divanı Hükümde bulunamaz.

Madde 95.- Divanı Hüküm, yedisi Heyeti Âyan ve yedisi Divanı Temyiz ve İstinaf ve yedisi Şûrayı Devlet rüesa ve âzasından olmak üzere Divanı Ali âzasının yirmibir neferinden mürekkep olarak Dairei İthamiye tarafından muhakemesi lâzım olduğuna karar verilmiş davalar hakkında âzayı murettebenin sülüsanı ekseriyetile kat'iyen ve kavanini mevzuasına tatbikan hükmeder ve hükümleri kabili istinaf ve temyiz değildir.

Umuru Maliye

Madde 96.- Tekâlifi Devletin hiçbiri bir kanun ile tâyin olunmadıkça vaz ve tevzi ve istihsal olunamaz.

Artikel 96: Eine staatliche Steuer kann nur auf Grund eines Gesetzes eingeführt, veranlagt und eingezogen werden.[960]

---

960 *Hirsch*, Die Verfassung der Türkischen Republik, S. 203; *von Kraelitz-Greifenhorst*, S. 48.

Madde 97.- Devletin büdçesi varidat ve mesarifatı takribiyesini mübeyyin kanundur. Tekâlifi Devletin vaz ve tevzi ve tahsil emrinde müstenit olacağı kanun budur.

Artikel 97: *Der Staatshaushalt ist das Gesetz, das die Einnahmen und Ausgaben aufweist. Auf diesem Gesetz beruhen die Einführung, Veranlagung und Erhebung der staatlichen Abgaben.*[961]

Madde 98.- Büdçe yani Muvazenei Umumuye Kanunu Meclisi Umumide Madde be Madde tetkik ve kabul olunur. Varidat ve mesarifatı muhammenin müfredatını cami olmak üzere ana merbut olan cedveller nızamen tâyin olunan numunesine tevfikan aksam ve fusul ve mevaddı müteaddideye münkasem olarak bunların müzakeresi dahi fasıl fasıl icra edilir.

Artikel 98: *Der Staatshaushalt [das Budget] ist das Gesetz über das allgemeine Gleichgewicht im Staatshaushalt, ist im Parlament artikelweise zu prüfen und anzunehmen. Die beigefügten Tabellen, die die einzelnen Posten der geschätzten Einnahmen und Ausgaben umfassen und nach dem gesetzlich festgelegten Muster in Abschnitte, Kapitel und Einzelartikel eingeteilt sind, werden kapitelweise beraten.*[962]

Madde 99.- Muvazenei Umumiye Kanunu müteallik olduğu senenin dühulünde mevkii icraya konulabilmek için lâyihası Heyeti Mebusana Meclisi Umuminin küşadı akabinde ita olunur.

Madde 100.- Bir kanunu mahsus ile muayyen olmadıkça emvâli Devletten muvazene haricinde sarfiyat caiz olamaz.

Artikel 100: *Nicht budgetmäßige Ausgaben aus dem Staatsvermögen können, sobald sie nicht in einem speziellen Gesetz bestimmt sind, nicht gestattet werden.*[963]
Alternativ:
Soweit es nicht durch besonderes Gesetz bestimmt ist, darf Staatsvermögen außerhalb des Haushalts nicht ausgegeben werden.[964]

Madde 101.- Meclisi Umuminin münakit bulunmadığı esnada esbabı mücbireyi fevkalâdeden dolayı muvazene haricinde masraf ihtiyarına lüzumu kavi tahakkuk eder ise mesuliyeti Heyeti Vükelâya ait olmak ve Meclisi Umuminin küşadı

961 Mit leichten Änderungen aus: *Hirsch*, Die Verfassung der Türkischen Republik, S. 203; *von Kraelitz-Greifenhorst*, S. 48.
962 Mit leichten Änderungen aus: *Hirsch*, Die Verfassung der Türkischen Republik, S. 203; *von Kraelitz-Greifenhorst*, S. 48.
963 *von Kraelitz-Greifenhorst*, S. 48.
964 *Hirsch*, Die Verfassung der Türkischen Republik, S. 204.

akabinde ana dair kanun lâyıhası Meclisi Umumiye verilmek üzere o masrafın tesviyesi için iktiza eden mebaliğin tarafı Hazireti Padişahiye arz ve istizan ile sadır olacak iradei seniye üzerine tedarik ve sarfı caiz olur.

Artikel 101: *Wenn zu einem Zeitpunkt, in dem das Parlament nicht tagt, wegen außergewöhnlicher zwingender Gründe sich die dringende Notwendigkeit von Ausgaben außerhalb des Haushalts ergibt, ist unter der Voraussetzung, dass der Ministerrat die Verantwortung trägt und unverzüglich nach der Eröffnung des Parlaments eine entsprechende Gesetzesvorlage dem Parlament zuleiten lässt, die Beschaffung und Ausgabe des zur Begleichung dieser Kosten erforderlichen Betrags mit ausdrücklicher Genehmigung von dem Sultan aufgrund eines sultanischen Erlasses zulässig.*[965]

Madde 102.- Muvazene Kanunun hükmü bir seneye mahsustur. O senenin haricinde hükmü cari olamaz ancak bazi ahvali fevkalâdeden dolayı Meclisi Mebusan muvazeneyi kararlaştırmaksızın fesih olunduğu halde hükmü bir seneyi tecavüz etmemek üzere bir kararname ile Vükelâyı Devlet ba iradei seniye seneyi sabıka muvazenesinin cereyanı ahkâmını Meclisi Mebusanın gelecek içtimaına kadar temdit ederler.

Artikel 102: *Das Haushaltsgesetz gilt für ein Jahr. Seine Geltung darf nicht über dieses Jahr hinausgehen. Wenn jedoch wegen einiger außergewöhnlicher Umstände das Abgeordnetenhaus, ohne den Staatshaushalt beschlossen zu haben, aufgelöst wird, so erstrecken die Minister aufgrund eines sultanischen Erlasses [„iradei"] durch eine Verfügung die Gültigkeitsdauer des Staatshaushalts bis zur nächsten Tagung des Abgeordnetenhauses, jedoch nicht über die Dauer eines Jahres hinaus.*[966]

Madde 103.- Muhasebei Kat'iye Kanunu müteallik olduğu senenin varidatından istihsal olunan mebaliğ ile yine o senenin mesarifatına vukubulunan sarfiyatın miktarı hakikisini mübeyyin olarak bunun şekil ve taksimatı dahi Muvazenei Umumiye Kanununa tamamile mutabık olacaktır.

Madde 104.- Muhasebei Kat'iye Kanununun lâyihası müteallik olduğu senenin hitabından itibaren nihayet dört sene sonra Meclisi Umumiye ita olunur.

Madde 105.- Emvali Devletin kabız ve sarfına memur olanların muhasebelerini rüiyet ve devairden tanzim olunan sâl muhasebelerini tetkik ederek hulâsai tetkikat ve neticei mütalâatını her sene bir takriri mahsus ile Heyeti Mebusana arzeylelemek üzere bir Divanı Muhasebat teşkil olunacaktır. Bu divan her üç ayda bir

965 *Hirsch*, Die Verfassung der Türkischen Republik, S. 204.
966 *Hirsch*, Die Verfassung der Türkischen Republik, S. 204.

kere ahvali maliyeyi Riyaseti Vükelâ vasıtasile ba takrir tarafı Hazreti Padişahiye dahi arzeder.

Artikel 105 S. 1: *Es wird ein Rechnungshof gebildet werden, der die Geschäftsführung der mit den Einnahmen und Ausgaben des Staatsvermögens betrauten Beamten zu überwachen, die von den verschiedenen ministeriellen Departements aufgestellten Jahresrechnungen zu prüfen und das Ergebnis seiner Prüfungen und Wahrnehmungen jährlich in einem besonderen Berichte dem Abgeordnetenhause zu unterbreiten hat.*[967]

Artikel 105 S. 2: *Dieser Rechnungshof richtet auch alle drei Monate durch Vermittlung des Großwesirs an Seine Majestät den Sultan einen Bericht über die finanzielle Lage.*[968]

Madde 106.- Divanı Muhasebatın âzası oniki kişiden mürettep olacak ve herbiri Heyeti Mebusandan ekseriyetle azlinin lüzumu tastik olunmadıkça memuriyetinde kaydı hayat ile kalmak üzere ba iradei seneyi nasbolunacaktır.

Artikel 106 S. 1: *Der Rechnungshof soll aus zwölf Mitgliedern bestehen, die durch einen sultanischen Erlass auf Lebenszeit ernannt werden.*[969]

Artikel 106 S. 2: *Sie können, solange nicht die Notwendigkeit ihrer Absetzung vom Abgeordnetenhause mit Stimmenmehrheit beschlossen wird, nicht abgesetzt werden.*[970]

Madde 107.- Divanı Muhasebat âzasının evsaf ve vezayifinin tafsilatı ve sureti istifade ve tepdil ve terakki ve tekaüdü ve ahkâmının keyfiyeti teşkili bir nizamı mahsus ile tâyin olunacaktır.

Vilâyat

Madde 108.- Vilâyatin usulü idaresi, tevsii mezuniyet ve tefriki vezayıf kaidesi üzerine müesses olup derecatı nizamı mahsus ile tâyin kılınacaktır.

Madde 109.- Vilâyet ve liva ve kaza merkezlerinde olan idare meclislerile senede bir defa merkezi vilâyette içtima eden Meclisi Umumu âzasının sureti intihabı bir kanunu mahsus ile tevsi olunacaktır.

---

967 *von Kraelitz-Greifenhorst*, S. 49.
968 *von Kraelitz-Greifenhorst*, S. 50.
969 *von Kraelitz-Greifenhorst*, S. 50.
970 *von Kraelitz-Greifenhorst*, S. 50.

Madde 110.- Vilâyet Mecalisi Umumiyesinin vezayifi yapılacak kanunu mahsusunda beyan olunacağı veçhile turuku meabir tanzimi ve itibar sandıklarının teşkili ve sanayi ve ticaret ve felâhatın teshili gibi umuru nafiaya müteallik mevad hakkında ve umuma ait maarif ve terbiyenin intişarı yolunda müzakerata şâmil olmakla beraber, tekâlif ve mürettebatı miriyenin sureti tevzi ve istihsalinde ve muamelâtı sairede kavanin ve nizamatı mevzua ahkâmına muhalif gördükeri ahvalin müteallik olduğu makam ve mevkilere tebliği ile tashih ve ıslahı zımnında arzı iştikâ etmek selâhiyetini dahi muhtevi olacaktır.

Madde 111.- Müsakkafat ve müstagillât ve müstagillât ve nukudu mevkufe hasılatının şurutu vakfiyesi ve teamülü kadimi veçhile meşrutun lehine ve hayrat ve müberrata sarfolunmak üzere vasiyet edilen emvalin vasiyetnamelerinde muharrer olduğu üzere musalehine sarfına ve emvali eytamın nizamnamei mahsusu veçhile sureti idaresine nezaret etmek üzere her kazada her milletin bir cemaat meclisi bulunacak ve bu meclisler tanzim edilecek nizamatı mahususası veçhile her milletin müntehap efradından mürekkep olacaktır. Ve mecalisi mezkûre mahalleri hükûmetlerini ve Vilâyet Mecalisi Umumiyesini kendülerine merci bilecektir.

Madde 112.- Umuru belediye Dersaadet ve taşralarda bilintihap teşkil olunacak Devairi Belediye Meclislerile idare olunacak ve bu dairelerin sureti teşkili ve vezaifi ve âzasının sureti intihabı kanunu mahsus ile tâyin kılınacaktır.

Mevaddı Şetta

Madde 113.- Mülkün bir cihetinde ihtilâl zuhur edeceğini müeyyid asar ve emarat görüldüğü halde Hükûmeti seniyenin o mahalle mahsus olmak üzere muvakkaten (idarei örfiye) ilânına hakkı vardır. (İdarei örfiye) kavanin ve nizamatı mülkiyenin muvakkaten tatilinden ibaret olup (idarei örfiye) tahtında bulunan mahallin sureti idaresi nizamı mahsus ile tâyin olunacaktır. Hükûmetin emniyetini ihlâl ettikleri idarei zabıtanın tahkikatı mevsukası üzerine sabit olanların memâliki mahrusai şaheneden ihraç ve teb'id etmek münhasıran Zatı Hazireti Padişahinin yedi iktidarındadır.

Artikel 113: *Wenn vorgefallene Ereignisse und bestimmte Anzeichen den Ausbruch von Unruhen an einem Orte des osmanischen Reiches voraussehen lassen, so hat die [sultanische] Regierung das Recht, über diesen Ort vorübergehend den Belagerungszustand zu verhängen. Die Wirkung äußert sich in der temporären Suspendierung der bürgerlichen Gesetze und Vorschriften.*

Die Art und Weise der Verwaltung eines Ortes, über den der Belagerungszustand verhängt wurde, wird in einem besonderen Gesetze geregelt werden.

Seine Majestät der Sultan besitzt die ausschließliche Macht, diejenigen, von denen es auf Grund glaubwürdiger Informationen der Polizei feststeht, dass sie die Sicherheit im Staate verletzt haben, aus dem sultanischen Gebiet auszuweisen und zu entfernen.[971]

Madde 114.- Osmanlı efradının kâffesince tahsili maarifin birinci mertebesi mecburi olacak ve bunun derecat ve teferrüatı nizamı mahsus ile tâyin kılınacaktır.

Madde 115.- Kanunu Esasinin bir Maddesi bile hiçbir sebep ve bahane ile tatil veya icradın iskat edilemez.

Madda 116.- Kanuna Esasinin mevaddı mündericesinden bazılarının icabı hale ve vakte göre tagyir ve tadiline lüzumu sahih ve kat'i göründüğü halde zikri ati şerait ile tadili caiz olabilir. Şöyle ki Heyeti Vükelâ veya Heyeti Âyan veya Heyeti Mebusan tarafından işbu tadile dair bir teklif vukubulduğu halde evvelâ Meclisi Mebusanda azayı mürettebenin sülüsan ekseriyetile kabul olunur ve kabul Meclisi Âyanın kezalik sülüsan ekseriyetile tasdik edildikten sonra iradei seniye dahi o merkezde sudur eder ise tadilâtı meşruha düsturülamel olur ve Kanunu Esasinin dali iteklif olunan bir Maddesi berveçhi meşruh müzakeratı lâzimesinin icrasile iradei seniyesinin suduruna kadar hüküm ve kuvvetini kaip etmeksizin meriyülicra tutulur.

Artikel 116: *Wenn einige Bestimmungen des Grundgesetzes [der Verfassung] nach Lage des Falles und den entsprechenden Zeitumständen unbedingt ergänzungs- und abänderungsbedürftig erscheinen, ist eine Änderung unter den folgenden Bedingungen zulässig: Der Ministerrat oder der Senat oder das Abgeordnetenhaus bringen einen entsprechenden Abänderungsantrag ein, der zunächst vom Abgeordnetenhaus mit Zweidrittelmehrheit der Gesamtzahl der Mitglieder anzunehmen ist. Wird die Annahme durch den Senat ebenfalls mit Zweidrittelmehrheit bestätigt und ergeht ein entsprechender sultanischer Erlass, so so erlangt die Abänderung Gesetzeskraft. Ein Artikel des Grundgesetzes, dessen Abänderung vorgeschlagen worden ist, bleibt während der Dauer des vorstehenden Verfahrens bis zum Ergehen des sultanischen Erlasses in Geltung, ohne seine Kraft und Wirkung zu verlieren.*[972]

---

971 Aus: *von Kraelitz-Greifenhorst*, S. 51, 52 und aus der Übersetzung von *Hirsch*, Die Verfassung der Türkischen Republik, S. 205. Das Wort „kaiserlich(e)" wurde hierbei vom Verfasser durch das Wort „sultanisch" ersetzt.

972 *Hirsch*, Die Verfassung der Türkischen Republik, S. 205, 206.

Madde 117.- Bir Maddei kanuniyenin tefsiri lâzım geldikte umuru adliyeye müteallik ise tâyini manâsı Mahkemei Temyize ve idarei mülkiyeye dair ise Şurayı Devlete ve işbu Kanunu Esasiden ise Heyeti Âyana aittir.

Artikel 117: *Muss eine gesetzliche Bestimmung ausgelegt werden, so steht die Bestimmung des Gesetzessinnes, soweit es sich um Justizangelegenheiten handelt, dem Kassationshof, soweit es sich um Angelegenheiten der Verwaltung handelt, dem Staatsrat und soweit es sich um dieses Grundgesetz handelt, dem Senat zu.*[973]

Madde 118.- Elyevm düsturülamel bulunan nizamat ve teamül ve âdat ilerüde vazolunacak kavanin ve nizamat ile tadil veya ilga olunmadıkça meriyülicra olacaktır.

Madde 119.- Meclisi Umumiye dair olan fi 1 Şevval sene 93 tarihli Talimatı Muvakkatenin cereyanı ahkâmı yalnız birinci defa içtima edecek Meclisi Umuminin müddeti inikadiyesi hitamına kadar olup andan sonra hükmü carî değildir.

---

973 *Hirsch*, Die Verfassung der Türkischen Republik, S. 206 und *von Kraelitz-Greifenhorst*, S. 52.

RECHTSHISTORISCHE REIHE

Die nachfolgende Liste führt die Titel der "Rechtshistorischen Reihe" ab Band 300 auf.
Eine vollständige Übersicht aller bisher in der Reihe erschienenen Bücher
finden Sie auf www.peterlang.com

Band 300 Jan Kohlmann: Der Marsch zu den Gräbern von Karl und Rosa. Geschichte eines Gedenktages. 2004.

Band 301 Christian Rainer Schlicht: Die kumulative Schuldübernahme in der Rechtsprechung des Reichsgerichts und in der zeitgenössischen Literatur. 2004.

Band 302 Hans Peter Glöckner: Positive Vertragsverletzung. Die Geburt eines Rechtsinstituts. 2006.

Band 303 João Manuel Azevedo Alexandrino Fernandes: Die Theorie der Interpretation des Gesetzes bei Francisco Suárez. 2005.

Band 304 René Funk: Die Wahlprüfung der volksgewählten Abgeordneten der Volksvertretungen im Frühkonstitutionalismus. Eine Untersuchung der Wahlprüfung in den Kammern der Abgeordneten des Großherzogtums Baden, des Königreichs Württemberg und des Großherzogtums Hessen. 2005.

Band 305 Carolin O'Sullivan. Die Ahndung von Rechtsbrüchen der Seeleute im mittelalterlichen hamburgischen und hansischen Seerecht (1301-1482). 2005.

Band 306 Martin Jürgens: Staat und Reich bei Ernst Rudolf Huber. Sein Leben und Werk bis 1945 aus rechtsgeschichtlicher Sicht. 2005.

Band 307 Florian G. Dürselen: Franz Beyerle (1885-1977). Leben, Ära und Werk eines Rechtshistorikers. 2005.

Band 308 Kai Bandilla: Urheberrecht im Kaiserreich. Der Weg zum Gesetz betreffend das Urheberrecht an Werken der Literatur und Tonkunst vom 19. Juni 1901. 2005.

Band 309 Stefan Mieth: Die Entwicklung des Denkmalrechts in Preußen 1701-1947. 2005.

Band 310 Catharina Lodemann: Die Geschichte des französischen *acte de gouvernement*. 2005.

Band 311 Christina Wicke: Kodifikationsbestrebungen und Wissenschaft in Hessen-Darmstadt im vorkonstitutionellen Zeitalter. Zu der Beteiligung der Gießener Rechtsprofessoren an den Gesetzgebungsarbeiten in Hessen-Darmstadt in der Zeit zwischen 1769 und 1820. 2005.

Band 312 Christiane Chlosta: Nur dem Gesetz unterworfen? Eine rechtsgeschichtliche Untersuchung zu Idee und Wirklichkeit richterlicher Gesetzestreue unter besonderer Berücksichtigung der Aufwertungsrechtsprechung und des richterlichen Prüfungsrechts. 2005.

Band 313 Kathrin Dirr: Hoheitsrechtliche Streitigkeiten zwischen den Kölner Erzbischöfen und der Stadt Köln auf Grundlage reichskammergerichtlicher Verfahren des 16. und 17. Jahrhunderts. 2005.

Band 314 Michael Racky: Die Diskussion über Gewaltenteilung und Gewaltentrennung im Vormärz. 2005.

Band 315 Petra Thiemrodt: Die Entstehung des Staatshaftungsgesetzes der DDR. Eine Untersuchung auf der Grundlage von Materialien der DDR-Gesetzgebungsorgane mit zeitgeschichtlichen Bezügen. 2005.

Band 316 Julius F. Reiter: Entstehung und staatsrechtliche Theorie der italienischen *Carta del Lavoro*. 2005.

Band 317 André Book: Die Justizreform in der Frühzeit der Bundesrepublik. Die Beratungen der Kommission zur Vorbereitung einer Reform der Zivilgerichtsbarkeit in den Jahren 1955 bis 1961. 2005.

Band 318 Frank Zentz: Das amerikanische Strafverfahren als Element der Besatzungspolitik in Deutschland. Erziehung zur Demokratie durch den *Court of Appeals* 1948-1955. 2005.

Band 319 Friederike Quaisser: Mietrecht im 19. Jahrhundert. Ein Vergleich der mietrechtlichen Konzeptionen im Allgemeinen Landrecht für die Preußischen Staaten von 1794 und dem gemeinen Recht. 2005.

Band 320 Stefan Burghard: Professor Dr. Wilhelm Kahl – Leben zwischen Wissenschaft und Politik. 2005.

Band 321 Günter Baranowski: Die *Russkaja Pravda* – ein mittelalterliches Rechtsdenkmal. 2005.

Band 322 Christina Schneider: Die SS und das „Recht". Eine Untersuchung anhand ausgewählter Beispiele. 2005.

Band 323 Werner Schubert (Hrsg.): Zivilprozessreform in der Weimarer Zeit. Quellen zur Emminger-Zivilprozessverordnung vom 13.2.1924 und zu den Arbeiten der Zivilprozesskommission des Reichsjustizministeriums (1922-1930). Eingeleitet und herausgegeben von Werner Schubert. 2005.

Band 324 Felix Gaul: Der Jurist Rudolf Isay (1886-1956). Ein verantwortungsbewusster Vermittler im Spannungsfeld zwischen dynamischer Rechtsschöpfung, ökonomischem Wandel und technischem Fortschritt. 2005.

Band 325 Konstanze Braun: Dr. Otto Georg Thierack (1889-1946). 2005.

Band 326 Eckart Klein / Stefan Chr. Saar / Carola Schulze (Hrsg.): Zwischen Rechtsstaat und Diktatur. Deutsche Juristen im 20. Jahrhundert. 2006.

Band 327 Stefan Botor: Das *Berliner Sühneverfahren* – Die letzte Phase der Entnazifizierung. 2006.

Band 328 Andreas Köhler: Die Sorgerechtsregelungen bei Ehescheidung seit 1945. Scheidungsstrafe und verordnete Gemeinsamkeit. 2006

Band 329 Lars Düwel: Die Nichtigkeit und Anfechtbarkeit der Ehe in der Rechtsprechung des Reichsgerichts zwischen 1900 und 1945. 2006.

Band 330 Katalin Polgar: Das Oberappellationsgericht der vier freien Städte Deutschlands (1820-1879) und seine Richterpersönlichkeiten. 2007.

Band 331 Julia Schweitzer: Schiffer und Schiffsmann in den Rôles d'Oléron und im Llibre del Consolat de Mar. Ein Vergleich zweier mittelalterlicher Seerechtsquellen. 2007.

Band 332 Diana-Catharina Kurtz: Das Institut der Adoption im preußischen Allgemeinen Landrecht und im französischen Code civil zwischen Rezeption römisch-rechtlicher Prinzipien und verändertem Familienverständnis. 2006.

Band 333 Dino Joakim Duderstadt: Spiel, Wette und Differenzgeschäft (§§ 762-764 BGB) in der Rechtsprechung des Reichsgerichts und in der zeitgenössischen Literatur. 2007.

Band 334 Ronald Hoffmann: Die Domänenfrage in Thüringen. Über die vermögensrechtlichen Auseinandersetzungen mit den ehemaligen Landesherren in Thüringen nach dem Ersten Weltkrieg. 2006.

Band 335 Joachim Windmüller: *Ohne Zwang kann der Humanismus nicht existieren...* – „Asoziale“ in der DDR. 2006.

Band 336 Sven Christian Gläser: Die Mediatisierung der Grafschaft Wertheim. Der juristische Kampf eines kleinen Reichsstandes gegen den Verlust der Landesherrschaft und seine Folgen. 2006.

Band 337 Benjamin Schleyer: Friedrich Wilhelm Bornemann (1798-1864). Eine Juristenkarriere im Preußen des 19. Jahrhunderts. 2006.

Band 338 Die Reform des Ehescheidungsrechts von 1976. Quellen zum Ersten Gesetz vom 14.6.1976 zur Reform des Ehe- und Familienrechts (Parlamentarische Ausschussprotokolle – Anglikanische Denkschrift von 1966 zur Scheidungsrechtsreform – Schlussabstimmung 1969 in der Eherechtskommission des Bundesministeriums der Justiz). Eingeleitet und herausgegeben von Werner Schubert. 2006.

Band 339 Andreas Feld: Das Bayerische Gesetz zum Schutz des Eigentums an Erzeugnissen der Literatur und Kunst gegen Nachdruck vom 15.04.1840. Vorgeschichte und Zustandekommen. 2007.

Band 340 Bernd Wörner: Adelbert Düringers Einfluß als Richter am Reichsgericht in Leipzig auf dem Gebiet des Personengesellschaftsrechts. 2007.

Band 341 Jan Jelle Kähler: Französisches Zivilrecht und französische Justizverfassung in den Hansestädten Hamburg, Lübeck und Bremen (1806-1815). 2007.

Band 342 Jörn Eckert / Pia Letto-Vanamo / Kjell Modéer (Hrsg.): Juristen im Ostseeraum. Dritter Rechtshistorikertag im Ostseeraum 20.-22. Mai 2004. 2007.

Band 343 Ferdinand von Weyhe: A.E. Wassermann. Eine rechtshistorische Fallstudie zur „Arisierung" zweier Privatbanken. 2007.

Band 344 Martin Klaus Römermann: Kündigungen und Kündigungsschutz im Franquismus. 2007.

Band 345 Thomas Hoffmann: Der Landrechtsentwurf David Hilchens von 1599. Ein livländisches Rechtszeugnis polnischer Herrschaft. 2007.

Band 346 Ingo Ullmann: Die rechtliche Behandlung holsteinischer Leibeigener um die Mitte des 18. Jahrhunderts. Dargestellt unter besonderer Berücksichtigung der Schmoeler Leibeigenschaftsprozesse von 1738 bis 1743 sowie von 1767 bis 1777. 2007.

Band 347 Petra Fischer-Langosch: Die Entstehungsgeschichte des Familiengesetzbuches der DDR von 1965. 2007.

Band 348 Lasse O. Johannsen: Die rechtliche Behandlung ausreisewilliger Staatsbürger in der DDR. 2007.

Band 349 Ralf Schlottau: Deutsche Kolonialrechtspflege. Strafrecht und Strafmacht in den deutschen Schutzgebieten 1884 bis 1914. 2007.

Band 350 Hartwig Brandt / Ewald Grothe (Hrsg.): Rheinbündischer Konstitutionalismus. 2007.

Band 351 Nora Lutze: Der Verwandtenunterhalt nach den §§ 1601 bis 1603 und §§ 1610 bis 1612 BGB in der Rechtsprechung des Reichsgerichts. Unter Berücksichtigung der Entstehung des BGB. 2007.

Band 352 Frank Thiäner: Das Verhältnis von Aufsichtsrat und Abschlussprüfern in der rechtshistorischen Entwicklung bis 1937. 2007.

Band 353 Britta Heymann: Ernst Melsheimer (1897-1960). Eine juristische Karriere in verschiedenen staatlichen Systemen. Mitarbeiter im Preußischen Justizministerium in der Weimarer Republik, im Justizministerium Preußens und des Reiches sowie Richter am Kammergericht in der NS-Zeit und Erster Generalstaatsanwalt der Deutschen Demokratischen Republik. 2007.

Band 354 Susanne Adlberger: Wilhelm Kisch – Leben und Wirken (1874-1952). Von der Kaiser-Wilhelms-Universität Straßburg bis zur nationalsozialistischen Akademie für Deutsches Recht. 2007.

Band 355 Moritz Waibel: Josef Berchtold (1833-1894). Ein Leben gegen den Ultramontanismus. 2007.

Band 356 Aline Levin: Erinnerung? Verantwortung? Zukunft? Die Beweggründe für die gemeinsame Entschädigung durch den deutschen Staat und die deutsche Industrie für historisches Unrecht. 2007.

Band 357 Ferdinand Krause: Die hergebrachten Grundsätze des Berufsbeamtentums. Eine rechtshistorische Analyse. 2008.

Band 358 André Tiebel: Die Entstehung der Schutztruppengesetze für die deutschen Schutzgebiete Deutsch-Ostafrika, Deutsch-Südwestafrika und Kamerun (1884-1898). 2008.

Band 359 Holger Ruff: Sittenwidrige Rechtsgeschäfte in der späten Kaiserzeit. Die Entwicklung der reichsgerichtlichen Rechtsprechung zu § 138 BGB von 1900 bis 1914. 2007.

Band 360 Frank Rohrer: Strafjustiz im Dritten Reich und in der SBZ/DDR. Die personelle und organisatorische Neuordnung des Justizapparates in den totalitären Diktaturen (1933-1955) mit ihren Auswirkungen auf die Rechtsprechung zum politischen Strafrecht. 2007.

Band 361 Hans-Georg Knothe / Marc Liebmann (Hrsg.): Gerichtskultur im Ostseeraum. Vierter Rechtshistorikertag im Ostseeraum. 18.-20. Mai 2006 in Greifswald. 2007.

Band 362 Christina Meß: Das Vertragsrecht bei Adam Smith. 2008.

Band 363 Quellen zur dänischen Rechts- und Verfassungsgeschichte (12.-20. Jahrhundert). Herausgegeben von Ditlev Tamm, Werner Schubert und Jens Ulf Jørgensen. 2008.

Band 364 Günter Baranowski: Die Gerichtsurkunde von Pskov. 2008.

Band 365 Mark Spengler: Die Entstehung des Scheckgesetzes vom 11. März 1908. 2008.

Band 366 Ivan Biliarsky / Radu G. Păun (eds./éds.): The Biblical Models of Power and Law. Les modèles bibliques du pouvoir et du droit. Papers of the International Conference, Bucharest, New Europe College 2005. Actes du colloque international, Bucarest, New Europe College 2005. 2008.

Band 367 Thomas A. Roth: Ausgestaltungen der Rechtsfähigkeit im 19. und 20. Jahrhundert. Zur Rechtspersönlichkeit natürlicher Personen in den bedeutenden deutschen Zivilrechtsordnungen. 2008.

Band 368 Björn Alexander Rautenberg: Der Fiskal am Reichskammergericht. Überblick und exemplarische Untersuchungen vorwiegend zum 16. Jahrhundert. 2008.

Band 369 Thorsten Miederhoff: *Man erspare es mir, mein Juristenherz auszuschütten*. Dr. iur. Kurt Tucholsky (1890-1935). Sein juristischer Werdegang und seine Auseinandersetzung mit der Weimarer Strafrechtsreformdebatte am Beispiel der Rechtsprechung durch Laienrichter. 2008.

Band 370 Philipp Nordloh: Kölner Zunftprozesse vor dem Reichskammergericht. 2008.

Band 371 Judith Freund: Die Wechselverpflichtung im 19. Jahrhundert. 2008.

Band 372 Hans-Michael Empell: Gutenberg vor Gericht. Der Mainzer Prozess um die erste gedruckte Bibel. 2008.

Band 373 Rainer Schröder: Die DDR-Ziviljustiz im Gespräch – 26 Zeitzeugeninterviews. 2008.

Band 374 Christian Neschwara: Ein österreichischer Jurist im Vormärz. „Selbstbiographische Skizzen" des Freiherrn Karl Josef Pratobevera (1769-1853). 2009.

Band 375 Stefan Ullrich: Untersuchungen zum Einfluss des lübischen Rechts auf die Rechte von Bergen, Stockholm und Visby. 2008.

Band 376 Johanna Gertrude Schmitzberger: Das nationalsozialistische Nebenstrafrecht 1933 bis 1945. 2008.

Band 377 Christian Brom: Urteilsbegründungen im „Hoge Raad van Holland, Zeeland en West-Friesland" am Beispiel des Kaufrechts im Zeitraum 1704-1787. 2008.

Band 378 Christian Böse: Die Entstehung und Fortbildung des Reichserbhofgesetzes. 2008.

Band 379 Tobias Röhnelt: Timm Kröger. Leben und Werk. 2009.

Band 380 Andrea Elisabeth Sebald: Der Kriminalbiologe Franz Exner (1881-1947). Gratwanderung eines Wissenschaftlers durch die Zeit des Nationalsozialismus. 2008.

Band 381 Angela Kriebisch: Die Spruchkörper Juristenfakultät und Schöppenstuhl zu Jena. Strukturen, Tätigkeit, Bedeutung und eine Analyse ausgewählter Spruchakten. 2008.

Band 382 Nana Ozawa: Louis Adolphe Bridel – Ein Schweizer Professor an der juristischen Fakultät der Tokyo Imperial University. Die geschichtliche Bedeutung der Yatoi zur späten Meijizeit. 2010.

Band 383 Christian Weißhuhn: Alfred Hueck 1889-1975. Sein Leben, sein Wirken, seine Zeit. 2009.

Band 384 Andreas Hunkel: Eduard Dietz (1866-1940) – Richter, Rechtsanwalt und Verfassungsschöpfer. 2009.

Band 385 Meike Guskow: Entstehung und Geschichte der Europäischen Charta der Regional- oder Minderheitensprachen. 2009.

Band 386 Markus J. Jahnel: Das Bodenrecht in „Neudeutschland über See". Erwerb, Vergabe und Nutzung von Land in der Kolonie Deutsch-Südwestafrika 1884-1915. 2009.

Band 387 Matthias Günter Steiner: Die Klöster und ihr Wirken – eine der Wurzeln des Stiftungswesens? 2009.

Band 388 Cornelia Staats: Die Entstehung des Bundes-Immissionsschutzgesetzes vom 15. März 1974. 2009.

Band 389 Cai Niklaas E. Harders: Das Bundesjagdgesetz von 1952 sowie die Novellen von 1961 und 1976. Vorgeschichte, Entstehung des Gesetzes sowie Problemfelder. 2009.

Band 390 Matthias Pohlkamp: Die Entstehung des modernen Wucherrechts und die Wucherrechtsprechung des Reichsgerichts zwischen 1880 und 1933. 2009.

Band 391 Sebastian Baur: *Vor vier Höllenrichtern...* Die Lizentiats- und Doktorpromotionen an der Juristischen Fakultät der Universität Heidelberg. 2009.

Band 392 Christoph Salmen-Everinghoff: Zur *cautio damni infecti*: Die Rückkehr eines römischrechtlichen Rechtsinstituts in das moderne Zivilrecht. 2009.

Band 393 Till Meno Sellschopp: Der Weg zum Revokationsrecht der Ehegatten nach § 1368 BGB. Zugleich ein Beitrag zur Geschichte des ehelichen Güterrechts. 2009.

Band 394 Marc Biermann: Das Staatseigentum an öffentlichen Sachen im Gemeingebrauch in der ersten Hälfte des 19. Jahrhunderts. Die Theorie des reinen Hoheitsrechts an den öffentlichen Sachen von Rudolph von Jhering und Friedrich Ludwig Keller im Zusammenhang mit dem Baseler Schanzenstreit von 1859/62. 2009.

Band 395 Markus Tüxen: Kollegialprinzip oder Einzelrichter. Die Entwicklung des zivilrechtlichen Spruchkörpers bei den Landgerichten sowie den Oberlandesgerichten seit 1879 unter besonderer Berücksichtigung der Reformen von 1974 und 1976. 2009.

Band 396 Adam Polkowski: Die polnische Zivilprozessordnung von 1930/33. Unter Berücksichtigung des deutschen, österreichischen, russischen und französischen Rechts. 2009.

Band 397 Barbara Riedi: Die Porten der Unteren Strasse, ihr Ladungsrecht und der Strassenunterhalt. Rechtshistorische Betrachtungen zur Verkehrs- und Wirtschaftsgeschichte Graubündens. 2009.

Band 398 Stefanie Jessica Loroch: Zeitungsrubrik: Gerichtssaal. Strafprozessberichterstattung in Münster im 19. Jahrhundert (1848-1890). 2009.

Band 399 Dirk Henning Hofer: Karl Konrad Werner Wedemeyer (1870-1934). Ein Juristen- und Gelehrtenleben in drei Reichen. Eine Biographie. 2010.

Band 400 Thomas Simon (Hrsg.): Hundert Jahre allgemeines und gleiches Wahlrecht in Österreich. Modernes Wahlrecht unter den Bedingungen eines Vielvölkerstaates. 2010.

Band 401 Dörte Mentz: Die Beweislastumkehr in der Rechtsprechung des Reichsgerichts. 2010.

Band 402 Werner Schubert (Hrsg.): Oberster Gerichtshof für die Britische Zone (1948-1950). Nachschlagewerk Strafsachen – Nachschlagewerk Zivilsachen. Präjudizienbuch der Zivilsenate. Eingeleitet und herausgegeben von Werner Schubert. 2010.

Band 403 Yong Lei: Auf der Suche nach dem modernen Staat. Die Einflüsse der allgemeinen Staatslehre Johann Caspar Bluntschlis auf das Staatsdenken Liang Qichaos. 2010.

Band 404 Andreas Schwenk: Die Formbestimmung des § 313 BGB a. F. (§ 311 b Abs. 1 BGB n. F.) bei Verträgen über Grundstücke in der Rechtsprechung des Reichsgerichts. 2010

Band 405 René Schorsch: Eberhard Georg Otto Freiherr von Künßberg (1881-1941). Vom Wirken eines Rechtshistorikers. 2010.

Band 406 Ulrike Köbler: Werden, Wandel und Wesen des deutschen Privatrechtswortschatzes. 2010.

Band 407 Björn Florian Faulenbach: Rolle und Bedeutung der Lehre in der Rechtsprechung der Internationalen Gerichtshöfe im zwanzigsten Jahrhundert. 2010.

Band 408 Guangyu Fu: Das Causaproblem im deutschen Bereicherungsrecht. Eine rechtshistorische Untersuchung. 2010.

Band 409 Andreas Kimmelmann: Die Folter im Beweisverfahren der Leges Visigothorum. Chindasvinths Gesetzgebung im Spiegel der westgotischen Rechtsentwicklung. 2010.

Band 410 Jacqueline Schmaltz: Die Entwicklung der Industrie- und Handelskammern. Zwischen Pflicht und Kür. 2010.

Band 411 Hermann Nehlsen: Bayerische Rechtsgeschichte vom frühen Mittelalter bis zum 20. Jahrhundert. 2011.

Band 412 Kathrin Spoerr: Recht und Revolution. Deutsche Ökonomen und ihr Einfluss auf das Recht der Weimarer Republik – eine Zeitschriftenschau 1917-1920. 2011.

Band 413 Moritz von Köckritz: Die deutschen Oberlandesgerichtspräsidenten im Nationalsozialismus (1933-1945). 2011.

Band 414 Annika Lillemor Lara Rabaa: Die Ehe als Rechtsinstitut im Badischen Landrecht von 1810. Unter besonderer Berücksichtigung der gesellschaftlichen Entwicklungen im 19. Jahrhundert. 2011.

Band 415 Christian Hattenhauer / Klaus-Peter Schroeder (Hrsg.): 200 Jahre Badisches Landrecht von 1809/1810. Jubiläumssymposium des Instituts für geschichtliche Rechtswissenschaft der Ruprechts-Karls-Universität Heidelberg und der Heidelberger Rechtshistorischen Gesellschaft vom 23. bis 26. September 2009. 2011.

Band 416 Tobias Alexander Krammerbauer: Die Ministerverantwortlichkeit und die Vorformen sonstiger Verfassungsgerichtsbarkeit in Württemberg zwischen 1815 und 1918. 2011.

Band 417 Werner Schubert (Hrsg.): Quellen zur GmbH-Reform von 1958 bis zum GmbH-Änderungsgesetz von 1980. Eingeleitet und herausgegeben von Werner Schubert. 2011.

Band 418 Gisela Emling: Johannes Heckel. Leben und Wirken (1889-1963). 2011.

Band 419 Jochen Kirschbaum: Die Etablierung der Historischen Rechtsschule an der Ludoviciana (1814-1824). 2011.

Band 420 Sören Koch: Unaufgeforderte Hilfeleistung in Notsituationen. Eine rechtshistorische und rechtsvergleichende Studie zu den zivilrechtlichen Aspekten der Nothilfe mit besonderer Berücksichtigung des Rechts der Geschäftsführung ohne Auftrag. 2011.

Band 421 Friedrich Carl von Savigny: Die Prinzipienfragen in Beziehung auf eine neue Strafprozeß-Ordnung. Ausgearbeitet im Justizministerium für die Gesetzrevision. Eingeleitet und herausgeben von Werner Schubert. 2011.

Band 422 Stephan Faulwetter: Von der Zunft zur Handelskammer. Zur Entwicklung des Gewerberechts in thüringischen Staaten. 2011.

Band 423 Moritz Eisenhardt: Sanierung statt Liquidation. Die Geschichte des Vergleichs zur Abwendung des Konkurses unter besonderer Berücksichtigung der Vergleichsordnung von 1927 und 1935. 2011.

Band 424 Gerd Kleinheyer: Beiträge zur Strafrechtsgeschichte. Herausgeben von Franz Dorn, Mathias Schmoeckel und Jan Schröder. 2011.

Band 425 Ralf Maertens: Das Landgericht Altona (1879-1937) und die Anfänge des Landgerichts Itzehoe (1937-1945). Unter besonderer Berücksichtigung ihrer Tätigkeitsberichte und rechtspolitischen Stellungnahmen. 2011.

Band 426 Mark Friedrich: Ferdinand von Martitz (1839-1921). Rechtshistoriker, Staatsrechtler und Völkerrechtler zwischen dem Ende des Deutschen Bundes und dem Beginn der Weimarer Republik. 2012.

Band 427 Sebastian Krusche: Die Bundesrechtsanwaltsordnung vom 1. August 1959. Vorgeschichte und Entstehung. 2012.

Band 428 Marju Luts-Sootak / Sanita Osipova / Frank L. Schäfer (Hrsg./eds.): Einheit und Vielfalt in der Rechtsgeschichte im Ostseeraum. Unity and Plurality in the Legal History of the Baltic Sea Area. Sechster Rechtshistorikertag im Ostseeraum, 3.-5. Juni 2010 in Tartu (Estland) / Riga (Lettland). 6th Conference in Legal History in the Baltic Sea Area, 3rd-5rd June 2010 Tartu (Estonia) / Riga (Latvia). 2012.

Band 429 Margret R. I. Bootz: Die Hamburger Rechtsprechung zum Arbeitsrecht im Nationalsozialismus bis zum Beginn des 2. Weltkriegs. 2012.

Band 430 Heiko Zech: Die soziale Frage im Konkursrecht 1879-1900. 2012.

Band 431 Jan C. Lorenzen: Das Bundesnaturschutzgesetz vom 20. Dezember 1976. Die Entwicklung des Naturschutzrechtes in Deutschland von den Anfängen bis zur Neukodifikation des Bundesnaturschutzgesetzes von 1976. 2012.

Band 432 Ulrike Ingrid Bernhardt: Geschichte des Weinrechts im Deutschen Kaiserreich (1871-1918). Mit einem Überblick zur Vorgeschichte und Weiterentwicklung bis zur Gegenwart. 2012.

Band 433 Elisabeth Otto: Das Verwaltungsrecht in der SBZ / DDR bis zur Verwaltungsneugliederung im Jahr 1952. 2012.

Band 434 Werner Schubert: Zur Geschichte der Justizverfassung in Schleswig-Holstein im 19. und 20. Jahrhundert. Quellen und Studien. 2012.

Band 435 Stefan Ellenberg: Herrschaft und Reform. Zur Diskussion um die Aktienrechtsreform und den Konzern in der Weimarer Zeit. 2012.

Band 436 Jasmin Sonntag: Gesetzgebung und Verwaltung im Dalbergstaat 1802-1810. 2012.

Band 437 Martin Komusiewicz: Die Diskussion um das Verhältnis von Rechtsanwaltschaft und Notariat seit dem Ende des 18. Jahrhunderts bis zum Erlass der Bundesnotarordnung. 2012.

Band 438 Henriette von Breitenbuch: Karl Neumeyer – Leben und Werk (1869-1941). 2013.

Band 439 Günter Baranowski: Russische Rechtsgeschichte: Texte und Erläuterungen. Teil 1: Von den Anfängen bis 1612/13. 2013.

Band 440 Werner Schubert (Hrsg.): Staatsanwaltschaftsrecht (1934-1982). Quellen zu den Reformprojekten (Organisation – Innerer Dienstbetrieb – Ermittlungsverfahren – Verhältnis der Staatsanwaltschaft zur Polizei) und zur Anordnung über Organisation und Dienstbetrieb der Staatsanwaltschaft (OrgStA). Eingeleitet und herausgegeben von Werner Schubert. 2013.

Band 441 York Zieren: Das Schiedsverfahrensrecht der ZPO (1877-1933) unter Berücksichtigung der Genfer Übereinkommen von 1923 und 1927 sowie der Rechtsprechung des Reichsgerichts. 2013.

Band 442 Stefan Wolf: Das Jenaer Studium der Rechte im Dritten Reich. Zwischen Tradition und nationalsozialistischer Ideologie. 2013.

Band 443 Bernhard Klose: Das Verblassen eines Makels. Das Nichtehelichenrecht der DDR als Teil der gesamtdeutschen Entwicklung. 2013.

Band 444 Peter Opitz-von Bardeleben: Das Generalgouvernement Niederrhein. 2013.

Band 445 Nadine Göppner: Vorgeschichte und Entstehung des Atomgesetzes vom 23.12.1959. 2013.

Band 446 Frank L. Schäfer / Werner Schubert (Hrsg./eds.): Justiz und Justizverfassung / Judiciary and Judical System. Siebter Rechtshistorikertag im Ostseeraum, 3.-5. Mai 2012 Schleswig-Holstein / 7th Conference in Legal History in the Baltic Sea Area, 3rd-5th May 2012 Schleswig-Holstein. 2013.

Band 447 Sandy Schenker: Gegen Täuschungen und Gesundheitsgefährdungen durch schlechte Nahrung. Zur Entwicklung des Nahrungsmittelrechts durch Rechtsprechung und Gesetzgebung zwischen 1871 und 1927. 2013.

Band 448 Youn Seok Choi: Der Besitzerwerb des Erben. Historische Entwicklungen, die Lösung des § 857 BGB und ihre Anwendungsprobleme. 2013.

Band 449 Johannes Kalb: Die innerstädtische Auseinandersetzung in Regensburg am Ende der Reichsunmittelbarkeit. Eine historische und rechtliche Untersuchung. 2014.

Band 450 Thomas Habbe: Lastenausgleich. Die rechtliche Behandlung von Kriegsschäden in Deutschland seit dem 30jährigen Krieg. 2014.

Band 451 Günter Baranowski: Russische Rechtsgeschichte: Texte und Erläuterungen. Teil 2: Von 1613 bis 1682. 2015.

Band 452 Wilhelm Brauneder (Hrsg): Landrechtsentwurf für Österreich unter der Enns 1526. 2015.

Band 453 Maximilian Elsner von der Malsburg: „Arisierung" von Privatbanken am Beispiel des Bankhauses E. J. Meyer in Berlin. 2015.

Band 454 Tanja Claussen: Johann Julius Wilhelm Planck (1817-1900). Leben und Werk. 2015.

Band 455 Werner Schubert (Hrsg.): Das Reichsjustizministerium und die höheren Justizbehörden in der NS-Zeit (1935-1944). Protokolle und Mitschriften der Arbeitstagungen der Reichsjustizminister mit den Präsidenten der Oberlandesgerichte, des Volksgerichtshofs, des Reichsgerichts sowie mit den Generalstaatsanwälten. Eingeleitet und herausgeben von Werner Schubert. 2015.

Band 456 Christian Vahl: Die gesetzliche Regelung des Seefrachtvertrags im deutschen Recht. Eine rechtshistorische Betrachtung unter besonderer Berücksichtigung der Beratungen des Seerechtsausschusses der Akademie für Deutsches Recht (1934-1942). 2015.

Band 457 Ruomeng Yang: Die Rezeption der europäischen Privatrechte in China und die konfuzianische Tradition. Das Beispiel des Deliktsrechts im frühen 20. Jahrhundert. 2015.

Band 458 Piotr Wittmann: „Der da sein Practic auß Teutschen Tractaten will lernen". Rechtspraktiker in deutschsprachiger Praktikerliteratur des 16. Jahrhunderts. 2015.

Band 459 Georg Rasche: Richter, Sachverständige, Handelskammern. Preußische Justizverwaltung und kaufmännische Interessen zwischen 1879 und 1907. 2015.

Band 460 Daniel Hupe: Von der Hierarchie zur Egalität in den Zivilrechtskodifikationen des 19. Jahrhunderts vor dem BGB. 2015.

Band 461 Wilhelm Brauneder (Hrsg.): Landrechtsentwurf für Österreich unter der Enns 1573. 2015.

Band 462 Tunay Sürek: Die Verfassungsbestrebungen der Tanzimât-Periode. Das *Kanun-i Esasî* – Die osmanische Verfassung von 1876. 2016.

www.peterlang.com

www.ingramcontent.com/pod-product-compliance
Ingram Content Group UK Ltd.
Pitfield, Milton Keynes, MK11 3LW, UK
UKHW021848290926
8980IPUK00005B/706

9 783631 66899